职业院校"十四五"系列教材

机 械 识 图

主　编　欧　宇　　谭福波　　李　松
副主编　李胜均　　彭兴兵　　戴松廷
参　编　袁　晶　　胡兴洪　　符　进
　　　　刘　婵　　王开柱　　戴扬曦
主　审　付　琳

机械工业出版社

本书以机械工程制图职业技能等级标准为依据，将岗位能力要求、专业教学标准与职业技能等级标准有机融合。本书强调过程导向、学练一体，有利于学生学习效率的提升和综合职业能力的培养。

本书主要内容包括机械识图基础、投影基础、基本几何体的投影、轴测图、组合体视图、机械图样的基本表达与技术要求及机械图样的特殊表达与识读，合计7个单元。

本书既可作为职业院校机械类专业的教材，亦可作为企业员工、技术及管理人员继续教育的培训教材和参考用书。

本书配有电子课件，使用本书作为教材的教师可登录机械工业出版社教育服务网 www.cmpedu.com 注册后下载。咨询电话：010-88379534，微信号：jjj88379534，公众号：CMP-DGJN。

图书在版编目（CIP）数据

机械识图／欧宇，谭福波，李松主编． -- 北京：机械工业出版社，2025.7． --（职业院校"十四五"系列教材）． -- ISBN 978-7-111-78469-2

Ⅰ．TH126.1

中国国家版本馆 CIP 数据核字第 2025A7Z562 号

机械工业出版社（北京市百万庄大街22号　邮政编码100037）
策划编辑：王晓洁　　　　　　　　　责任编辑：王晓洁　许　爽
责任校对：李　霞　王小童　景　飞　封面设计：陈　沛
责任印制：单爱军
北京盛通数码印刷有限公司印刷
2025年8月第1版第1次印刷
184mm×260mm・12.75印张・330千字
标准书号：ISBN 978-7-111-78469-2
定价：45.00元

电话服务　　　　　　　　　　网络服务
客服电话：010-88361066　　　机　工　官　网：www.cmpbook.com
　　　　　010-88379833　　　机　工　官　博：weibo.com/cmp1952
　　　　　010-68326294　　　金　书　网：www.golden-book.com
封底无防伪标均为盗版　　　机工教育服务网：www.cmpedu.com

前　言

党的二十大报告提出，教育、科技、人才是全面建设社会主义现代化国家的基础性、战略性支撑。本书的编写旨在贯彻落实国家科教兴国战略，践行职业院校和技工院校培养新时代大国工匠的历史使命。

我国制造业的转型升级对职业教育提出了更高的要求，对创新型、复合型人才的需求更加迫切。为了适应新型制造业发展战略的要求，需要与时俱进地推进校企合作、工学结合、理实一体、学做合一的课程开发，以促进创新型教法改革的实施，为高技能、高素养复合型人才的培养奠定坚实基础。

机械制图是制造行业不可或缺的重要工程语言，本书以典型工作（学习）任务为载体，以"工作过程导向、一体化、适于学生自主学习"为原则，学做一体、图文并茂，是一本集教、学、管、评于一体的创新型专业课程配套教材，有利于培养学生的专业能力，提升学生的综合职业能力。

在使用本书的教学过程中，须遵循能力本位、学生主体、合作学习、过程导向、手脑并用、学做合一的教学原则，采用知识与技能结合、以能力提升为目的、效能真测实评的创新教学形式，以及"学、做、写、说、思、析、辩、升"的创新教学方法，以实现学生的全面发展。

本书采用校企合作、工学结合的编写形式，由欧宇、谭福波、李松任主编，李胜均、彭兴兵、戴松廷任副主编，袁晶、胡兴洪、符进、刘婵、王开柱、戴扬曦参加编写。在本书的编写过程中，得到了重庆工商学校校领导的大力支持以及重庆能源工业技师学院戴刚老师的指导；同时，重庆市铜梁职业教育中心、重庆市奉节职业教育中心、四川省泸州市职业技术学校、重庆再升科技股份有限公司、重庆市特种设备检测研究院、重庆昭信教育研究院也提供了宝贵的帮助，在此一并表示衷心的感谢！

由于编者水平有限，书中难免存在不足，恳请广大读者不吝赐教。

编　者

目　录

前　言

单元 1　机械识图基础 …………………………………………………………… 1
　1.1　图样绘制基础 …………………………………………………………………… 1
　1.2　基本几何作图 …………………………………………………………………… 10
　1.3　尺寸标注 ………………………………………………………………………… 20

单元 2　投影基础 ………………………………………………………………… 27
　2.1　投影与三视图 …………………………………………………………………… 27
　2.2　点的投影 ………………………………………………………………………… 36
　2.3　直线的投影 ……………………………………………………………………… 41
　2.4　平面的投影 ……………………………………………………………………… 47

单元 3　基本几何体的投影 …………………………………………………… 54
　3.1　棱柱的投影 ……………………………………………………………………… 54
　3.2　棱锥的投影 ……………………………………………………………………… 62
　3.3　圆柱的投影 ……………………………………………………………………… 67
　3.4　圆锥的投影 ……………………………………………………………………… 76
　3.5　圆球的投影 ……………………………………………………………………… 83
　3.6　相贯线的投影 …………………………………………………………………… 87

单元 4　轴测图 …………………………………………………………………… 95
　4.1　正等轴测图 ……………………………………………………………………… 96
　4.2　斜二等轴测图 …………………………………………………………………… 103

单元 5　组合体视图 …………………………………………………………… 107
　5.1　认识组合体的组合形式与表面连接关系 ……………………………………… 107
　5.2　组合体三视图 …………………………………………………………………… 112
　5.3　识读组合体三视图 ……………………………………………………………… 123

单元 6　机械图样的基本表达与技术要求 …………………………………… 133
　6.1　视图及其应用 …………………………………………………………………… 133
　6.2　剖视图及其应用 ………………………………………………………………… 138

6.3 断面图、局部放大图与简化画法 …………………………………………………… 151
6.4 零件图中的技术要求 ……………………………………………………………… 158

单元 7 机械图样的特殊表达与识读　　177

7.1 螺纹及螺纹连接 …………………………………………………………………… 177
7.2 齿轮及齿轮啮合 …………………………………………………………………… 186
7.3 滚动轴承 …………………………………………………………………………… 191

附录 综合能力评价表　　196

参考文献　　198

单元1　机械识图基础

通过对图样的基础知识、几何作图、图样画法与标注、CAD 绘图基本技术等知识与技能的学习及运用，学生应达成以下学习目标：
1) 能理解和正确应用国家标准中有关图样绘制的规定。
2) 能熟练地运用绘图工具完成图样的绘制与标注。

1.1　图样绘制基础

1.1.1　学习描述

通过对图纸幅面与格式的选用、绘图线型的选用、绘图字体的选用及 CAD 绘图软件环境设置的知识与技能的学习及运用，学生应具备以下能力：
1) 能根据绘图需求合理选择图纸幅面的格式，并能熟练地准备绘图图纸。
2) 能根据绘图需求合理选择绘图的线型。
3) 能根据绘图需求合理选择绘图的字体。
4) 能正确熟练地使用 CAD 绘图软件设置绘图环境。

1.1.2　基础知识

根据投影原理、标准或有关规定，表达工程对象，并有必要的技术说明的图叫作图样。不同性质的生产部门对图样有不同的要求和名称。如建筑工程中使用的图样称为建筑图样，水利工程中使用的图样称为水利工程图样，机械制造中使用的图样称为机械图样等。

图样是设计与制造的重要技术文件，是交流技术思想的工程语言。空白的图样就是图纸，下面介绍图纸的相关规定。

一、图纸幅面和格式

1. 图纸的基本幅面

（1）图纸幅面和格式　由国家标准 GB/T 14689—2008（图1-1）规定。图纸幅面是由图纸的长度与宽度组成的图面。图图代号由代号"A"和相应的图幅号组成。基本图面有 5 种：A0、A1、A2、A3 及 A4，其中 A0 表示 0 号幅面、A1 表示 1 号幅面……A4 表示 4 号幅面。绘制机械图样时，应优先采用规定的基本幅面。图纸的图框格式如图 1-2 所示。基本图

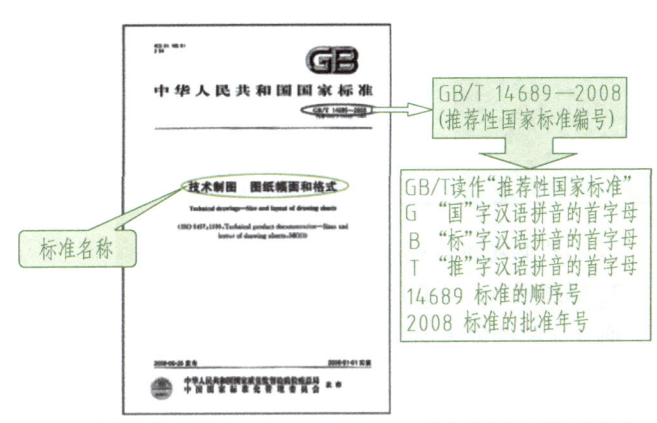

完整的书写格式：GB/T 14689—2008 技术制图 图纸幅面及格式

图 1-1　图幅规定的国家标准

幅和图框尺寸见表 1-1。

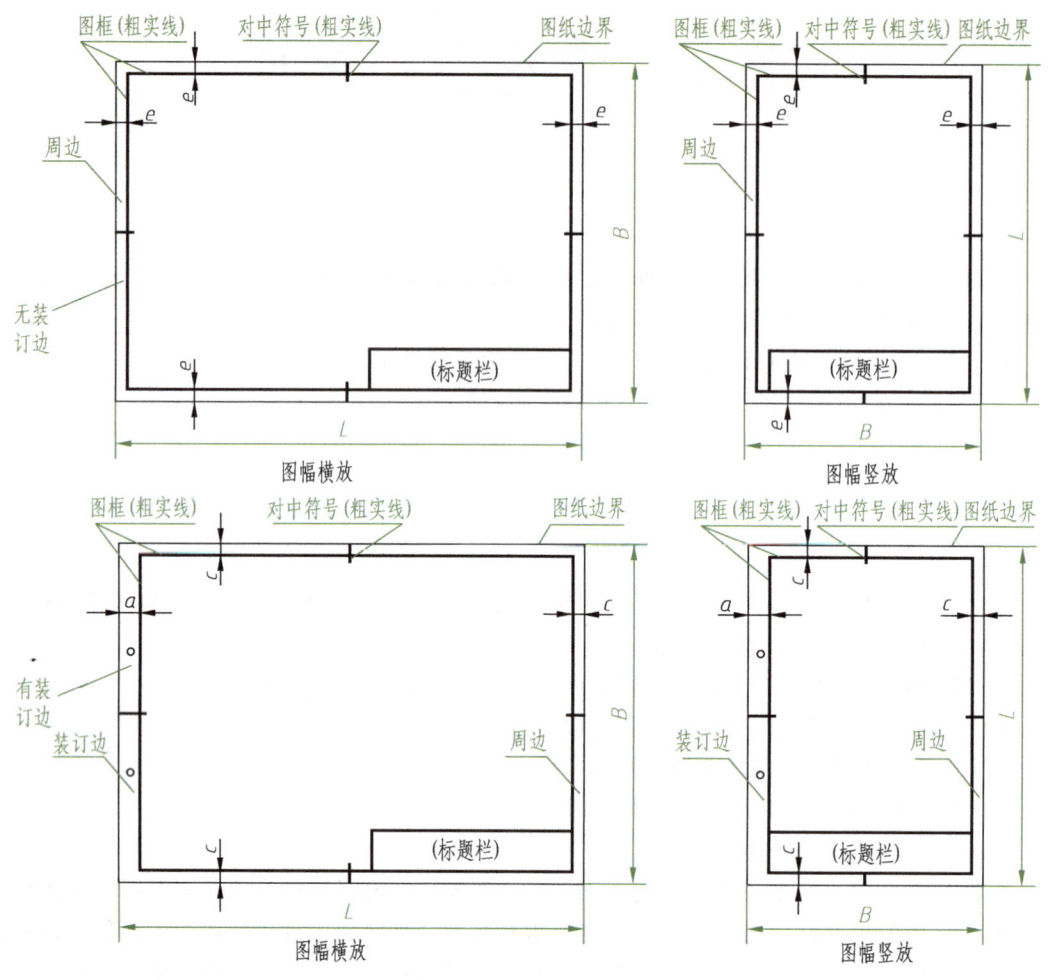

图 1-2 图纸的图框格式

表 1-1 基本幅面和图框尺寸 （单位：mm）

幅面代号	A0	A1	A2	A3	A4
B×L	841×1189	594×841	420×594	297×420	210×297
a	\multicolumn{5}{c}{25}				
c	10			5	
e	20		10		

（2）基本幅面的对裁尺寸（图 1-3）。

2. 标题栏（GB/T 10609.1—2008）

通常标题栏位于图框的右下角，看图的方向应与标题栏的方向一致。标题栏的格式如图 1-4a 所示。在制图练习中建议采用简化的标题栏，如图 1-4b 所示，绘制时需注意粗细线之分。

标题栏的其他格式可以由企业应用 CAD 绘图软件按照国家标准根据需求设计与应用。

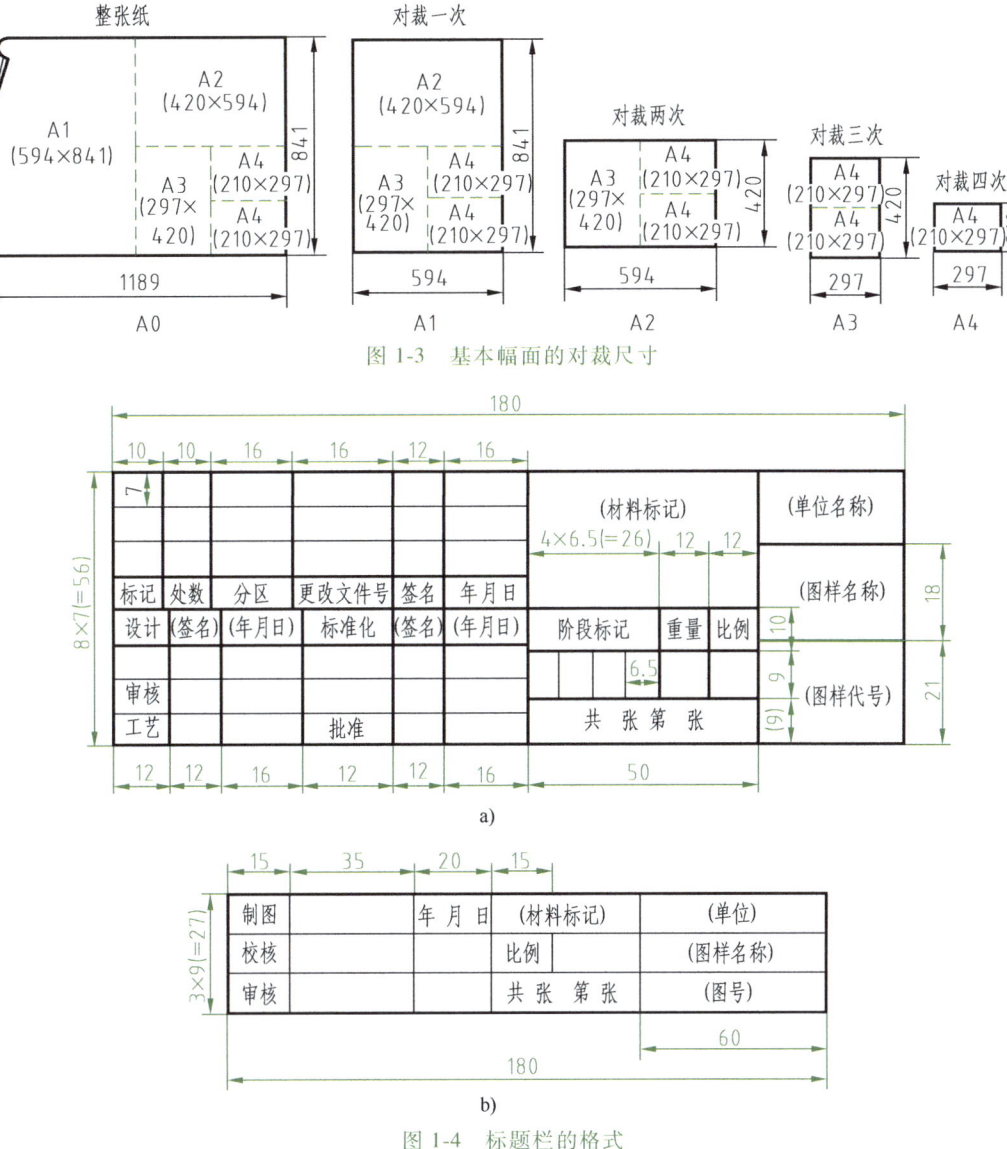

图 1-3 基本幅面的对裁尺寸

图 1-4 标题栏的格式

二、绘图比例

图中图形与其实物相应要素的线性尺寸之比（图：物）称为绘图比例（GB/T 14690—1993）。

1. 绘图比例的规定

当需要按比例绘制图样时，应先从表 1-2 的"优先选择系列"中选取。

表 1-2 绘图比例系列

种类	定义	优先选择系列	允许选择系列
原值比例	比值为 1 的比例	$1:1$	—
放大比例	比值大于 1 的比例	$5:1$ $2:1$ $5\times10^n:1$ $2\times10^n:1$ $1\times10^n:1$	$4:1$ $2.5:1$ $4\times10^n:1$ $2.5\times10^n:1$

(续)

种类	定义	优先选择系列	允许选择系列
缩小比例	比值小于1的比例	1：2 1：5 1：10 1：2×10^n 1：5×10^n 1：1×10^n	1：1.5 1：2.5 1：3 1：4 1：6 1：1.5×10^n 1：2.5×10^n 1：3×10^n 1：4×10^n 1：6×10^n

2. 按比例绘制的图形

图样中标注的尺寸数值必须是实物的实际大小，与绘图时所采用的比例无关。用不同比例绘制的图形如图 1-5 所示。

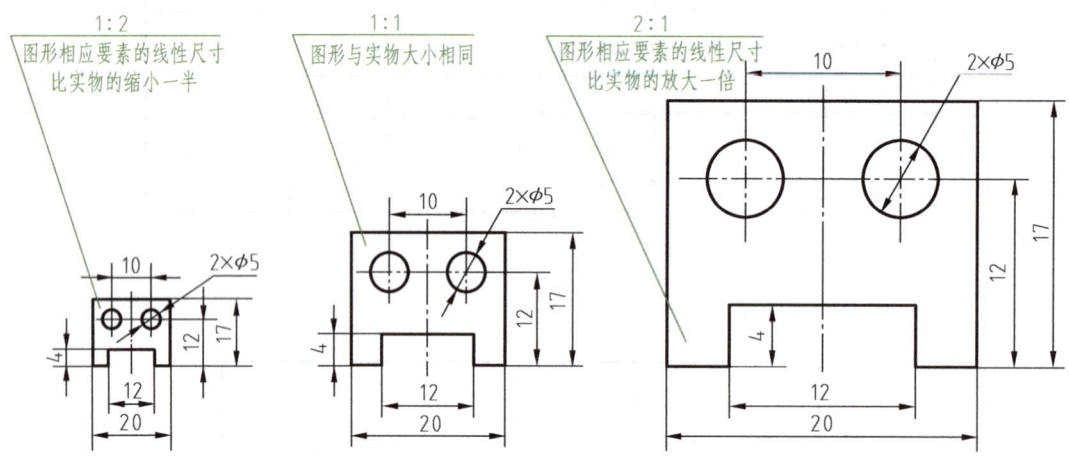

图 1-5 用不同比例绘制的图形

三、图线

起点和终点间以任意方式连接的一种几何图形，形状可以是直线或曲线、连续线或不连续线称为图线，其线型选择与应用见国家标准（GB/T 4457.4—2002 和 GB/T 17450—1998）中的规定。

图线的名称、线型、线宽及一般应用见表 1-3。

表 1-3 图线的名称、线型、线宽及一般应用

名称	线型	线宽	一般应用
粗实线	————	d	可见棱边线、可见轮廓线、相贯线、螺纹牙顶线、螺纹长度终止线、齿顶圆（线）、表格图和流程图中的主要表示线、系统结构线（金属结构工程）、模样分型线及剖切符号用线
细实线	————	$d/2$	过渡线、尺寸线、尺寸界线、指引线和基准线、剖面线、重合断面的轮廓线、短中心线、螺纹牙底线、尺寸线的起止线、表示平面的对角线、零件成形前的弯折线、范围线及分界线、重复要素表示线、锥形结构的基面位置线、叠片结构位置线、辅助线、不连续同一表面连线、成规律分布的相同要素连线、投射线及网格线

(续)

名称	线型	线宽	一般应用
细虚线	12d 3d	d/2	不可见棱边线、不可见轮廓线
细点画线	6d 24d	d/2	轴线、对称中心线、分度圆（线）、孔系分布的中心线及剖切线
波浪线		d/2	断裂处边界线、视图与剖视的分界线
双折线	(7.5d) 14d 30°	d/2	断裂处边界线、视图与剖视的分界线
粗虚线		d	允许表面处理的表示线
粗点画线		d	限定范围表示线
细双点画线	9d 24d	d/2	相邻辅助零件的轮廓线、可动零件的极限位置的轮廓线、重心线、成形前轮廓线、剖切面前的结构轮廓线、轨迹线、毛坯图中制成品的轮廓线、特定区域线、延伸公差带表示线、工艺用结构的轮廓线及中断线

1) 线宽规定：在机械图样中采用粗、细两种线宽的比例为2：1。图线宽度应按图样的类型和大小，在0.13mm、0.18mm、0.25mm、0.35mm、0.5mm、0.7mm、1mm、1.4mm及2mm中选取，其中：0.18mm应尽量避免使用。

2) 线型绘制及应用：在绘制细虚线、细点画线时，线和线相交处应为线段。当细虚线在粗实线的延长线上时，在分界处要留有空隙。细点画线超出轮廓线的长度约为2～3mm。当要绘制的细点画线长度较小时，可用细实线代替。

粗实线铅笔的修理，粗实线是图样中最重要的图线，为了把粗实线画得均匀整齐，关键是正确地修理和使用铅笔，绘制粗实线的铅笔以HB或B的铅笔为宜。将铅芯修理成长方体形状，使用时短棱和纸面接触，铅芯的宽侧面和丁字尺或三角板的导向棱面贴紧，用力要均匀，速度要慢，一遍画不黑可重复运笔。

图线在图样绘制中的应用示例如图1-6所示。

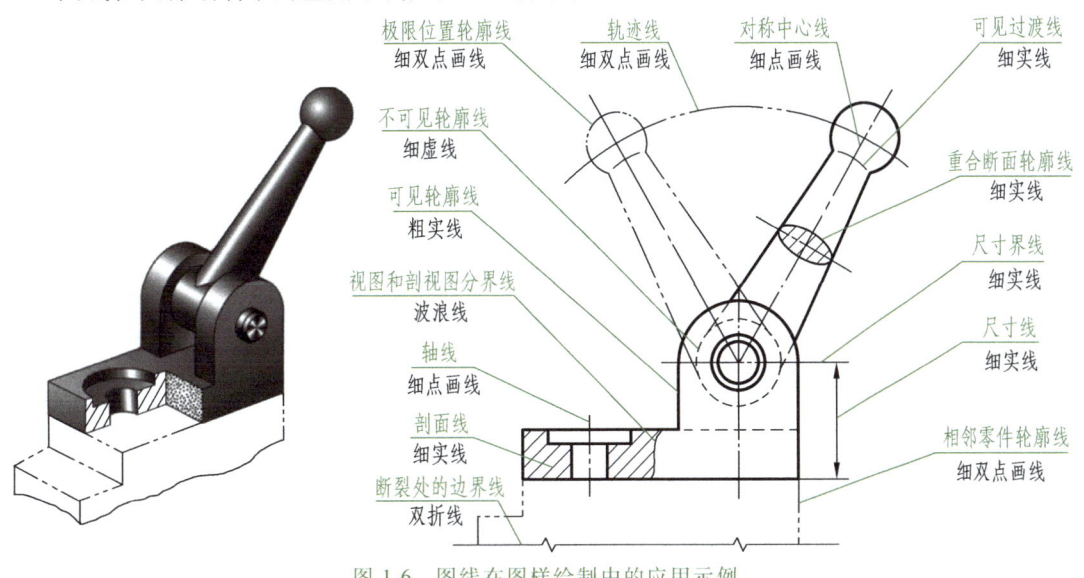

图1-6 图线在图样绘制中的应用示例

四、绘图字体

1. 字体的基本规定

绘图图样中的字体应符合国家标准（GB/T 14691—1993）的要求。

（1）字体高度代表字体号　字体的高度系列为：1.8mm、2.5mm、3.5mm、5mm、7mm、10mm、14mm及20mm。如需书写更大的字，其高度应按$\sqrt{2}$的比率递增。

（2）汉字　应写成长仿宋体，并采用国家正式公布的简化字。汉字的高度h应不小于3.5mm，字宽=$h/\sqrt{2}$。

（3）字型　字母及数字分A型和B型，A型字体的笔画宽度$d=h/14$，B型字体的笔画宽度$d=h/10$。

（4）字母和数字　可写成正体和斜体，斜体字向右倾斜，与水平基准线成75°。CAD软件绘制机械图样时，汉字、字母（除变量外）及数字一般应以正体输出。

2. 绘图字体的书写要求

1）可将HB或H铅笔笔尖修理成圆锥形，笔尖不要太尖或太短。
2）按所写的字号用H或2H的铅笔在图纸上打好底格，底格宜浅不宜深。
3）字体的笔画宜直不宜曲，起笔和收笔不要追求刀刻效果，书写要大方简洁。
4）字体的结构力求匀称、饱满，笔画分割的空白分布均匀。

绘图字体的书写示例见表1-4。

表1-4　绘图字体的书写示例

字体		示例
长仿宋体汉字	5号	学好机械制图，培养和发展空间想象能力
	3.5号	计算机绘图是工程技术人员必须具备的绘图技能之一
拉丁字母	大写	ABCDEFGHIJKLMNOPQRSTUVWXYZ　*ABCDEFGHIJKLMNOPQRSTUVWXYZ*
	小写	abcdefghijklmnopqrstuvwxyz　*abcdefghijklmnopqrstuvwxyz*
阿拉伯数字	正体	0123456789
	斜体	*0123456789*
字体应用示例		10JS5(±0.003)　　M24-6h　　$R8$　　10^3　　S^{-1}　　5%　　D_1　　T_d　　380kPa　　m/kg　　$\phi 20^{+0.010}_{-0.023}$　　$\phi 25 \dfrac{H6}{f5}$　　$\dfrac{II}{1:2}$　　$\dfrac{3}{5}$　　$\dfrac{A}{5:1}$　　$\sqrt{}Ra\ 6.3$　　460r/min　　220V　　l/mm

1.1.3　交流学习

一、团队讨论

围绕绘图过程中的国家标准的执行情况，请大家讨论并总结采用国家标准的重要性。

二、学习成果交流

1）请叙述图样绘制基础知识学习的过程，并展示学习成果。
2）在交流学习的过程中，发现、分析、解决了哪些问题？

三、交流学习记录表（表1-5）

表1-5　交流学习记录表

知识点	要求	学习问题记录	解决措施与效果
图纸图幅和图框	是否掌握图幅大小及图框的选择		
标题栏	是否掌握标题栏的作用、位置、规定与绘制		
绘图比例	是否掌握绘图比例的含义、规定与选择		
绘图线型	是否掌握绘图线型、规定与选择		
绘图文字	是否掌握绘图字体类型、规定与选用		
其他			
经验积累与存在问题			
经验积累		存在问题	
签审	（评价委员会意见）		年　月　日
	（指导教师意见）		年　月　日

1.1.4　巩固练习

一、常用图样绘制工具

1. 常用图样绘制工具的选用

常用图样绘制工具见表1-6。

表1-6　常用图样绘制工具

工具名称	图示		用途
绘图板			供画图时使用的垫板，要求表面平坦光洁，左右两边必须平直、板面光滑平整，四边由平直的硬木镶边。绘图板主要用来固定图纸。常用的图板规格有0号、1号和2号三种
图纸	0号图纸		按照A0、A1、A2、A3、A4的图幅尺寸裁剪图纸
美工刀			用于图纸剪裁和绘图铅笔削修
绘图铅笔		细实线绘制	细实线绘制时，铅笔型号可选择2H、HB。削制要求：铅笔削成圆锥形
		粗实线绘制	粗实线绘制时，铅笔型号可选择B、2B。削制要求：铅笔铅芯部分削成矩形
尺子套装			包括直尺、三角板（45°、30°和60°）及量角器，主要用于水平线、垂直线、平行线及斜线（角度线）的绘制

(续)

工具名称	图示	用途
丁字尺	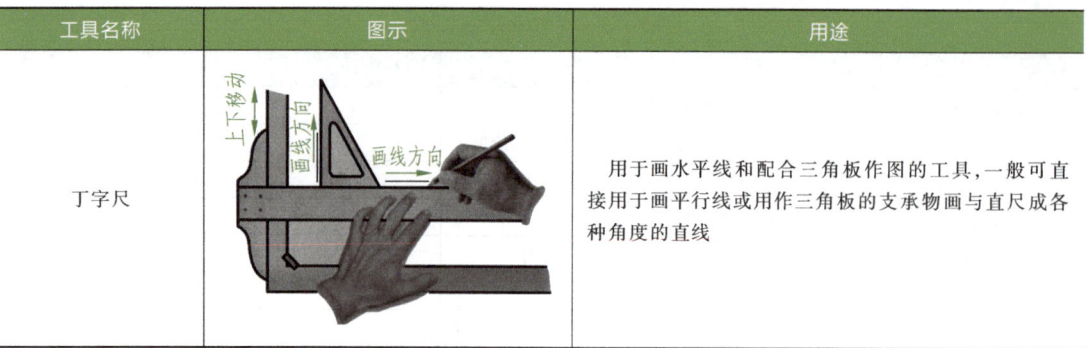	用于画水平线和配合三角板作图的工具,一般可直接用于画平行线或用作三角板的支承物画与直尺成各种角度的直线

2. 图样绘制工具的准备

(1) 绘图铅笔的准备　按照图1-7所示准备绘图铅笔。

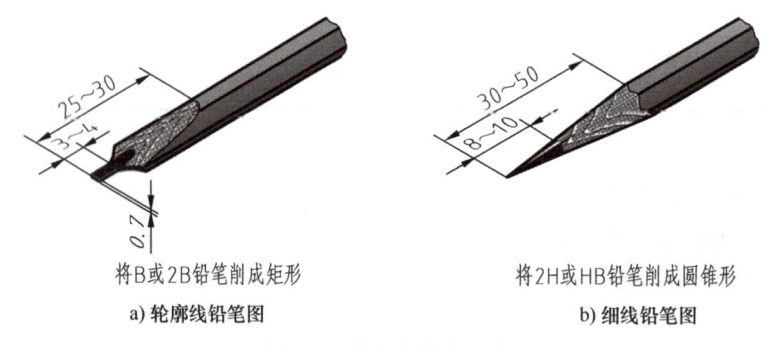

将B或2B铅笔削成矩形　　　　　将2H或HB铅笔削成圆锥形
a) 轮廓线铅笔图　　　　　　　　b) 细线铅笔图

图1-7　绘图铅笔的准备

(2) 图纸的准备　完成图1-8所示的A4横向图纸的准备。

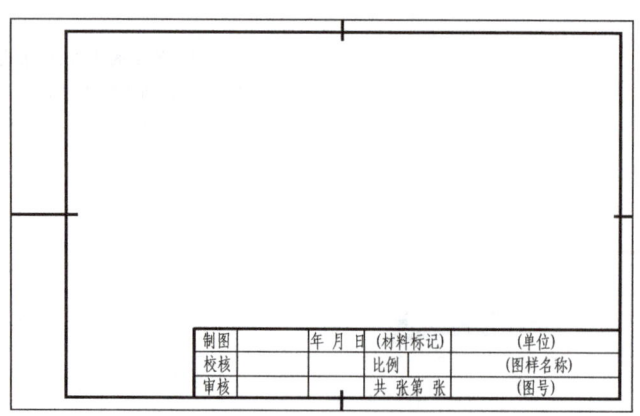

图1-8　A4横向图纸的准备

二、图样绘制练习

1) 按照图线的类型与绘制要求,对表1-3中的图线进行绘制练习。
2) 按照文字、数字、字母的书写要求,对表1-4中的内容进行书写练习。

1.1.5　考核评价

1. 学习效能评价

团队与个人进行学习效能评价,并完成表1-7的填写。

表 1-7 图样绘制基础知识的理解与应用的学习效能评价表

序号	项目	内容	程度	差评原因
1	知识学习	能理解和应用国家标准对图幅和图框的基本规定	□优 □良 □中 □差	
2		能理解和应用国家标准对绘图比例的基本规定	□优 □良 □中 □差	
3		能理解和应用国家标准对图线的基本规定	□优 □良 □中 □差	
4		能理解和应用国家标准对绘图文字的基本规定	□优 □良 □中 □差	
5		能理解和应用国家标准对标题栏绘制的基本规定	□优 □良 □中 □差	
6	技能学习	能按要求正确合理地选择和准备绘图工具	□优 □良 □中 □差	
7		能按要求正确地准备绘图图纸	□优 □良 □中 □差	
8		能正确快捷地进行国家标准的查询	□优 □良 □中 □差	
签审		（评价委员会意见）		年 月 日
		（指导教师意见）		年 月 日

2. 综合能力评价

团队内部与团队之间进行综合评价，并完成附录综合能力评价表的填写。

1.1.6 拓展任务

1）完成 A4 图纸（竖向）的准备。

2）完成图 1-9 所示的图线绘制练习。

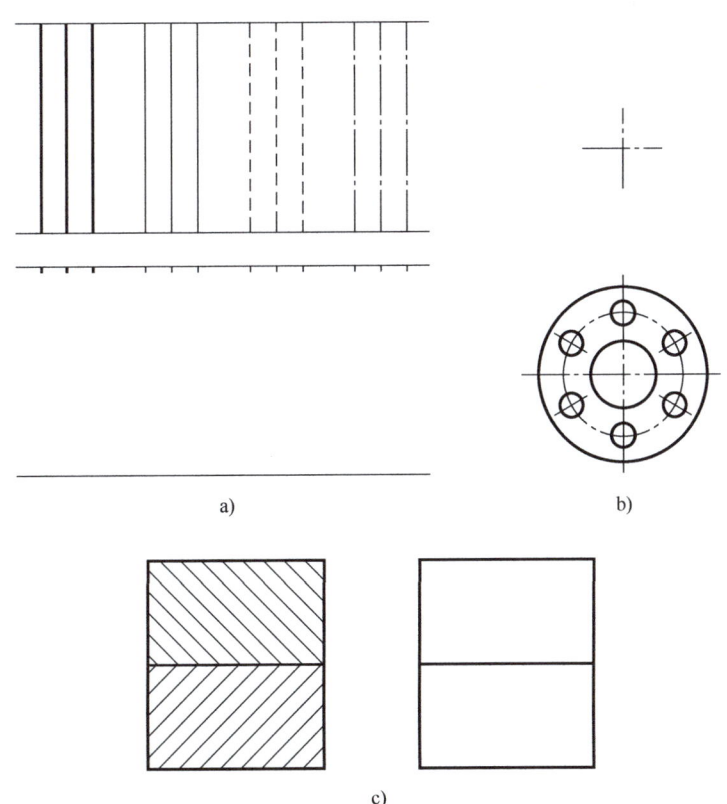

图 1-9 图线绘制练习

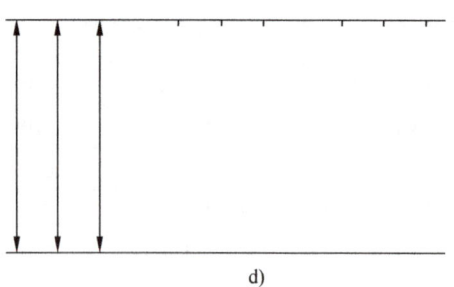

图1-9　图线绘制练习（续）

1.2　基本几何作图

1.2.1　学习描述

通过直线与圆的等分作图、圆弧连接作图、椭圆的画法以及斜度与锥度的画法等知识与技能的学习及运用，学生应具备以下能力：

1）能准确熟练地完成直线与圆的等分作图。

2）能准确熟练地完成直线与直线、直线与圆弧、圆（弧）与圆（弧）之间的圆弧连接作图。

3）能正确熟练地使用绘图工具完成椭圆的作图。

4）能正确熟练地使用绘图工具完成斜度与锥度的作图。

1.2.2　基础知识

正确使用绘图工具，掌握作图的基本步骤和方法，是绘图的基础。

一、直线与圆的等分作图

1. 直线的等分作图——平行线法

将直线AB进行7等分，其作图步骤与方法如图1-10所示。

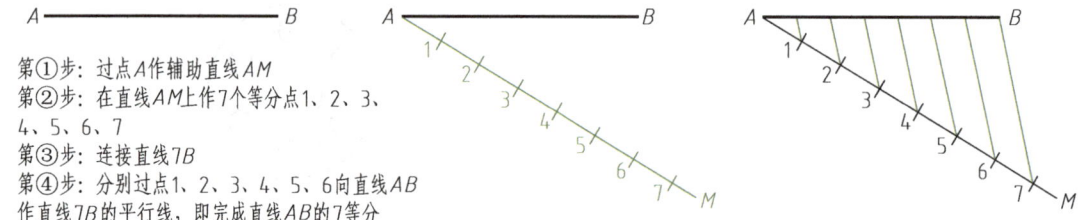

第①步：过点A作辅助直线AM
第②步：在直线AM上作7个等分点1、2、3、4、5、6、7
第③步：连接直线7B
第④步：分别过点1、2、3、4、5、6向直线AB作直线7B的平行线，即完成直线AB的7等分

图1-10　直线的等分作图

2. 圆的等分作图

1）用丁字尺与60°三角板将圆3等分作内接正三角形，作图步骤与方法如图1-11所示。

2）用丁字尺与60°三角板将圆6等分作内接正六边形，作图步骤与方法如图1-12所示。

3）用圆规与直尺作圆的内接正三角形，作图步骤与方法如图1-13所示。

4）用圆规与直尺作圆的内接正六边形，作图步骤与方法如图1-14所示。

二、圆弧连接作图

用一圆弧光滑地连接相邻两线段（直线或圆弧）的作图方法，称为圆弧连接。图1-15所示为扳手图样的圆弧连接应用示例。

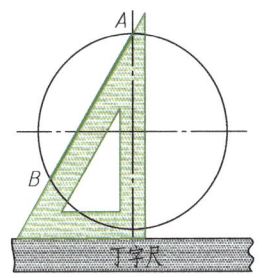 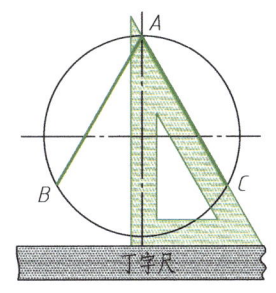 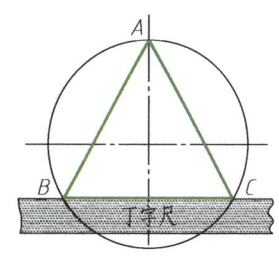

第①步：过点A作60°线交圆于点B　　　第②步：过点A作120°线交圆于点C　　　第③步：用丁字尺连接点B和点C

图 1-11　圆的3等分和内接正三角形作图

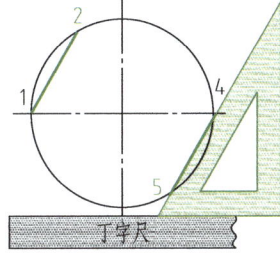 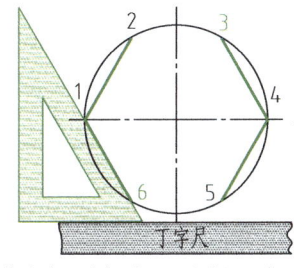 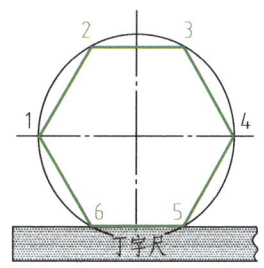

第①步：过点1作60°线交圆于点2　　　第③步：过点1作120°线交圆于点6　　　第⑤步：用丁字尺连接点2和点3
第②步：过点4作60°线交圆于点5　　　第④步：过点4作120°线交圆于点3　　　第⑥步：用丁字尺连接点6和点5

图 1-12　圆的6等分和内接正六边形作图

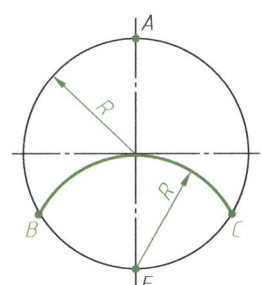 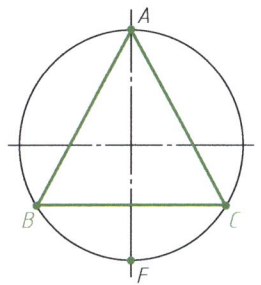

第①步：以点F为圆心，圆的半径R为半径画圆弧，分别与圆交于点B和点C
第②步：用直尺分别连接直线AB、AC、BC，即完成内接正三角形作图

图 1-13　用圆规与直尺作圆的内接正三角形

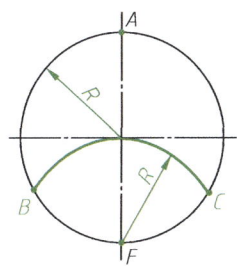 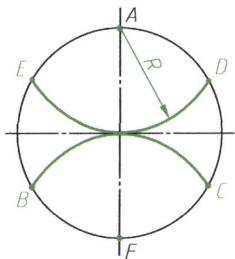 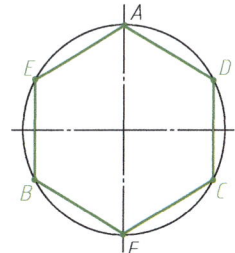

第①步：以点F为圆心，圆的半径R为半径画圆弧，分别与圆交于点B和点C
第②步：以点A为圆心，圆的半径R为半径画圆弧，分别与圆交于点D和点E
第③步：用直尺分别连接直径AD、DC、CF、FB、BE、EA，即完成内接正六边形作图

图 1-14　用圆规与直尺作圆的内接正六边形

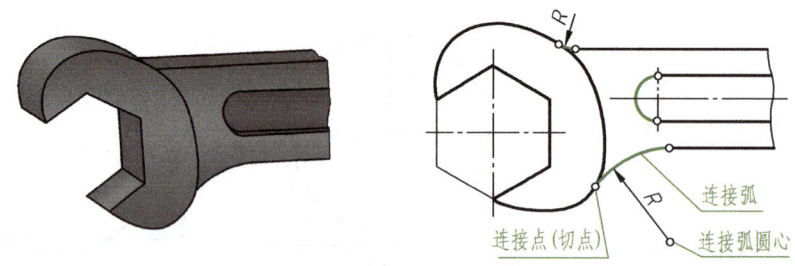

图 1-15　圆弧连接应用示例

1. 圆与直线相切

圆与直线相切的作图原理如图 1-16 所示。

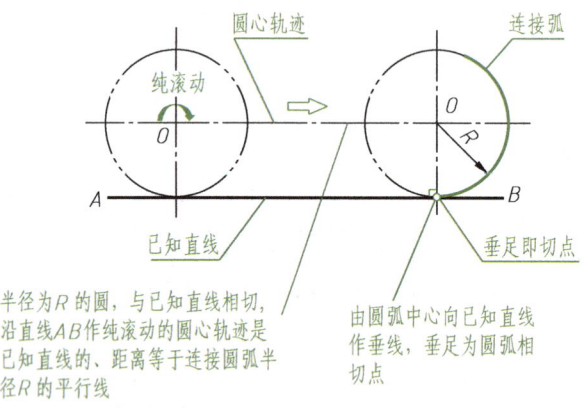

图 1-16　圆与直线相切的作图原理

2. 圆与圆相切

圆与圆相切的作图原理如图 1-17 所示。

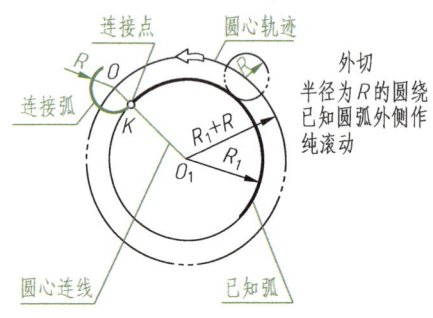 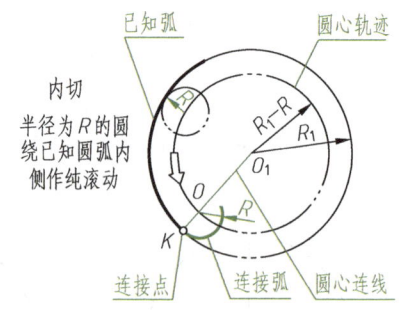

第①步：连接圆弧的圆心轨迹是已知圆弧的同心圆，该同心圆的半径等于两圆弧半径之和 $(R+R_1)$
第②步：两圆心连线与已知圆弧的交点即为切点

第①步：连接圆弧的圆心轨迹是已知圆弧的同心圆，该同心圆的半径等于两圆弧半径之和 (R_1-R)
第②步：两圆心连线与已知圆弧的交点即为切点

a) 外切作图原理　　　　　　　　　　b) 内切作图原理

图 1-17　圆与圆相切的作图原理

3. 两条直线的圆弧连接作图

（1）两条直线夹角为钝角的圆弧连接　作图步骤与方法如图 1-18 所示。

（2）两条直线夹角为直角（锐角）的圆弧连接　作图步骤与方法如图 1-19 所示。

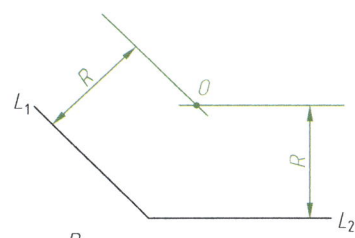

已知条件

a)

第①步：作两条已知直线的距离为连接圆弧半径R的平行线，求作连接圆弧圆心O

b)

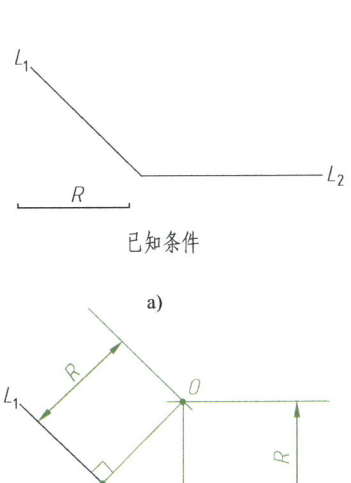

第②步：过圆心O作两条已知直线的垂线，其垂足M、N即为连接圆弧的切点

c)

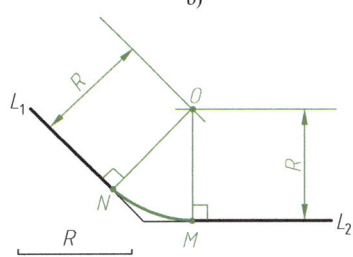

第③步：以O为圆心，过M、N作两条直线的连接圆弧

d)

图1-18　两条直线的圆弧连接作图（钝角）

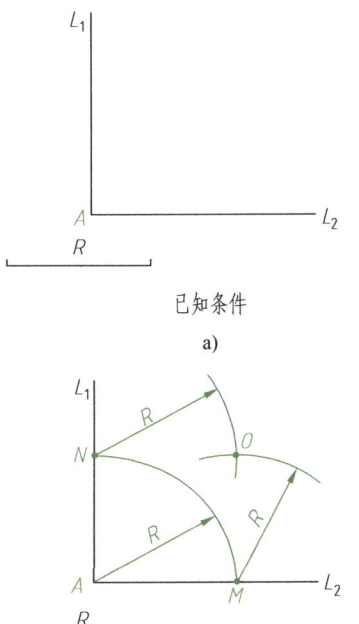

已知条件

a)

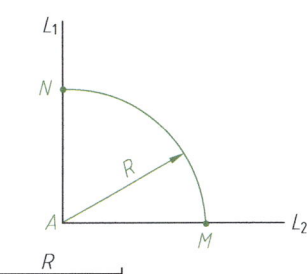

第①步：以垂足点A为圆心，R为半径画圆弧，分别交两条直线于点M和点N

b)

第②步：分别以点M、点N为圆心，R为半径画两条圆弧，圆弧的交点O即为连接圆弧R的圆心

c)

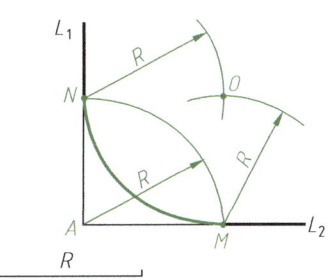

第③步：以点O为圆心，R为半径画圆弧，完成圆弧连接

d)

图1-19　两条直线的圆弧连接作图（直角）

4. 圆与直线之间的圆弧连接作图

直线与圆弧之间的圆弧连接，其作图步骤与方法如图1-20所示。

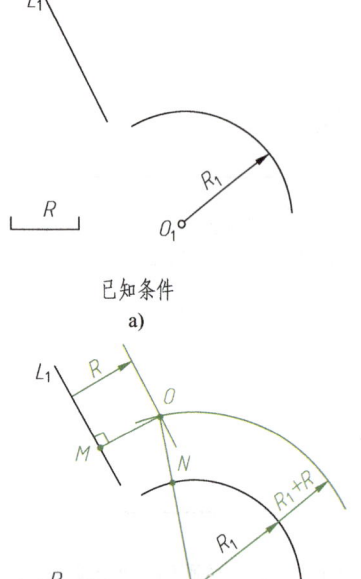

a) 已知条件

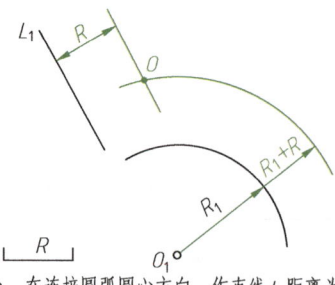

第①步：求圆心。在连接圆弧圆心方向，作直线 L_1 距离为 R 的平行线，再以 O_1 为圆心 R_1+R 为半径画圆弧，交点为连接圆弧的圆心 O

b)

c) 第②步：求切点。过圆弧中心 O 分别向直线 L_1 作垂线，交直线于点 M，再作连心线 OO_1，交圆弧于点 N，点 M、N 即为连接圆弧的切点

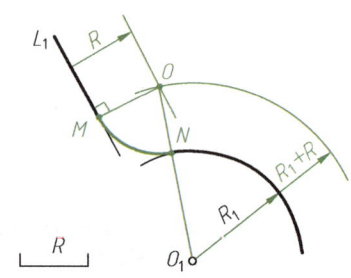

d) 第③步：连圆弧。以 O 为圆心，过点 M、N 连接圆弧

图 1-20 直线与圆弧之间圆弧连接作图

5. 圆弧与圆弧之间的圆弧连接作图

（1）圆弧与圆弧之间的外切圆弧连接 作图步骤与方法如图 1-21 所示。

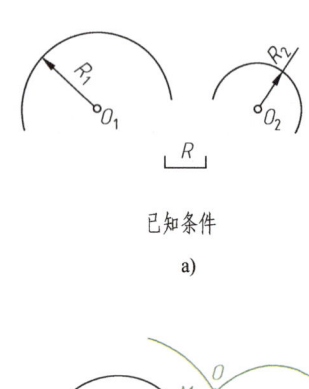

a) 已知条件

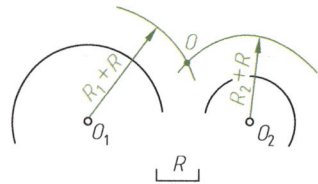

b) 第①步：求圆心。以 O_1 为圆心 R_1+R 为半径画圆弧，以 O_2 为圆心 R_2+R 为半径画圆弧，交点为连接圆弧的圆心 O

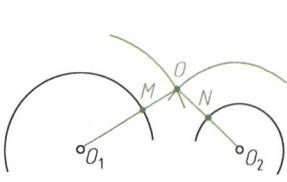

c) 第②步：求切点。过圆弧中心 O 向 O_1 作连心线 OO_1 交 R_1 于点 M，再作连心线 OO_2 交圆弧 R_2 于点 N，点 M、N 即为连接圆弧的切点

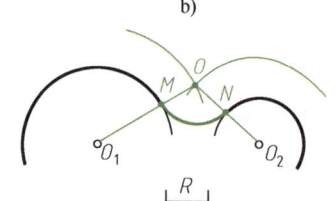

d) 第③步：连圆弧。以 O 为圆心，过点 M、N 连接圆弧

图 1-21 圆弧与圆弧之间的外切圆弧连接作图

（2）圆弧与圆弧之间的内切圆弧连接 作图步骤与方法如图 1-22 所示。

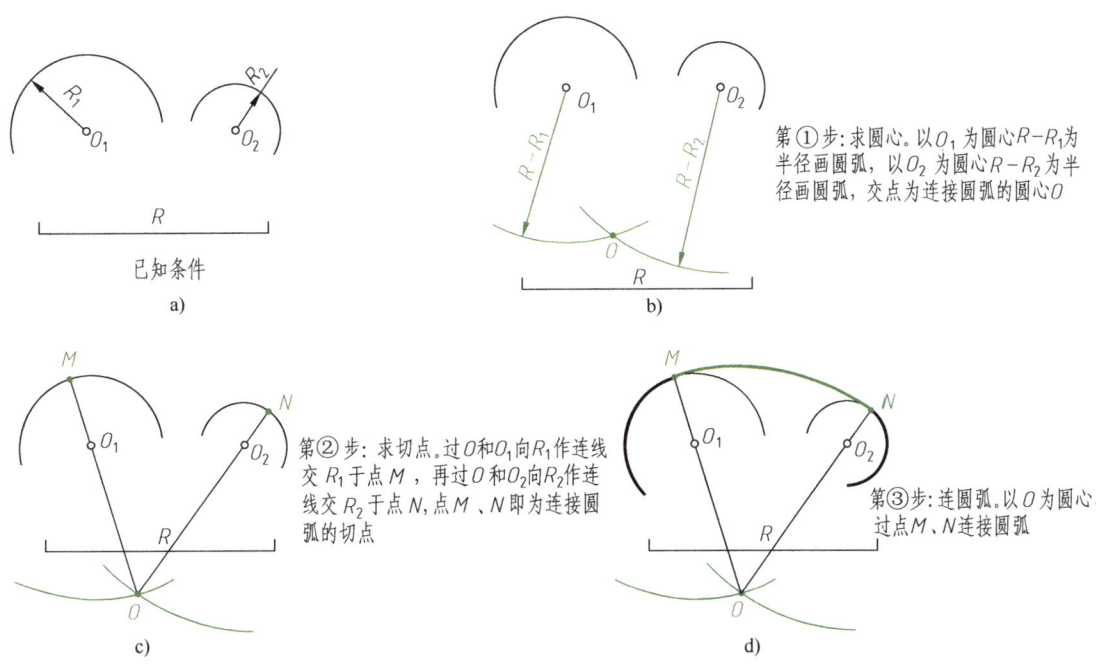

图 1-22 圆弧与圆弧之间的内切圆弧连接作图

（3）混合圆弧连接　作图步骤与方法如图 1-23 所示。

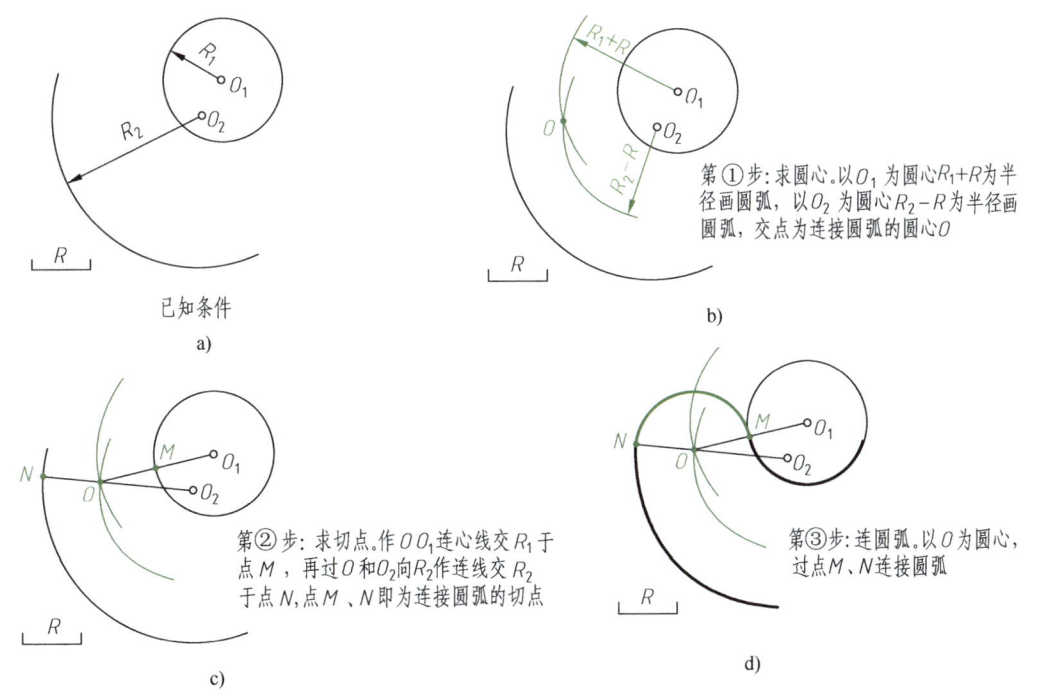

图 1-23 混合圆弧连接作图

三、椭圆的近似画法

椭圆有两条相互垂直而且对称的轴，即长轴和短轴。椭圆的画法很多，四圆心法是椭圆的近似画法。当已知椭圆的长轴和短轴时，多用四圆心法近似画椭圆。

四圆心法近似画椭圆的要点为：先求得四段圆弧的圆心，再求其连接点（四个切点），最后过切点依次绘制四段圆弧。

已知椭圆长轴 AB（60mm）和短轴 CD（40mm），用四圆心法作椭圆的步骤如图 1-24 所示。

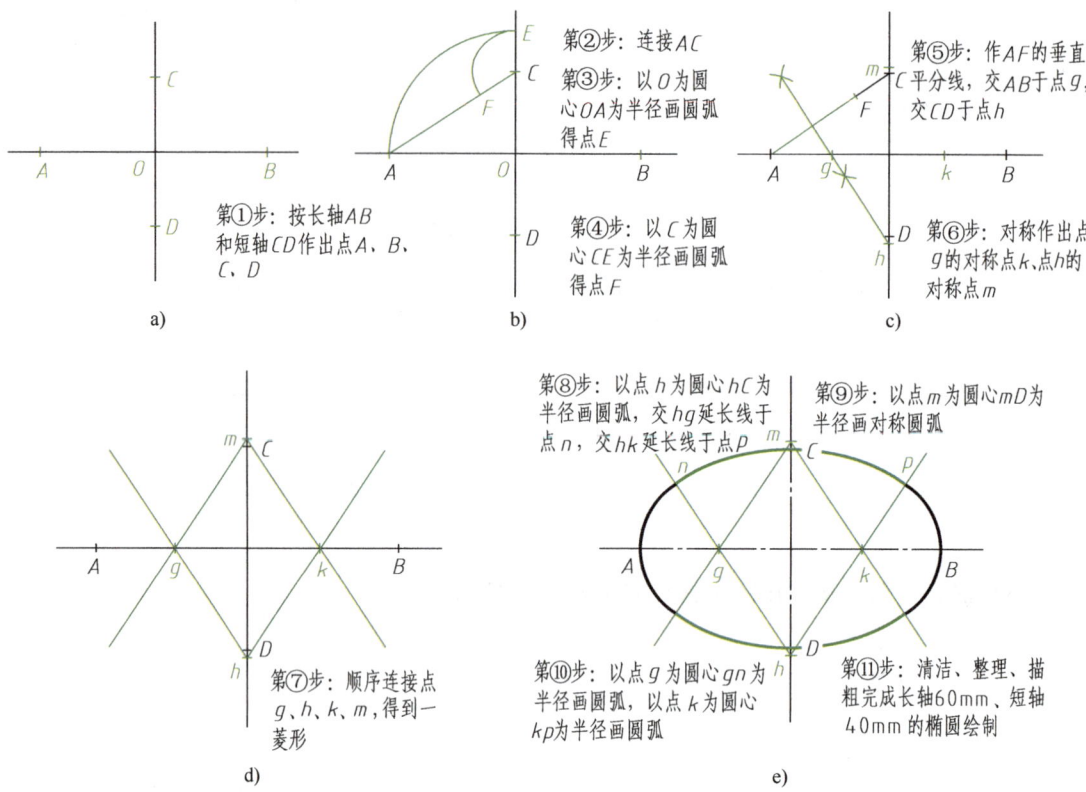

图 1-24　四圆心法作椭圆的步骤

四、斜度与锥度的画法

1. 斜度作图

一条直线相对于另一条直线或一平面相对于另一平面的倾斜程度称为斜度。国家标准中规定两指定楔体截面相对于任一楔体平面的高度 H 和 h 之差与其之间的投影距离 L 之比，称为斜度。其大小用该两直线或平面的夹角的正切来表示，注写成 1 : n 的形式。如图 1-25 所示为 1 : 10 楔体零件的作图步骤与方法。

斜度标注时要在数字前加注斜度符号"∠"。斜线与水平线的夹角为 30°，符号与图样

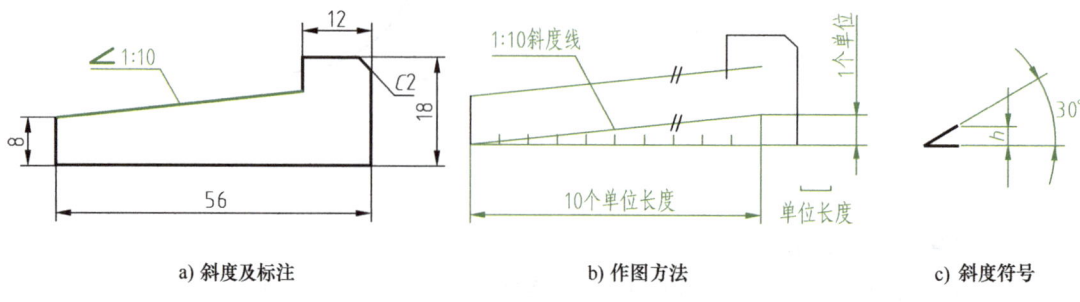

图 1-25　楔体零件的作图步骤与方法

中字体高度相同。

斜度标注时应标在指向具有斜度的轮廓线的指引线上，符号方向与斜度方向要一致。标注为"∠1∶10"，如图 1-25a 所示。

2. 锥度作图

图 1-26 所示为 1∶7 的圆锥的作图步骤与方法。

斜度符号用"▷"表示。两斜线的夹角为 30°，符号高度为图样中字体高度的 1.4 倍，符号长度为字体高度的 2.5 倍。

标注时，锥度符号的尖端指向应与锥度方向要一致，标注为"1∶7"。

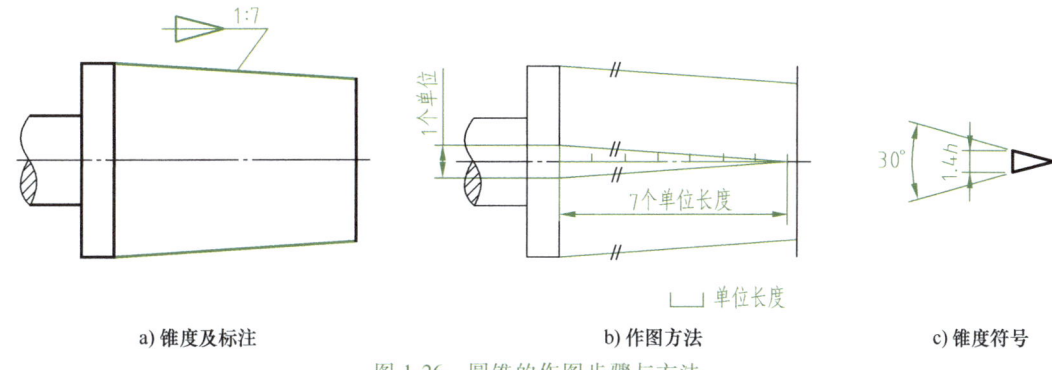

a) 锥度及标注　　　　b) 作图方法　　　　c) 锥度符号

图 1-26　圆锥的作图步骤与方法

1.2.3　交流学习

一、团队讨论

小到一枚螺钉、一根电缆的打磨，大到飞机、高铁等大国重器的锻造，都展现了工匠们笃实专注、严谨执着的匠心。正是一代代工匠们对工匠精神的继承与发扬，我国才能从一个基础薄弱、工业水平落后的国家，成长为世界先进的制造大国。

围绕基本几何作图准确度对加工质量的影响进行讨论。请大家讨论总结基本几何作图准确度的重要性。

二、学习成果交流

1) 请描述基本几何作图学习的过程，并展示学习成果。

2) 在交流学习的过程中，发现、分析、解决了哪些问题？

三、交流学习记录表（表 1-8）

表 1-8　交流学习记录表

知识点	要求	学习问题记录	解决措施与效果
直线的等分	1. 对直线等分的几何含义的理解是否正确 2. 平行线法直线等分的作图步骤与方法是否准确		
圆的等分	1. 对圆的等分的几何含义的理解是否正确 2. 圆的等分的作图步骤与方法是否准确		
圆弧连接	1. 对圆弧连接的几何含义的理解是否正确 2. 两条直线间圆弧连接的步骤与方法是否准确 3. 直线与圆弧连接的步骤与方法是否准确 4. 圆弧与圆弧间圆弧连接的步骤与方法是否准确		

（续）

知识点	要求	学习问题记录	解决措施与效果
椭圆的近似画法	1. 椭圆近似画法的几何含义的理解是否正确 2. 椭圆近似画法的步骤与方法是否准确		
斜度与锥度的画法	1. 对斜度与锥度绘制的几何含义的理解是否正确 2. 斜度与锥度的作图与标注的步骤与方法是否准确		
经验积累与存在问题解决			
经验积累		存在问题	
签审	（评价委员会意见）		年　月　日
	（指导教师意见）		年　月　日

1.2.4　巩固练习

使用图样绘制工具进行平面图形绘制。

1）完成图 1-27 所示的直线 AB 的 6 等分。

图 1-27　直线 AB 的 6 等分

2）完成图 1-28 所示的内接正六边形绘制。

3）按照给定圆弧长度，完成图 1-29 所示图形的圆弧连接。

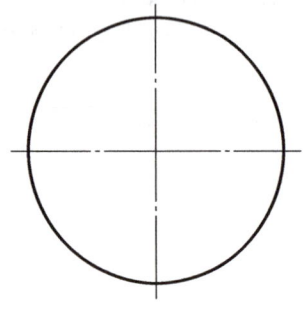
　　图 1-28　内接正六边形绘制

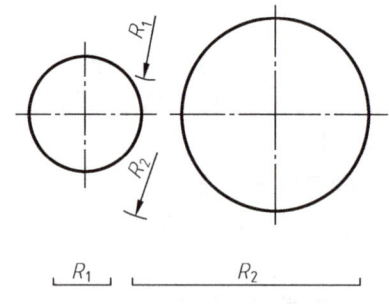
　　图 1-29　内、外切圆弧连接

4）根据图 1-30a 所示的信息，按照给定的圆弧长度，完成图 1-30b 所示图形的倒圆角练习。

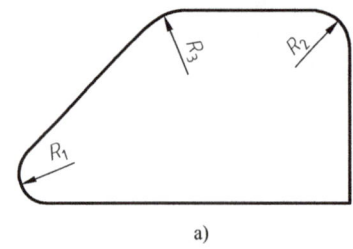

图 1-30　倒圆角练习

5）完成图 1-31 所示的 1∶5 斜度图形的绘制。

6）完成图 1-32 所示的 1∶5 锥度图形的绘制。

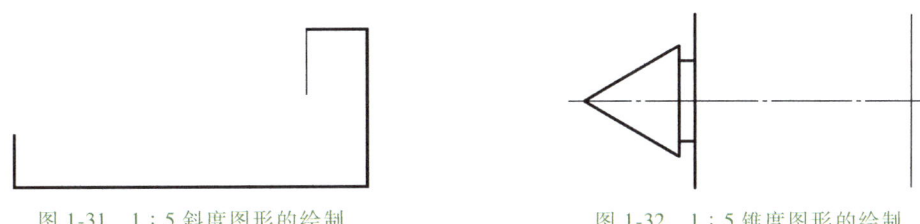

图 1-31　1∶5 斜度图形的绘制　　　　图 1-32　1∶5 锥度图形的绘制

7）使用图样绘制工具完成图 1-33 所示的图形绘制（不标注）。

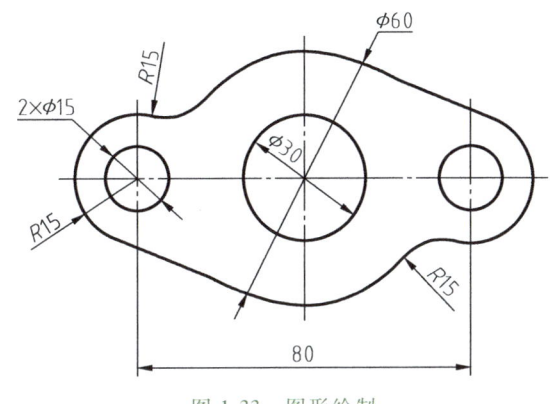

图 1-33　图形绘制

1.2.5　考核评价

1. 学习效能评价

团队与个人进行学习效能评价，并完成表 1-9 的填写。

表 1-9　基本几何作图的理解与应用的学习效能评价表

序号	项目	内容	程度	差评原因
1	知识学习	能理解、应用直线与圆的等分的原理与方法	□优 □良 □中 □差	
2		能理解、应用圆弧连接与椭圆的近似画法的原理与方法	□优 □良 □中 □差	
3		能理解、应用斜度与锥度的画法的原理与方法	□优 □良 □中 □差	
4	技能学习	能正确使用图样绘制工具进行等分绘制	□优 □良 □中 □差	
5		能正确使用图样绘制工具进行各种位置图形的圆弧连接	□优 □良 □中 □差	
6		能正确使用图样绘制工具进行斜度与锥度图形的绘制	□优 □良 □中 □差	
7		能正确使用图样绘制工具完成简单平面图形的绘制	□优 □良 □中 □差	
签审		（评价委员会意见）		年　月　日
		（指导教师意见）		年　月　日

2. 综合能力评价

团队内部与团队之间进行综合评价，并完成附录综合能力评价表的填写。

1.2.6　拓展任务

使用图样绘制工具完成图 1-34 所示手柄的图形绘制。

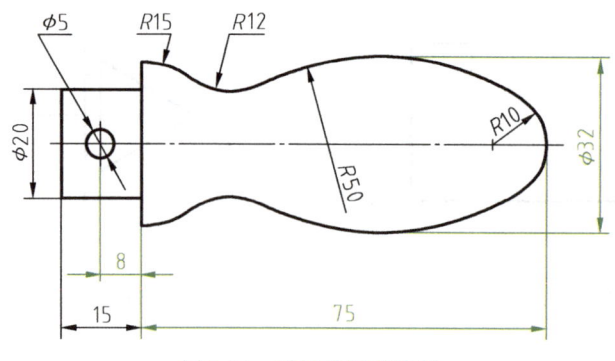

图 1-34 手柄的图形绘制

1.3 尺寸标注

1.3.1 学习描述

通过尺寸标注的规则、尺寸的要素、尺寸标注方法以及分析等知识与技能的学习,学生应具备以下能力:

1)能正确理解和应用尺寸标注的规则。
2)能正确标注图形的尺寸。
3)能正确分析和标注图形的定位尺寸和定形尺寸。

1.3.2 基础知识

一、尺寸标注的规则

1)机件的真实大小应以图样上标准的尺寸数值为依据,与图形大小以及绘图的准确度无关。

2)图样中的尺寸以 mm 为单位时,不必标注计量单位的符号(或名称),如采用其他单位,则应该注明相应的单位符号。

3)图样中所标注尺寸为该图样所示机件的最后完工尺寸,否则应另加说明。

4)机件上每一尺寸一般只标注一次,并应标注在表示该结构最清晰的图形上。

二、尺寸的要素

一个完整的尺寸由尺寸界线、尺寸线和尺寸数字组成,如图 1-35 所示。

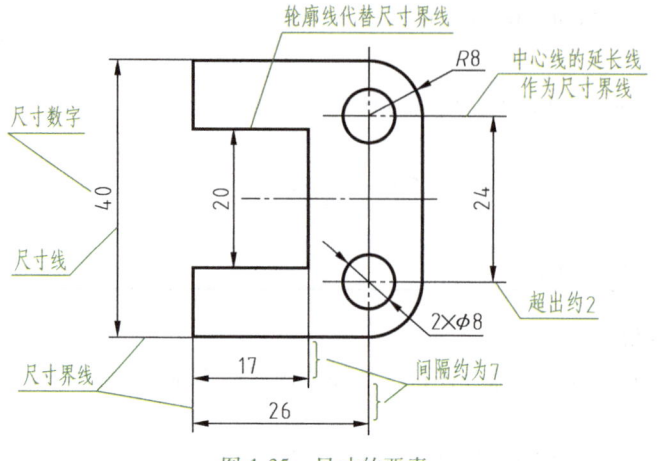

图 1-35 尺寸的要素

（1）尺寸界线　表示尺寸的起始和终止位置的线称为尺寸界线，用细实线绘制，并应从图形轮廓线、轴线或对称中心线引出，也可直接利用轮廓线、轴线、对称中心线作为尺寸界线。尺寸线一般应与尺寸线垂直，并超出尺寸线约 2mm。

（2）尺寸线　尺寸线一般用细实线绘制，标注线性尺寸时，应平行于被标注的线段。尺寸线一般不能用图形上的其他图线代替，也不能与其他图线重合或画在其延长线上，并且应尽量避免与其他尺寸线或尺寸界线相交。

尺寸线的终端如图 1-36 所示，箭头通常用于机械图样的尺寸终端（图 1-36a）。当没有足够的空间画箭头时，可使用小圆点（图 1-36b）或斜线替代箭头（图 1-36c）。

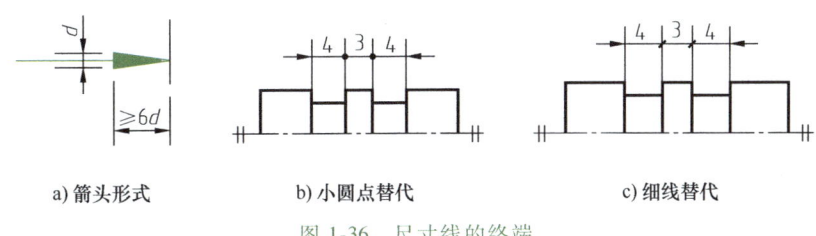

a）箭头形式　　　b）小圆点替代　　　c）细线替代

图 1-36　尺寸线的终端

（3）尺寸数字　线性尺寸的数字一般应写在尺寸线上方或左方，也允许写下尺寸线的中断处。注写线性尺寸时，如尺寸线为水平方向时，尺寸数字应该由左向右书写，字朝上；如尺寸线为数值方向时，尺寸数字应该由下向上书写，字朝左；在倾斜尺寸线上标注尺寸数字时，必须使字有向上的趋势。

（4）尺寸标注的方法　线性尺寸、圆及圆弧尺寸、小尺寸等尺寸的标注方法见表 1-10。

表 1-10　尺寸的标注方法

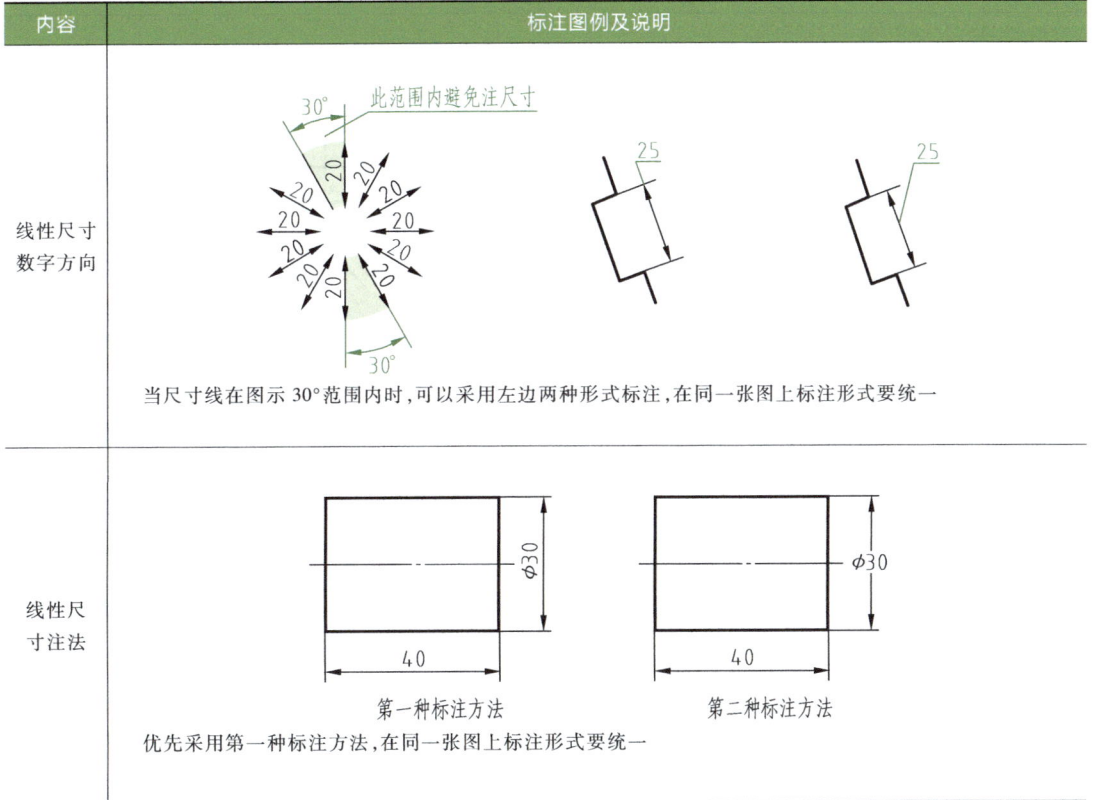

(续)

内容	标注图例及说明
圆及圆弧尺寸标注	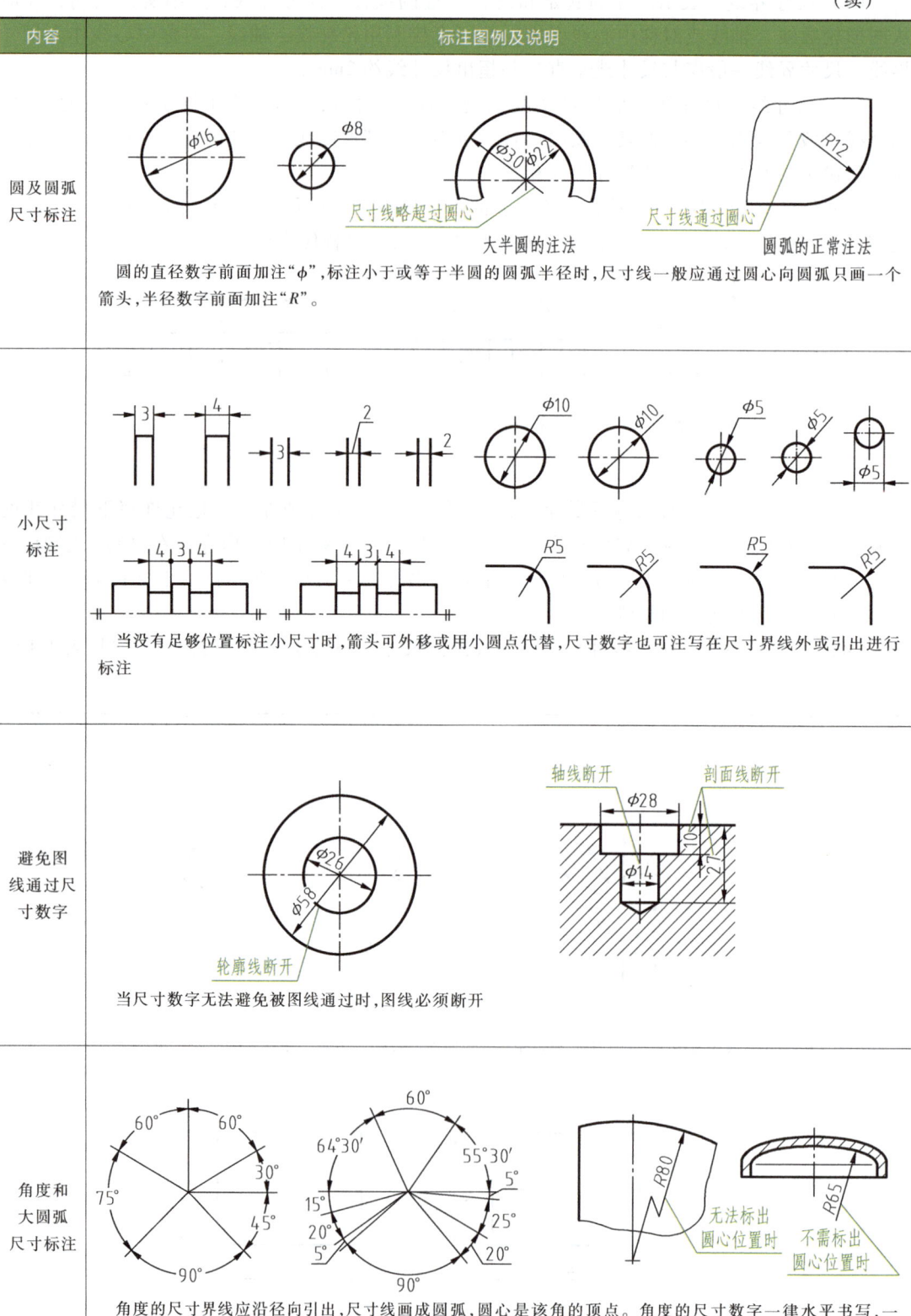 圆的直径数字前面加注"φ",标注小于或等于半圆的圆弧半径时,尺寸线一般应通过圆心向圆弧只画一个箭头,半径数字前面加注"R"。
小尺寸标注	当没有足够位置标注小尺寸时,箭头可外移或用小圆点代替,尺寸数字也可注写在尺寸界线外或引出进行标注
避免图线通过尺寸数字	当尺寸数字无法避免被图线通过时,图线必须断开
角度和大圆弧尺寸标注	角度的尺寸界线应沿径向引出,尺寸线画成圆弧,圆心是该角的顶点。角度的尺寸数字一律水平书写,一般书写在尺寸线的中断处,必要时也可写在尺寸线的上方、外侧或引出注写

（续）

内容	标注图例及说明
对称机件的尺寸标注	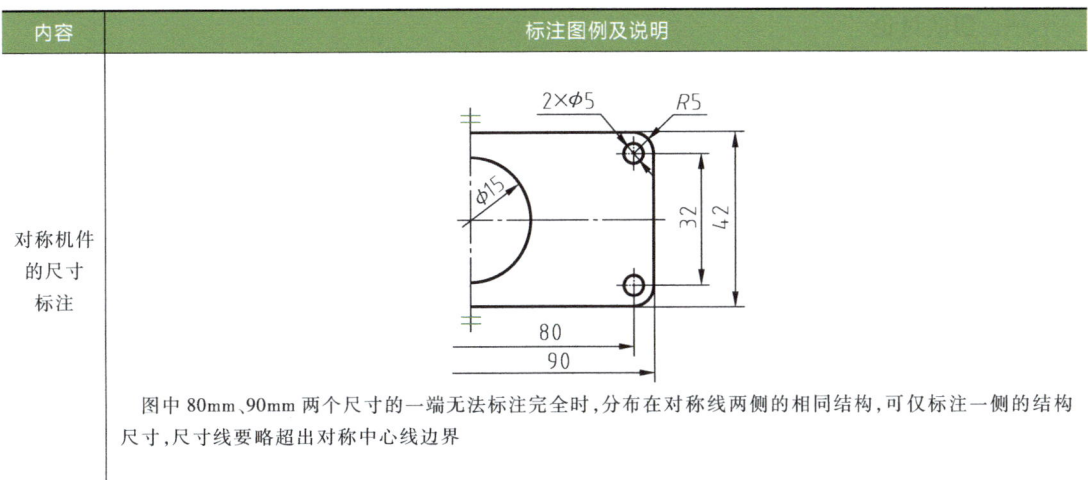 图中 80mm、90mm 两个尺寸的一端无法标注完全时，分布在对称线两侧的相同结构，可仅标注一侧的结构尺寸，尺寸线要略超出对称中心线边界

三、尺寸分析

1. 基准及其作用

基准根据作用不同分为设计基准和工艺基准。

（1）设计基准　在零件图样绘制时，为满足零件在机器或部件中对其结构、性能的特定要求而选定的基准，称为设计基准。

（2）工艺基准　零件在加工测量和装配过程中所使用的基准。工艺基准分为工序基准、定位基准、测量基准和装配基准。

（3）零件图样的设计基准分析　在绘制零件图样时，应首先确定长度、宽度及高度方向的绘图基准。如图 1-37 所示为摇杆零件图样的设计基准分析。

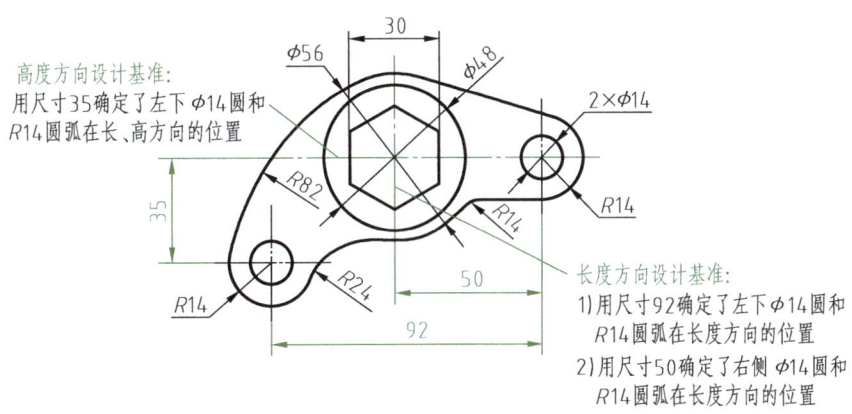

图 1-37　摇杆零件图样的设计基准分析

2. 零件图样尺寸的种类与作用

零件图样尺寸根据其作用不同分为了定位尺寸和定形尺寸两类。

（1）定位尺寸　在零件图样上，以基准为起点用于确定图样上其他图形要素（点、线、面）位置的尺寸称为定位尺寸。如图 1-37 所示的 50、92、35 都是定位尺寸。

（2）定形尺寸　在零件图样上，用于确定零件结构各部分图形要素形状和大小的尺寸称为定形尺寸。如图 1-37 所示除定位尺寸 50、92、35 以外的其他尺寸都是定形尺寸。

1.3.3 交流学习

一、团队讨论

围绕尺寸基准分析应用，请大家讨论"失之毫厘，差之千里"的含义，并列举相关示例。

二、学习成果交流

1）请描述尺寸标注学习的过程，并展示学习成果。

2）在交流学习的过程中，发现、分析、解决了哪些问题？

三、交流学习记录表（表1-11）

表1-11 交流学习记录表

知识点	要求	学习问题记录	解决措施与效果
标注规则	对尺寸标注的规则的理解是否正确		
尺寸要素	对尺寸标注的组成要素与标注规定的理解是否正确		
标注方法	各种图样结构的尺寸标注方法的应用是否准确		
基准及作用	对设计基准含义、作用与判别的理解是否正确		
尺寸分析	零件图样定位、定形尺寸的分析与区分是否正确		
经验积累与存在问题			
经验积累		存在问题	
签审	（评价委员会意见）		年 月 日
	（指导教师意见）		年 月 日

1.3.4 巩固练习

1）使用图样绘制工具完成图1-37所示零件的图形绘制与尺寸标注，作图步骤与方法如图1-38所示。

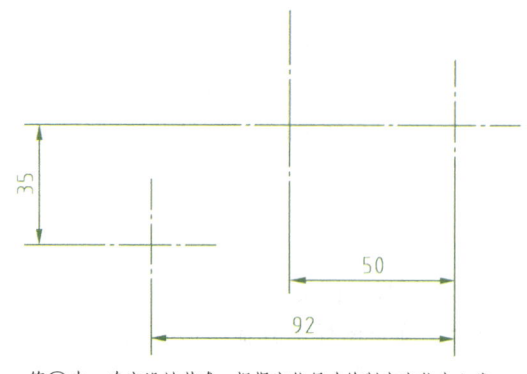

第①步：确定设计基准，根据定位尺寸绘制出定位中心线

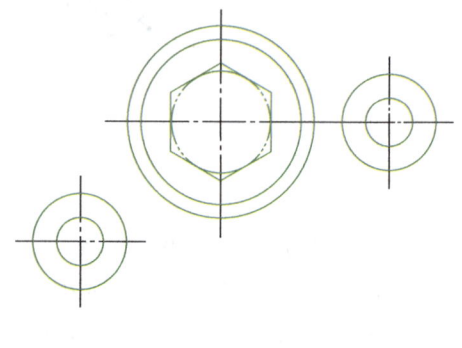

第②步：根据定形尺寸绘制出圆ϕ56、圆ϕ48、圆ϕ30外切六边形、两处圆ϕ14和R14的圆

图1-38 摇杆零件图样绘制与尺寸标注

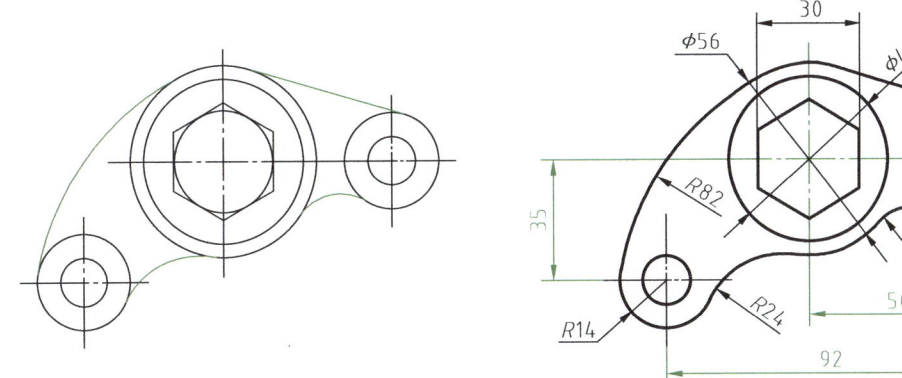

第③步：绘制公切线，外切圆弧R14、R24和内切圆弧R82　　第④步：擦除多余线、整理、描粗，完成尺寸标注

图 1-38　摇杆零件图样绘制与尺寸标注（续）

2）使用 CAD 软件完成图 1-39 所示的支架的图样绘制与标注。

① 该零件长度方向的设计（绘图）基准是_____。

② 该零件宽度方向的设计（绘图）基准是_____。

③ 该零件的标注尺寸中属于定位尺寸的有_____。

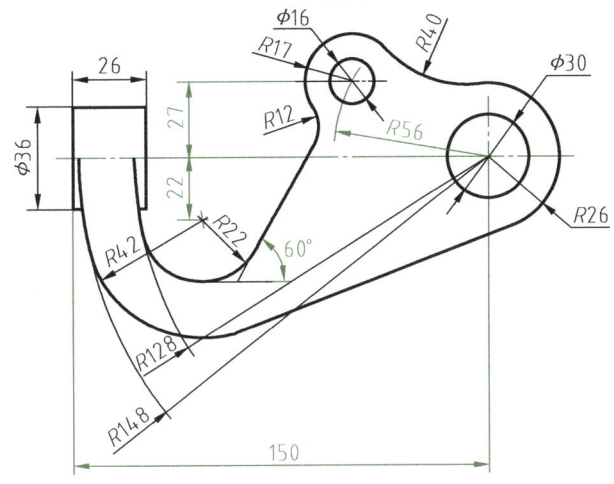

图 1-39　支架的图样绘制与标注

1.3.5　考核评价

1. 学习效能评价

团队与个人进行学习效能评价，并完成表 1-12 的填写。

表 1-12　尺寸标注的理解与应用的学习效能评价表

序号	项目	内容	程度	差评原因
1	知识学习	能理解和应用尺寸标注的基本规则	□优□良□中□差	
2		能理解和应用尺寸标注的方法	□优□良□中□差	
3		能理解设计基准的含义与作用	□优□良□中□差	
4		能正确判别与识读零件图样的设计基准	□优□良□中□差	
5		能正确判别与识读零件图样的定位尺寸与定形尺寸	□优□良□中□差	

序号	项目	内容	程度	差评原因
6	技能学习	能正确使用图样绘制工具完成零件图样的绘制与标注	□优□良□中□差	
	签审	（评价委员会意见）	年　月　日	
		（指导教师意见）	年　月　日	

2. 综合能力评价

团队内部与团队之间进行综合评价，并完成附录综合能力评价表的填写。

1.3.6 拓展任务

1）使用图样绘制工具完成图1-40所示扳手图样的绘制与尺寸标注。

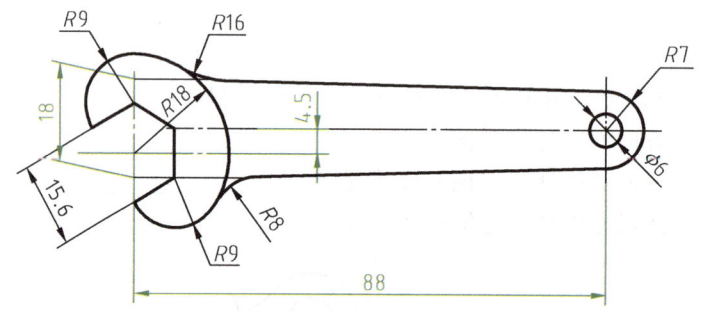

图1-40　扳手图样的绘制与尺寸标注

2）使用中望CAD软件完成图1-41所示摆架图样的绘制与尺寸标注。

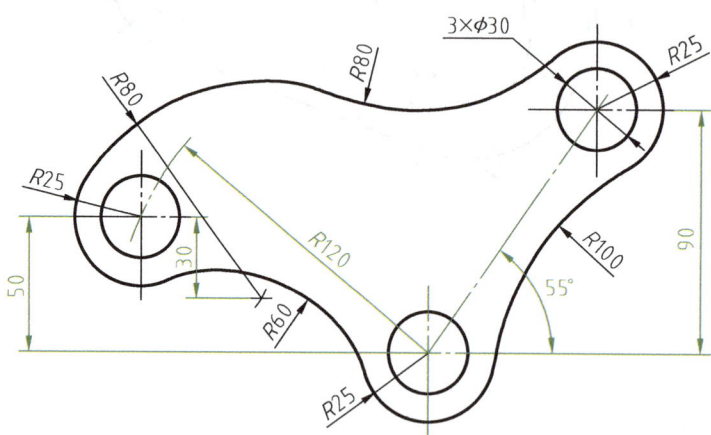

图1-41　摆架图样的绘制与尺寸标注

单元2 投影基础

通过对投影法、三面投影体系、三视图以及点、线、面的三面投影进行三视图分析的知识与技能的学习，学生应达成如下学习目标：
1）能理解和应用投影法分类与特性。
2）能理解和应用三视图投影规律。
3）能分析和应用点、线、面的投影特性。

2.1 投影与三视图

2.1.1 学习描述

通过投影规律、投影特性及三面投影体系的形成等知识与技能的学习与应用，学生应达成如下学习目标：
1）能理解投影法的分类与投影特性。
2）能理解三面投影体系的构成、相互关系。
3）能理解和分析三视图的形成、大小与方位关系以及投影规律。
4）能正确熟练地使用 CAD 软件工具进行三视图的投影规律分析。

2.1.2 基础知识

一、投影与投影法

1. 投影的形成

如图 2-1 所示，物体在光线照射下，在地面或墙面上产生影子的自然现象就是投影。工程中，为了对机件的形态（形状、大小、位置和方向）进行准确的分析和应用，必须对投影进行科学、系统的分析。投影形成的条件：
1）光源：产生投影的投射线，即所有投影线的起源点。
2）投影对象：用于分析其形态的物体。将其置于光源与投影面之间即会产生投影。
3）投影面：用于投射形成物体形态影像的平面。

 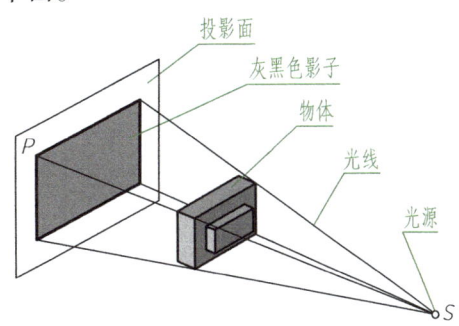

图 2-1 投影的形成

2. 投影法

1）投影法：投射线通过物体，向指定平面投射并在该平面得到图形的方法称为投影法。根据投影法所得到的图形，称为投影。

2）投影法的分类及其特点见表2-1。

表2-1 投影法的分类及其特点

投影法的分类		概念	投影特点	应用
中心投影法		投射线汇交于一点的投影法。如照相、放电影等，称为中心投影法，如图2-2a所示	中心投影法不能用于准确分析和判别物体的真实大小、准确的位置和方向	用于建筑透视图等
平行投影法	斜投影法	投射线与投影面相倾斜的平行投影法，称为斜投影法，如图2-2b所示	投影大小与实形相同，但不能准确判别物体的位置与方向	用于斜二等轴测图的绘制
	正投影法	投射线与投影面相垂直的平行投影法，称为正投影法，如图2-2c所示	投影可准确分析物体的大小、位置与方向	用于物体各限定方向视图的绘制与分析

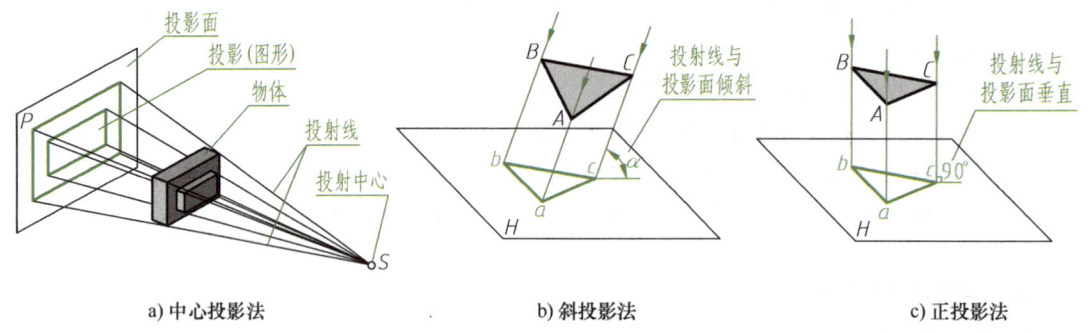

a) 中心投影法　　　　　　　b) 斜投影法　　　　　　　c) 正投影法

图2-2 投影法

3. 正投影法的投影特性

正投影法的投影特性见表2-2。

表2-2 正投影法的投影特性

投影特性	投影对象	图例	说明
真实性	直线	真实性：投影反映实长或实形 直线 AB、平面 CDEF 平行于投影面	直线投影 ab 反映其真实长度
	平面		平面投影 cdef 反映其真实形状与大小

（续）

投影特性	投影对象	图例	说明
积聚性	直线	积聚性：投影积聚成一点或直线 直线 AB、平面 CDEF 垂直于投影面	直线投影 a(b)积聚成一点
	平面		平面投影积聚成一条直线 d(c)e(f)
类似性	直线	类似性：投影变短或变小 直线 AB、平面 CDEF 倾斜于投影面	直线投影 ab 不能反映其真实长度，而是相比原直线变短、缩小
	平面		平面投影 cdef 是类似图形，不能反映其真实形状与大小

思考：类似与相似有什么不同？

二、三面投影体系

1. 视图的形成

视图是使用正投影法绘制物体的图形时，把人的视线假想成相互平行且垂直于投影面的一组投射线，将物体在投影面上的投影称为视图，如图 2-3 所示。

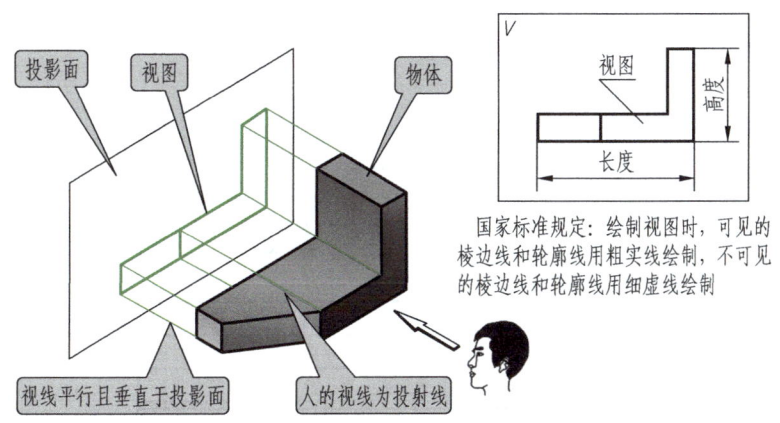

图 2-3 视图的形成

如果只在同一个投影面进行投影，会造成两个或几个不同结构形状的物体视图相同如图 2-4 所示。这种情况将无法区分和判别不同物体的不同结构形状。故需要在两个或三个投影面进行投影来区分不同物体。

2. 三面投影体系的形成

（1）三面投影体系的形成　使用视图来判别不同物体的不同结构形状，须将物体向不同方向的多个投影面进行投射，得到多个正投影面，才能表达清楚构成物体的不同表面的位置和形状，更有利于判别不同物体的不同结构形状。

如图 2-5a 所示是将三个平面两两互相垂直的组合模型，将其第 1 投影区域截取为图 2-5b 所示的三面空间模型，即构成了三面投影体系。

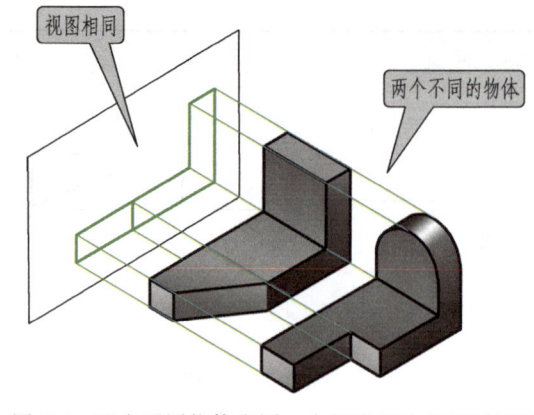

图 2-4　两个不同物体在同一个投影面上的视图相同

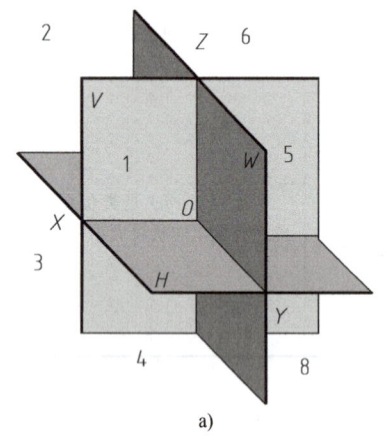

a)

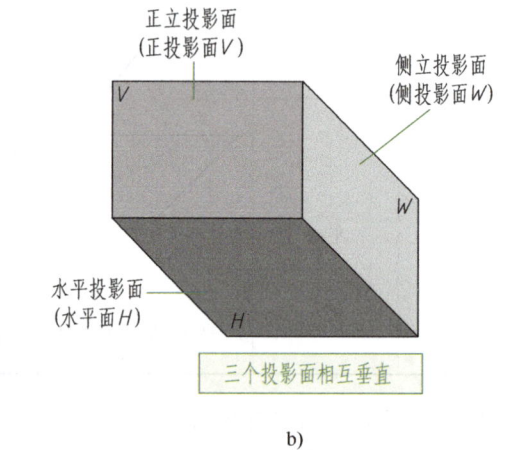

b)

图 2-5　三面投影体系

（2）三面投影体系的结构　三面投影体系由三个投影面、三个投影轴和一个原点构成，如图 2-6 所示。

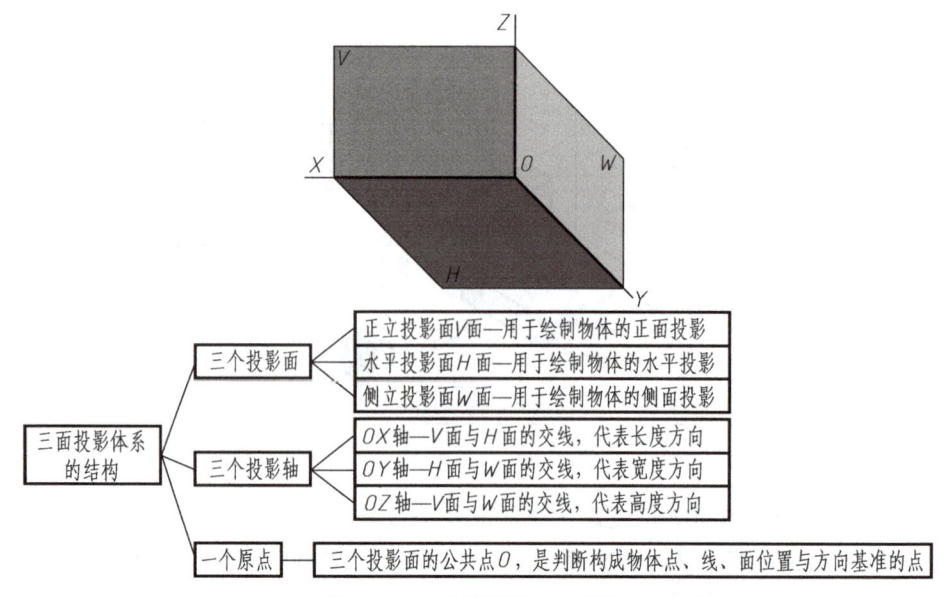

图 2-6　三面投影体系的结构

三、投影与三视图的对应关系

1. 三视图的形成

三视图是将物体置于空间三面投影体系中,从物体的三个方向进行观察,分别在正立投影面、水平投影面和侧立投影面上获得的三个视图,如图 2-7 所示。

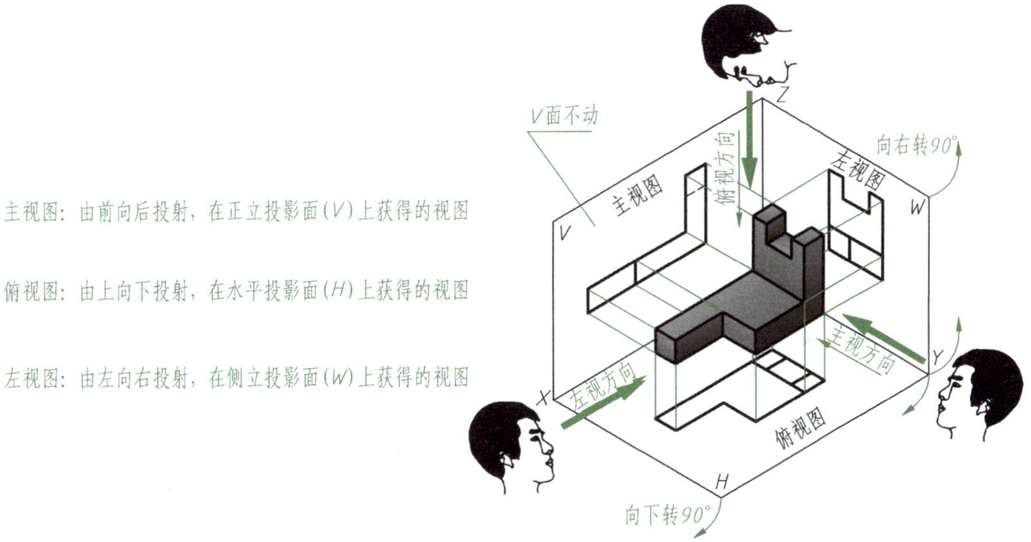

主视图:由前向后投射,在正立投影面(V)上获得的视图

俯视图:由上向下投射,在水平投影面(H)上获得的视图

左视图:由左向右投射,在侧立投影面(W)上获得的视图

图 2-7 三视图的形成

2. 三视图的平面展开

如图 2-8 所示,反映了三面投影体系由空间模型展开为平面模型的过程。

三视图的位置配置:左视图在主视图的右方;俯视图在主视图的下方。

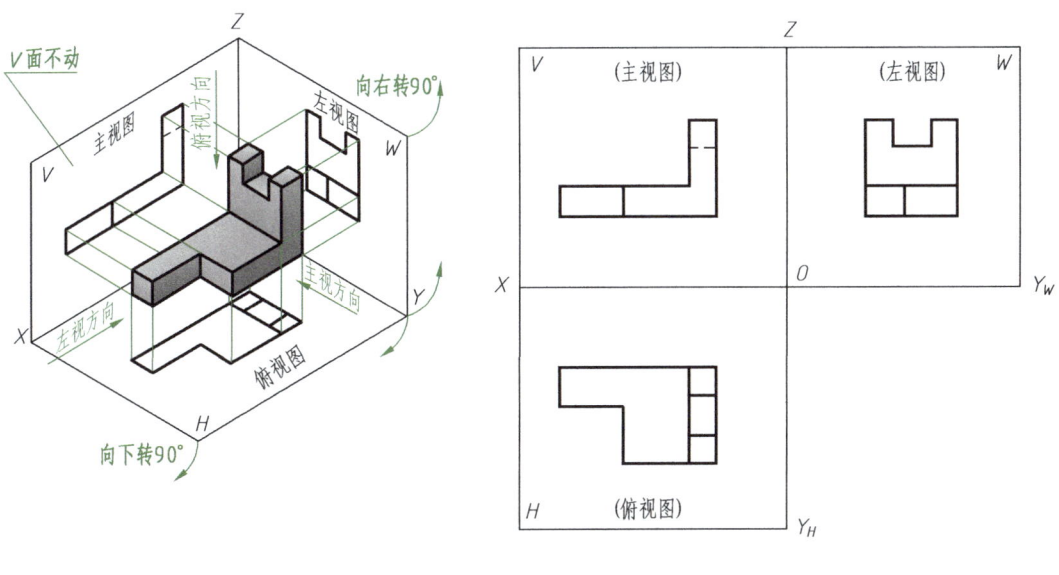

a) 空间模型　　　　　　　　　　　　b) 平面模型

图 2-8 三视图的平面展开

3. 三视图之间的尺寸对应关系及投影规律

（1）尺寸对应关系　物体有长、宽、高三个方向的尺寸。通常物体左右表面之间的距离为长，前后表面之间的距离为宽，上下之间的距离为高。三视图之间尺寸的对应关系与投影规律如图2-9所示。

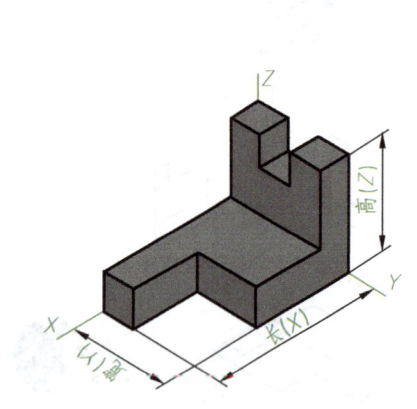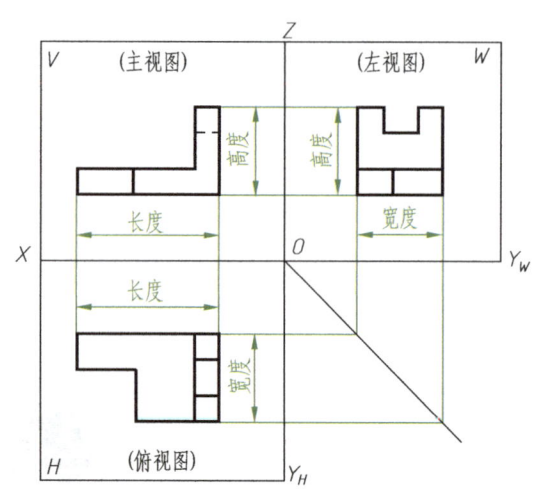

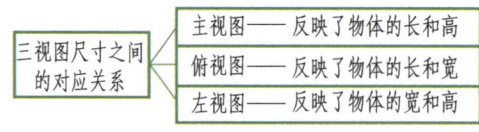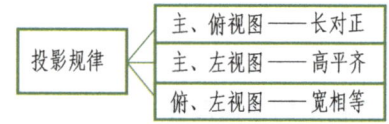

图2-9　三视图之间尺寸的对应关系与投影规律

（2）投影规律　如图2-9所示，根据三视图由空间模型展开为平面模型的过程可知，其投影规律为：

1）主视图与俯视图反映物体的长度——长对正。
2）主视图与左视图反映物体的高度——高平齐。
3）俯视图与左视图反映物体的宽度——宽相等。

4. 三视图与物体的方位关系

三视图与物体的方位关系如图2-10所示。三视图应能真实呈现物体各组成部分的大小、形状、方向和位置特征的对应关系。

5. 三视图的分类与作用

如图2-11所示，三视图一般根据其作用分为：

1）形状特征视图：用于物体各组成部分的形状特征的表达的视图。
2）位置特征视图：用于物体各组成部分的方向与位置的表达的视图。

通过三视图的识读，判别物体的空间结构与形状，必须将形状特征视图与位置特征视图相结合。

2.1.3　交流学习

一、团队讨论

从不同角度观察事物，会得到不同的结果。请大家讨论在日常的学习生活中面对不一样的观点，应该如何妥善的处理呢？

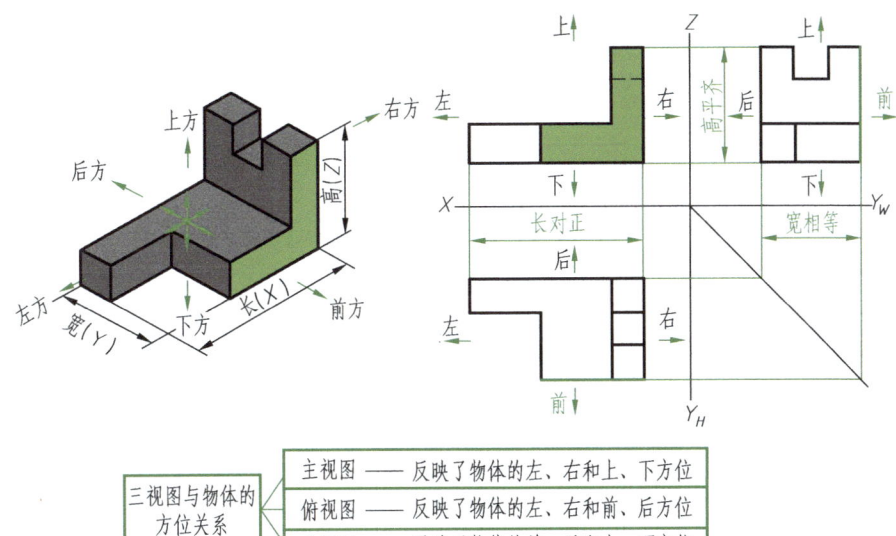

图 2-10 三视图与物体的方位关系

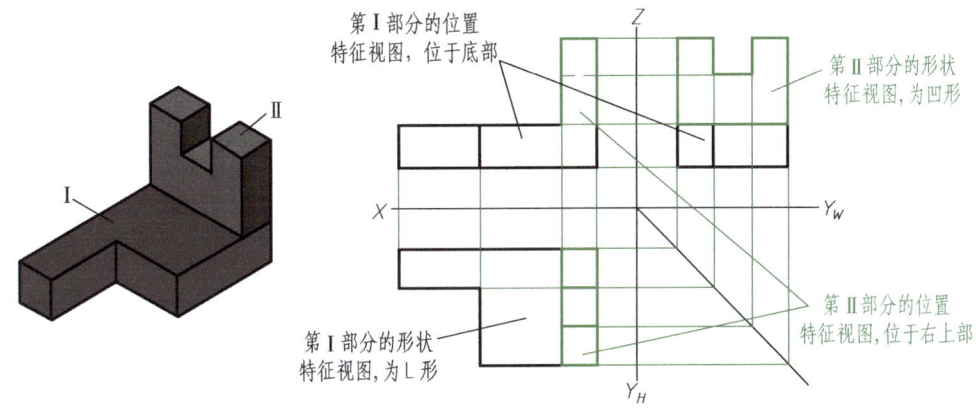

图 2-11 三视图的形状特征与位置特征

二、学习成果交流

1）请描述投影与三视图学习的过程，并展示学习成果。
2）在交流学习的过程中，发现、分析、解决了哪些问题？

三、交流学习记录表（表 2-3）

表 2-3 交流学习记录表

知识点	要求	学习问题记录	解决措施与效果
投影特性	1. 投射线与投影面的位置的理解是否正确 2. 对投影特性的理解与应用是否准确		
三面投影体系	三面投影体系的结构的理解是否正确		
三视图	1. 三视图的形成的理解是否正确 2. 空间三视图的平面展开的理解是否正确 3. 三视图与物体的方位关系的理解是否正确 4. 三视图的投影规律的理解与应用是否准确		

(续)

知识点	要求	学习问题记录	解决措施与效果
经验积累与存在问题			
经验积累		存在问题	
签审	（评价委员会意见）		年　月　日
	（指导教师意见）		年　月　日

2.1.4　巩固练习

一、投影练习

1）完成投影及投影特征的演示操作。

2）完成直线的中心投影及平行投影，分析两种投影方法的投影特性。

二、三面投影体系与三视图练习

1. 三面投影体系的构成分析

1）完成三面投影体系构成的演示，描述三个投影面的名称、关系及作用，并进行平面模型转化的演示。

2）描述三面投影体系坐标轴的作用

2. 三视图的形成与投影规律分析

1）演示并描述三视图形成的各个过程。

2）演示并分析三视图的投影规律。

三、三视图的画法

绘制三视图的步骤如下：

1）确定物体的组成部分，以此为基础确定各组成部分的方向、位置及形状特征。

2）绘制物体三视图时，首先应绘制出基准线，再利用三视图的投影规律绘制基础部分的三视图，然后根据各组成部分的形状和位置特征完成其他部分的三视图绘制。

如图 2-12 所示为支承块三视图绘制的步骤与方法。绘制三视图一般从形状特征视图开始，然后使用投影规律完成对应位置特征视图的绘制。

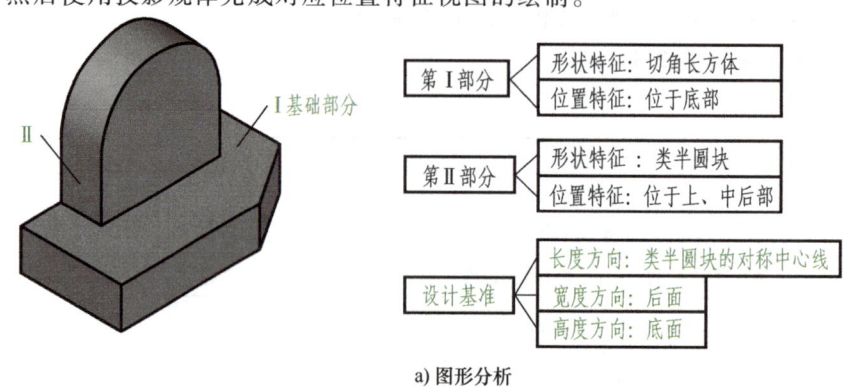

a) 图形分析

图 2-12　支承块三视图绘制的步骤与方法

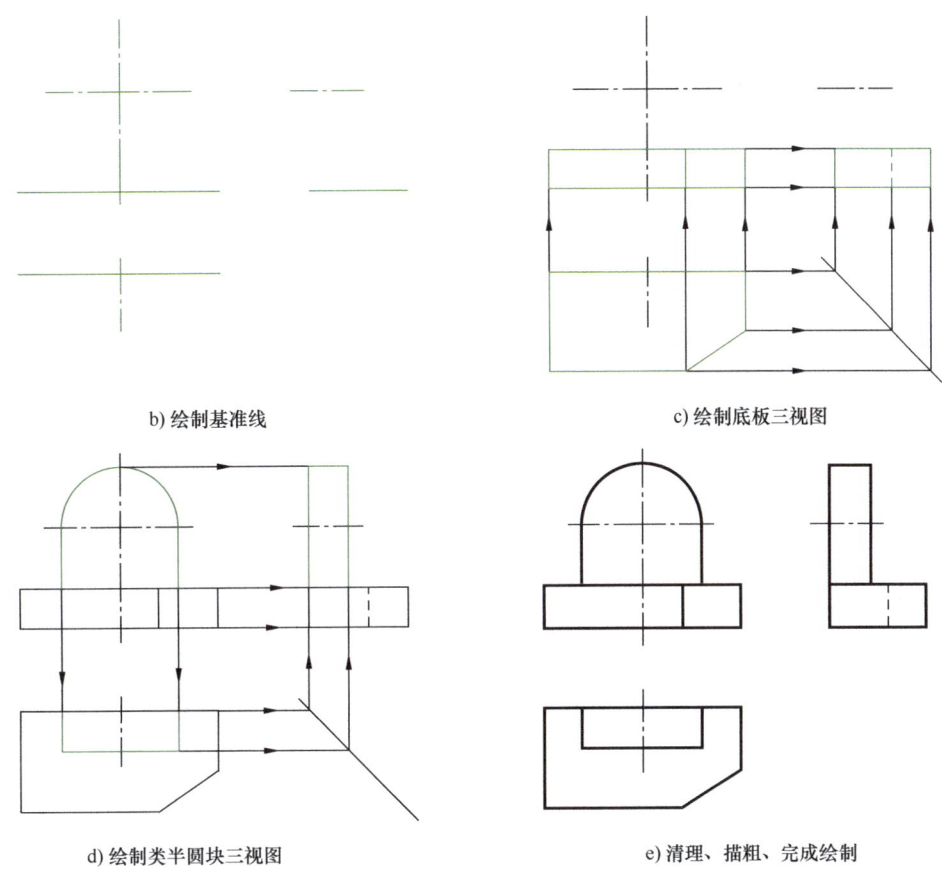

b) 绘制基准线　　　　　　　　　c) 绘制底板三视图

d) 绘制类半圆块三视图　　　　　e) 清理、描粗、完成绘制

图 2-12　支承块三视图绘制的步骤与方法（续）

2.1.5　考核评价

1. 学习效能评价

团队与个人进行学习效能评价，并完成表 2-4 的填写。

表 2-4　基本图形绘制的学习效能评价表

序号	项目	内容	程度	差评原因
1	知识学习	能理投影的分类与投影特性	□优 □良 □中 □差	
2		能理解三面投影体系的结构关系	□优 □良 □中 □差	
3		能理解三视图的形成与投影规律	□优 □良 □中 □差	
4	技能学习	能演示、分析投影的分类与投影特性	□优 □良 □中 □差	
5		能演示、分析三面投影体系的结构组成	□优 □良 □中 □差	
6		能演示、分析三视图的形成与投影规律	□优 □良 □中 □差	
7		能熟练使用图样绘制工具绘制三视图	□优 □良 □中 □差	
签审		（评价委员会意见）	年　月　日	
		（指导教师意见）	年　月　日	

2. 综合能力评价

团队内部与团队之间进行综合评价，并完成附录综合能力评价表的填写。

2.1.6 拓展任务布置

1）根据三视图找出对应的三维图（将对应序号填入括号内），如图 2-13 所示。

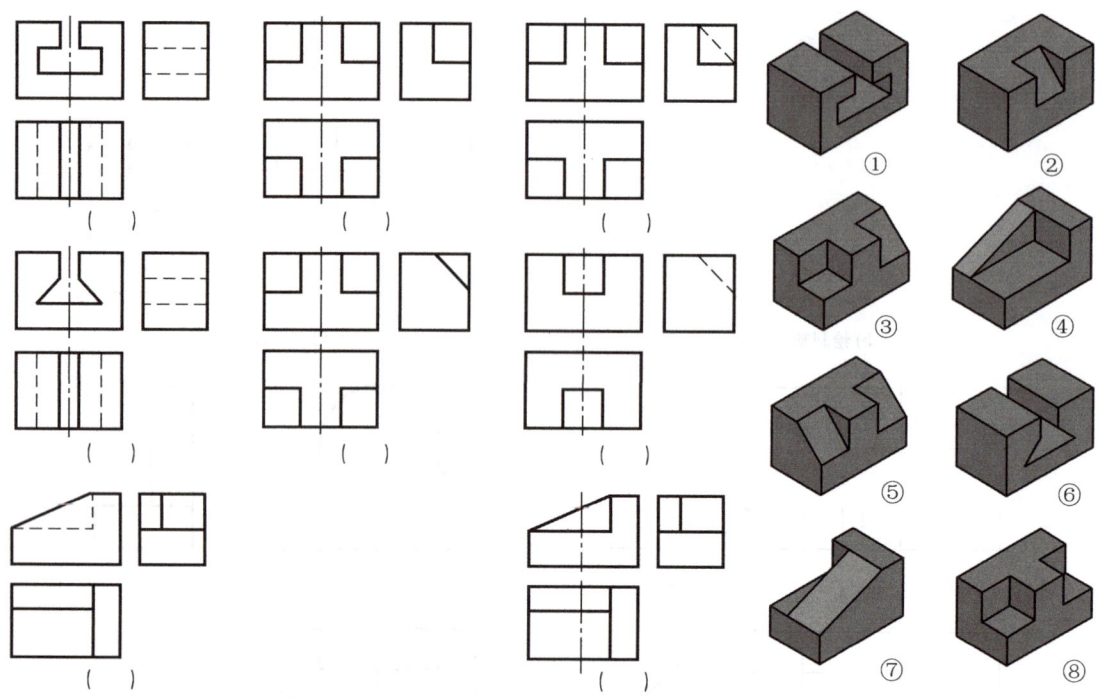

图 2-13 根据三视图找出对应的三维图

2）绘制如图 2-14 所示零件的三视图。

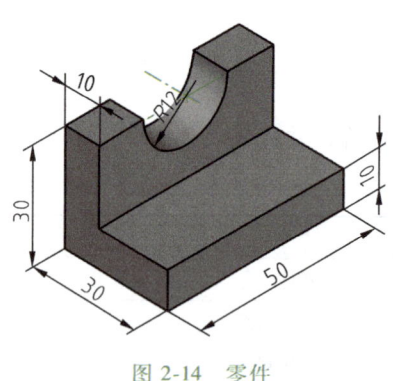

图 2-14 零件

2.2 点的投影

2.2.1 学习描述

通过点的投影作图与投影特性分析知识与技能的学习和应用，学生应达成如下学习目标：

1）能理解点的投影特性与投影规律。
2）能掌握点的位置坐标与投影的关系，判断两点的相对位置，判别重影点的可见性。

3）能正确识读、分析和应用立体上点的投影规律。

2.2.2 基础知识

一、点的投影规律

点是只有位置，而没有大小和方向的几何要素。因此点的投影仍然是点。

如图 2-15a 所示为三棱锥顶点 S 在三个相互垂直的投影面体系中的投影。

1）点的投影名称与标记规定如图 2-15a 所示。

2）点的投影规律如图 2-15b 所示。

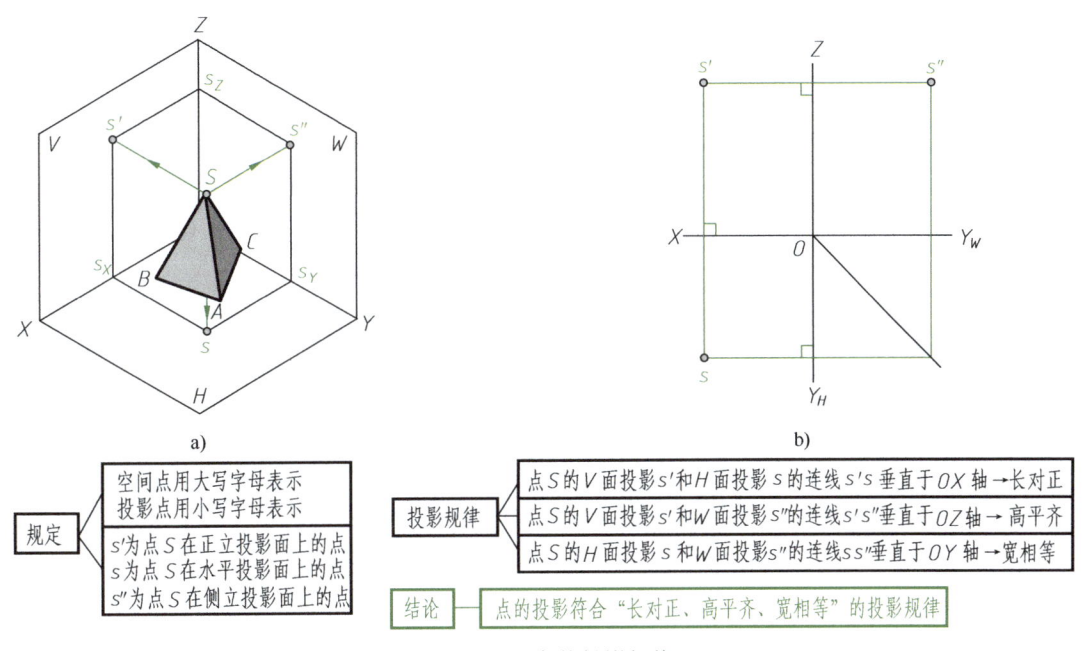

图 2-15 点的投影规律

二、点的位置坐标与投影的关系

在三面投影体系中，点的位置由点到三个投影面之间的距离来确定，将三个投影面作为坐标面，投影轴作为坐标轴，点的投影与点的位置坐标关系如图 2-16 所示。

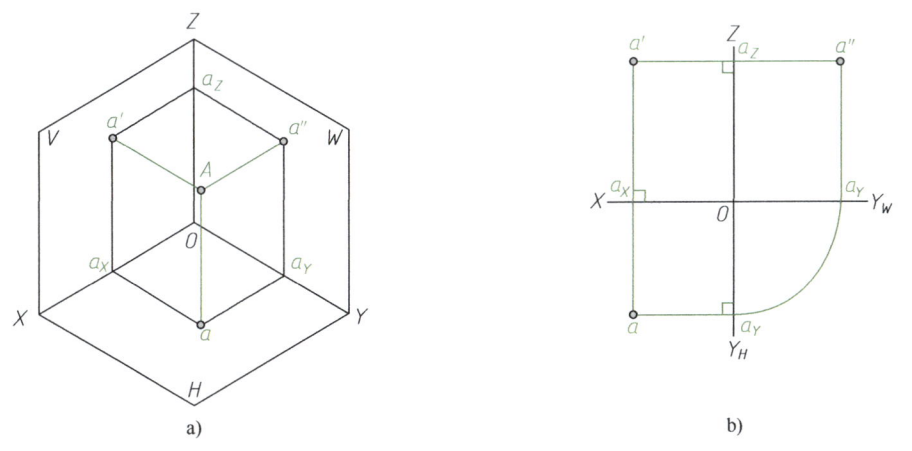

图 2-16 点的投影与点的位置坐标关系

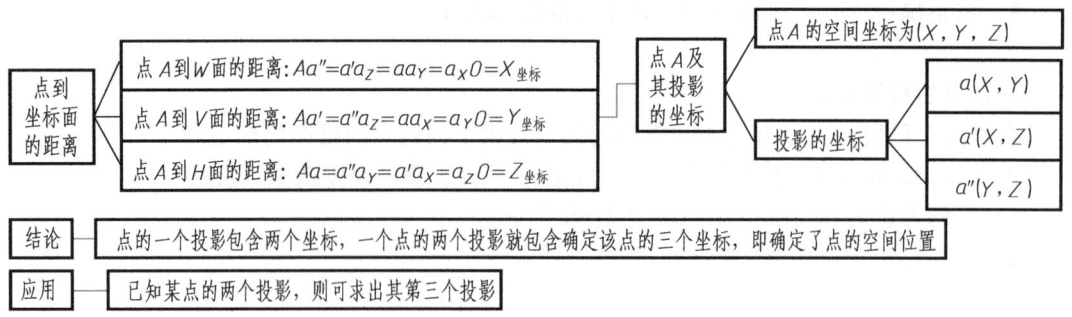

图 2-16 点的投影与点的位置坐标关系（续）

如图 2-17a 所示，已知点 B 的 V 面投影 b' 和 H 面投影 b，求作 W 面的投影 b''。其作图步骤与方法如图 2-17b 所示。

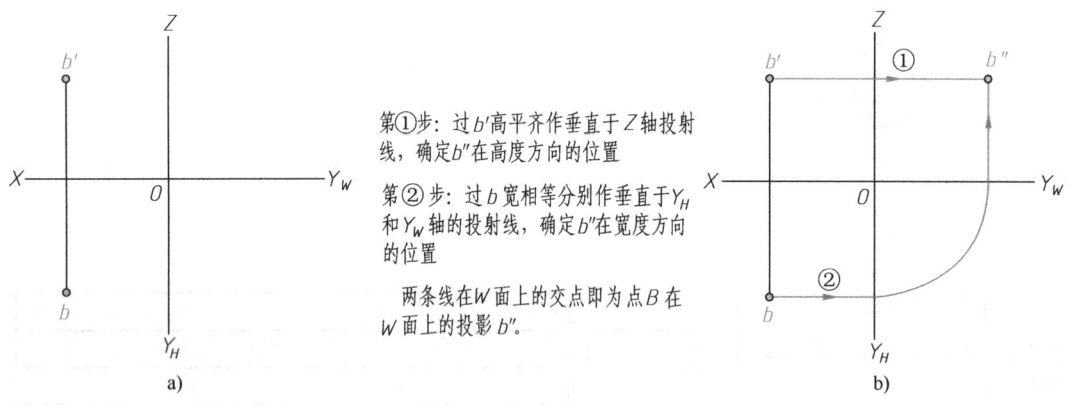

图 2-17 已知点的两个投影求作其第三投影

三、两点的相对位置

两点的相对位置关系指得是两点之间的左右、上下、前后关系，由其两点对应的坐标值大小确定。

两点位置判断的原则与应用如图 2-18 所示。

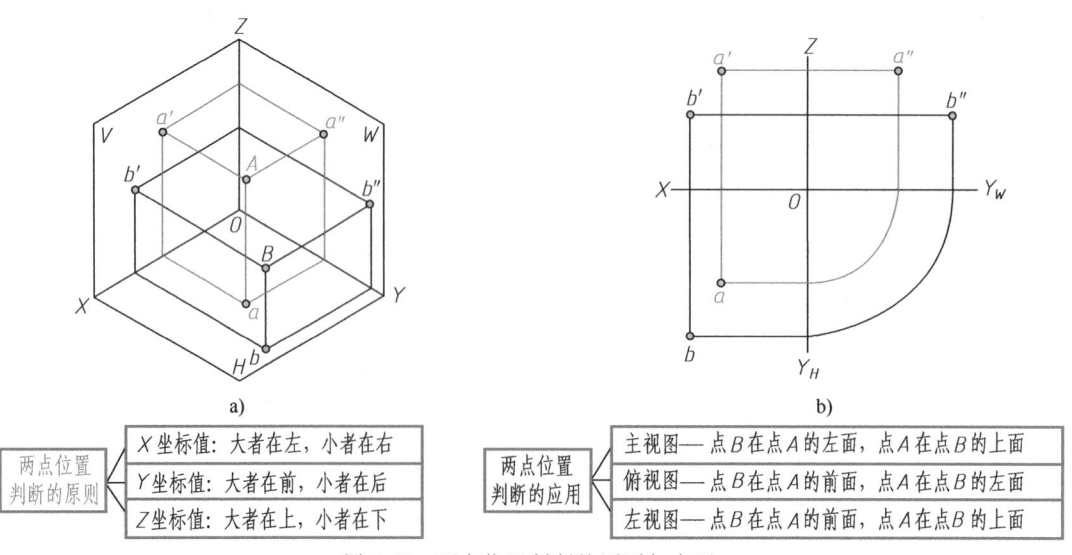

图 2-18 两点位置判断的原则与应用

四、重影点的可见性判别

若空间两点在某投影面上的投影重合，称为重影。如图 2-19 所示点 C 和点 D 在 H 面上的投影 $c(d)$ 重合了，称为重影点。为了便于区分投影重合两点之间的空间位置关系，必须进行可见性判别。判别原则是离投影面远的点可见，另一点则不可见。因此点 c 可见，点 d 不可见。

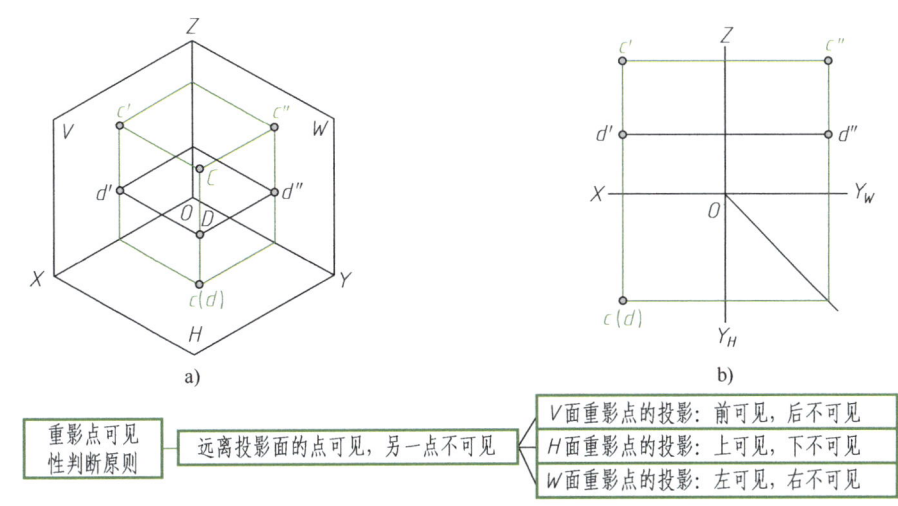

图 2-19 重影点的投影

2.2.3 交流学习

一、团队讨论

通过对点的投影作图与识读的知识的学习，有助于形成由简到繁、层层递进的思维方式。请大家讨论由简到繁、层层递进的思维方式对我们的学习、工作有什么帮助？

二、学习成果交流

1）请描述点的投影作图与识读学习的过程，并展示学习成果。
2）交流学习的过程中，发现、分析、解决了哪些问题？

三、交流学习记录表（表 2-5）

表 2-5 交流学习记录表

知识点	要求	学习问题记录	解决措施与效果
点的投影规律	对点的投影规律的理解是否正确		
点的位置坐标与投影作图	1. 对点的位置坐标与投影的关系的理解是否正确 2. 点的投影的操作步骤与方法是否准确		
两点的相对位置	1. 对两点的相对位置的理解是否正确 2. 对两点位置判断原则的理解是否正确 3. 两点位置判断的应用是否准确		
重影点的投影作图与可见性判别	1. 对重影点的理解是否正确 2. 重影点的投影作图与可见性判别的步骤与方法是否准确		

知识点	要求	学习问题记录	解决措施与效果
经验积累与存在问题			
经验积累		存在问题	
签审	（评价委员会意见）		年　月　日
	（指导教师意见）		年　月　日

2.2.4 巩固练习

1）如图 2-20 所示，已知点 A、点 B 的两个投影，求作两点的第三投影。

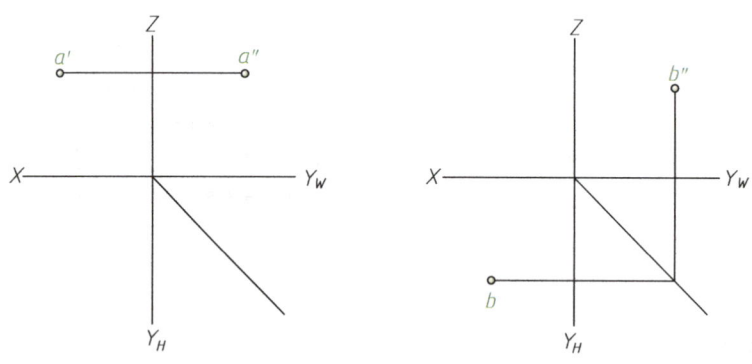

图 2-20　求作两点的第三投影

2）如图 2-21 所示，已知点 E 的三面投影，点 D 在点 E 之右 12mm，之前 15mm，之下 10mm，求作点 D 的三面投影。

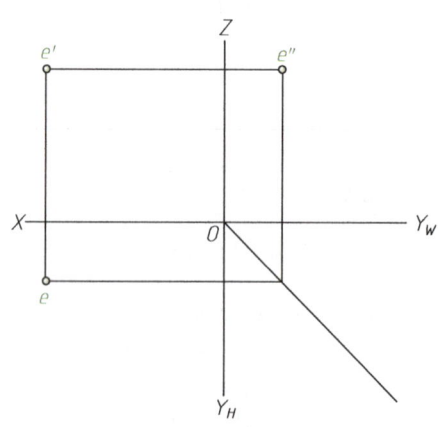

图 2-21　求作点 D 的三面投影

2.2.5 考核评价

1. 学习效能评价

团队与个人进行学习效能评价，并完成表 2-6 的填写。

表 2-6 点的投影作图与识读的学习效能评价表

序号	项目	内容	程度	差评原因
1	知识学习	能理解和应用点的几何特性和投影特性	□优 □良 □中 □差	
2		能理解和应用点的位置坐标与投影之间的关系	□优 □良 □中 □差	
3		能正确判断点与点之间的位置关系	□优 □良 □中 □差	
4	技能学习	能正确使用图样绘制工具完成点的投影作图	□优 □良 □中 □差	
5		能根据点的投影规律判别点的坐标与位置的关系	□优 □良 □中 □差	
6		能根据已知条件完成点的第三投影作图	□优 □良 □中 □差	
签审		（评价委员会意见）		年　月　日
		（指导教师意见）		年　月　日

2. 综合能力评价

团队内部与团队之间进行综合评价，并完成附录综合能力评价表的填写。

2.2.6 拓展任务

1）在图 2-22 所示中作点 C（25，20，27）、点 D（15，0，20）的三面投影。并判断两点的相互位置关系，完成表 2-7 的填写。

表 2-7 点 C、点 D 的位置关系

C、D 两点的位置（左、右）关系	
C、D 两点的位置（前、后）关系	
C、D 两点的位置（上、下）关系	

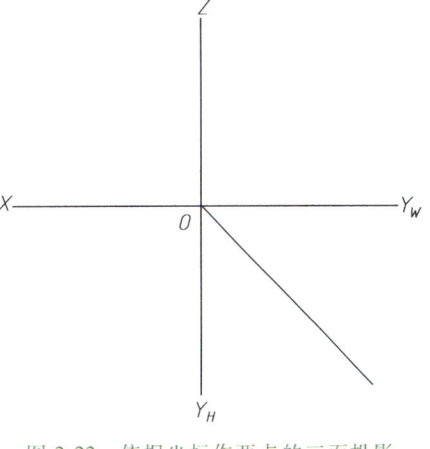

图 2-22　依据坐标作两点的三面投影

2）请回答：将图 2-22 中作出的点 C、点 D 在同一个投影面的投影连线会后发现什么？

2.3　直线的投影

2.3.1　学习描述

通过直线的投影作图与投影特性分析知识与技能的学习和应用，学生应达成如下学习目标：

1）能正确完成投影面平行线、投影面垂直线、一般位置直线的投影作图。

2）能正确识读、分析和应用立体上直线的投影规律。

2.3.2　基础知识

一、直线的几何特性及与投影面的位置关系

（1）直线的几何特性　直线是具有大小（长短）、位置和方向的几何要素。

（2）直线与投影面的关系（图 2-23）。

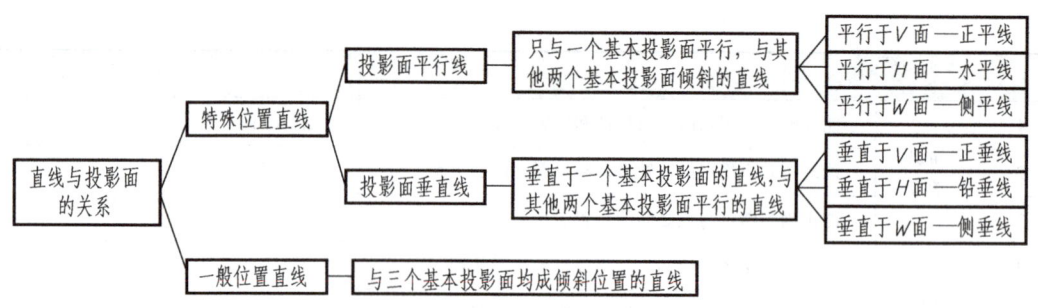

图 2-23 直线与投影面的关系

二、直线的投影与投影特性

直线在三面投影体系中的投影仍然为直线,特殊情况(与投影面垂直)下积聚成一点。

1. 投影面平行线的投影特性

投影面平行线的投影特性见表 2-8。

表 2-8 投影面平行线的投影特性

名称	水平线(直线 $AB/\!/H$ 面)	正平线(直线 $BC/\!/V$ 面)	侧平线(直线 $AC/\!/W$ 面)
实体图	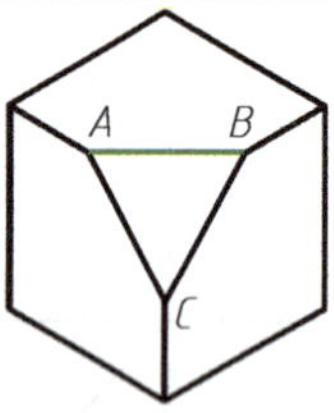	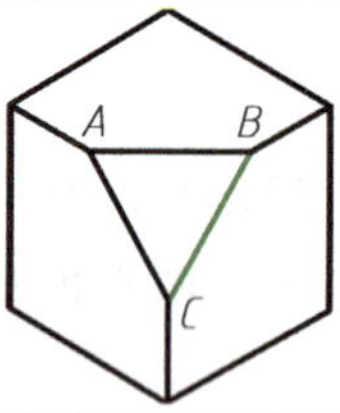	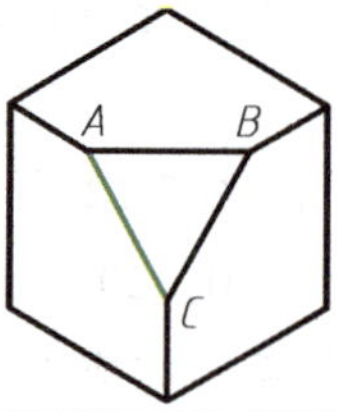
三维图	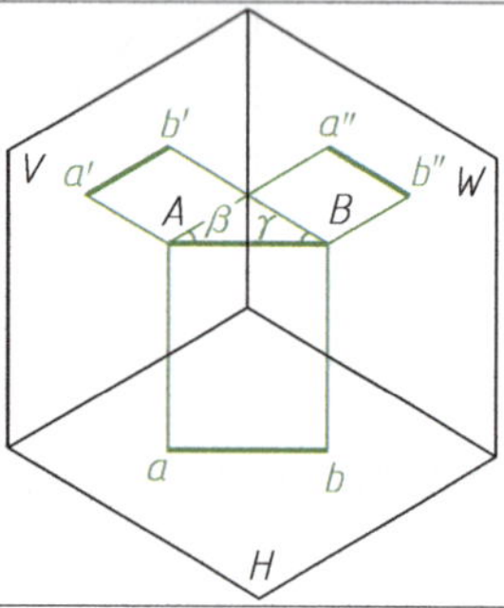	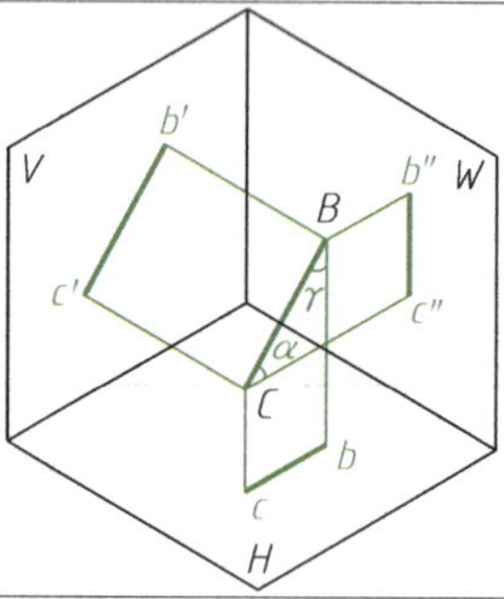	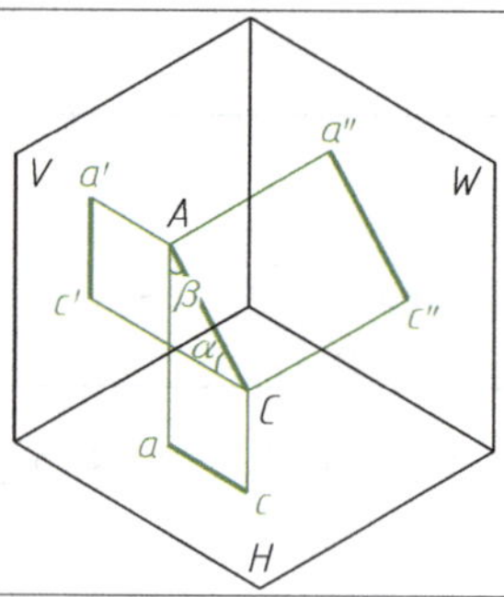
投影图	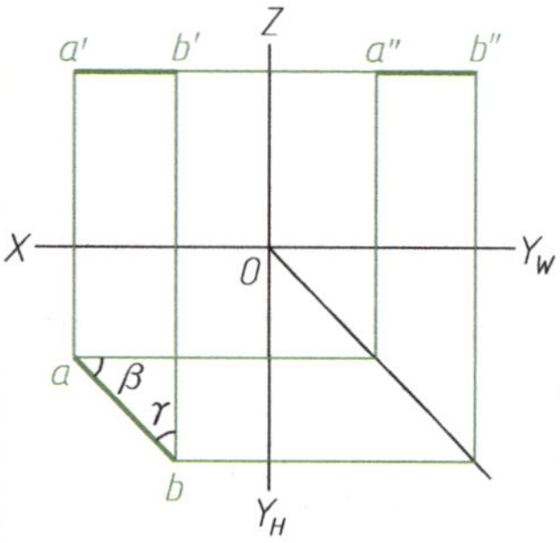	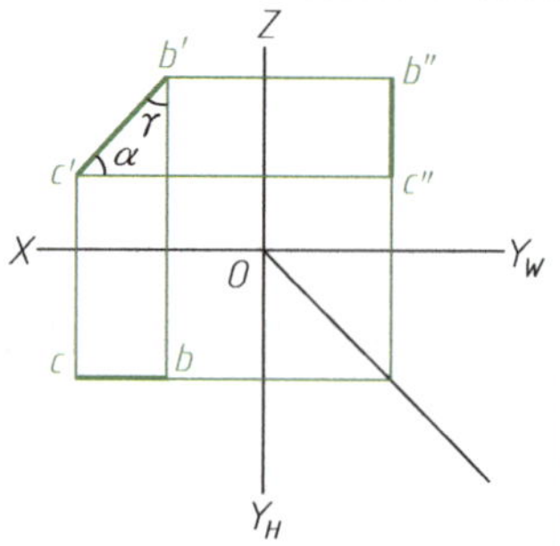	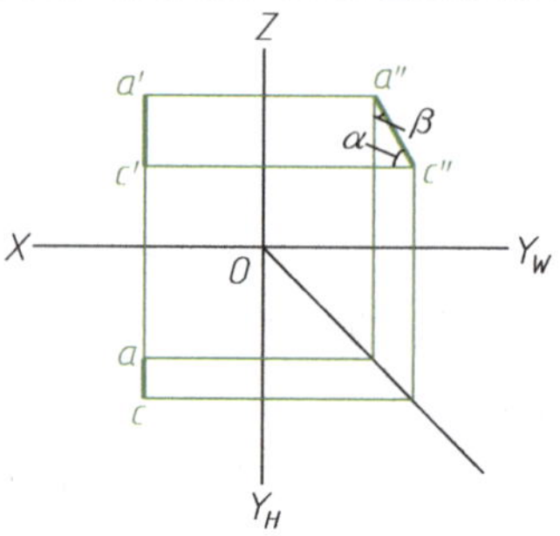
投影特性	1. 投影面平行线的三个投影都是直线,其中在与投影直线平行的投影面上的投影反映实长,而与投影轴的夹角等于直线对另外两个投影面的倾角 2. 另外两投影面上的投影长度都小于实长,且分别平行于相应的投影轴		

注:直线与 H 面的夹角为 α,与 V 面的夹角为 β,与 W 面的夹角为 γ。

2. 投影面垂直线的投影特性

投影面垂直线的投影特性见表 2-9。

表 2-9 投影面垂直线的投影特性

名称	铅垂线（直线 $AB \perp H$ 面）	正垂线（直线 $AC \perp V$ 面）	侧垂线（直线 $AD \perp W$ 面）
实体图			
三维图			
投影图			
投影特性	1. 投影面垂直线在所垂直的投影面上的投影积聚成一个点 2. 另外两个投影都反映线段实长，且分别垂直于相应的投影轴		

3. 一般位置直线的投影特性

图 2-24 所示是分别与 H 面夹角为 α、与 V 面夹角为 β、与 W 面夹角为 γ 的直线称为一般位置直线。

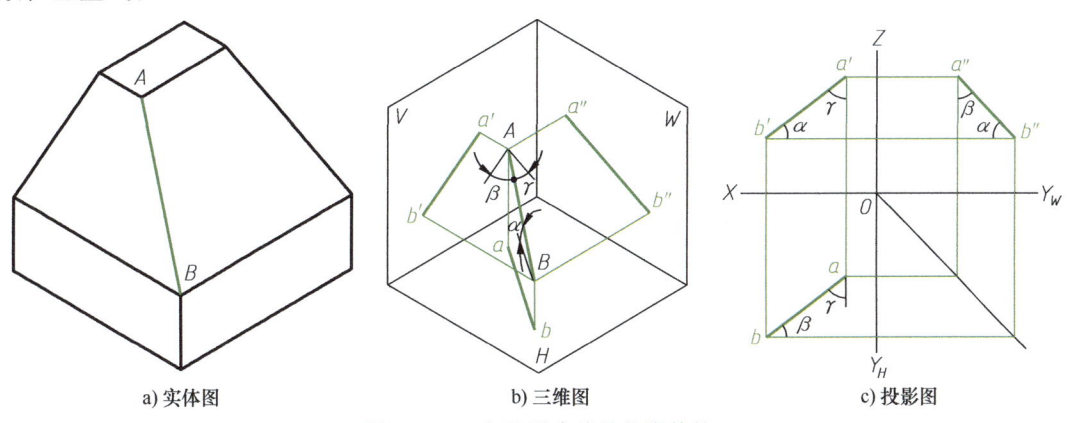

a) 实体图　　　　　　b) 三维图　　　　　　c) 投影图

图 2-24　一般位置直线的投影特性

一般位置直线的投影特性：
1) 一般位置直线在三面投影特性中，三个投影均对投影轴倾斜。
2) 三个投影均为小于实长的类似形。

三、直线上的点

如果一个点在直线上，则点的各个投影在该直线的同面投影上。反之，如果点各个投影都在直线的同面投影上，则该点一定在直线上，如图 2-25 所示。

若点的一个投影不在直线的同面投影上，则可判定该点不在该直线上。

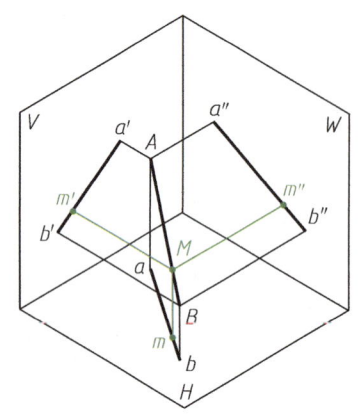 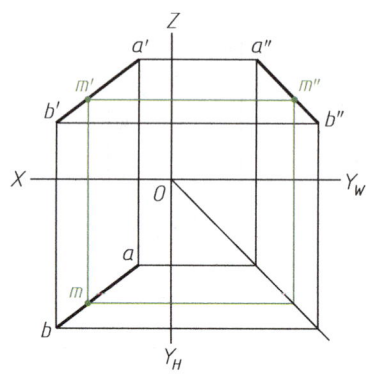

图 2-25　直线上的点

2.3.3　交流学习

一、团队讨论

通过对直线的投影作图的知识的学习，请大家讨论在学习和实践中，投影作图如何帮助我们增强三维空间结构的理解和想象？

二、学习成果交流

1) 请描述直线的投影作图与识读学习的过程，并展示学习成果。
2) 在交流学习的过程中，发现、分析、解决了哪些问题？

三、交流学习记录表（表 2-10）

表 2-10　交流学习记录表

知识点	要求	学习问题记录	解决措施与效果
直线与投影面的关系	1. 对直线的几何特性的理解是否正确 2. 对直线与投影面之间关系的理解是否正确		
直线的投影与投影规律	1. 对投影面平行线的投影特性的理解是否正确 2. 对投影面垂直线的投影特性的理解是否正确 3. 对一般位置直线的投影特性的理解是否正确		
直线上的点	对直线上的点的理解是否正确		
经验积累与存在问题			
	经验积累	存在问题	
签审	（评价委员会意见）		年　月　日
	（指导教师意见）		年　月　日

2.3.4 巩固练习

一、直线的投影与投影特性的演示与分析

1）完成投影面平行线的投影与投影特性的演示与分析。
2）完成投影面垂直线的投影与投影特性的演示与分析。
3）完成一般位置直线的投影与投影特性的演示与分析。

二、直线的投影特性练习

1）分析图 2-26 所示的正三棱锥棱线 SA、SB 与底边 AC 与投影面的相对位置关系。

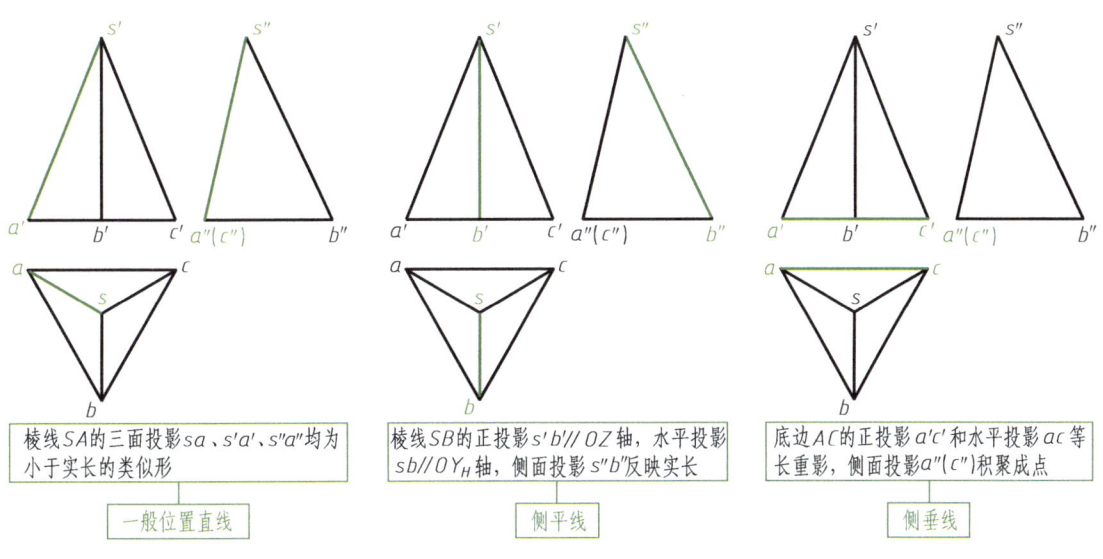

图 2-26 正三棱锥

2）如图 2-27 所示，已知直线的正面投影和水平投影，求作侧面投影。

3）如图 2-28 所示，已知直线为水平线，且点 D 距离 H 面 15mm，求作正面投影和侧面投影。

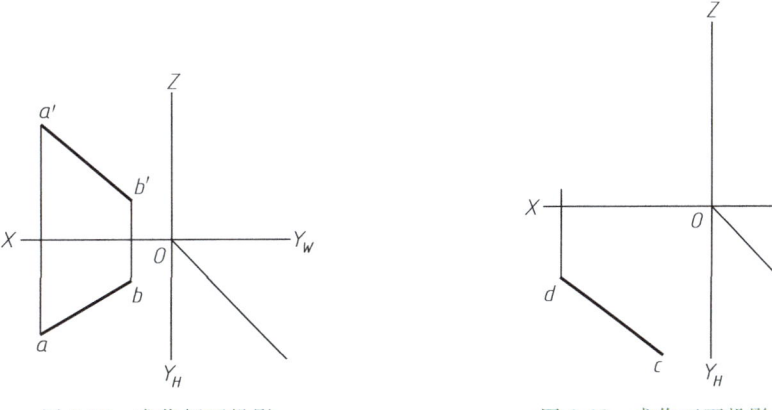

图 2-27 求作侧面投影　　图 2-28 求作正面投影和侧面投影

4）如图 2-29a 所示已知直线 AB 为正平线，长度为 28mm，且与 H 面成 30°夹角，求作直线 AB 的三面投影。

其作图步骤和方法如图 2-29b、c 所示。

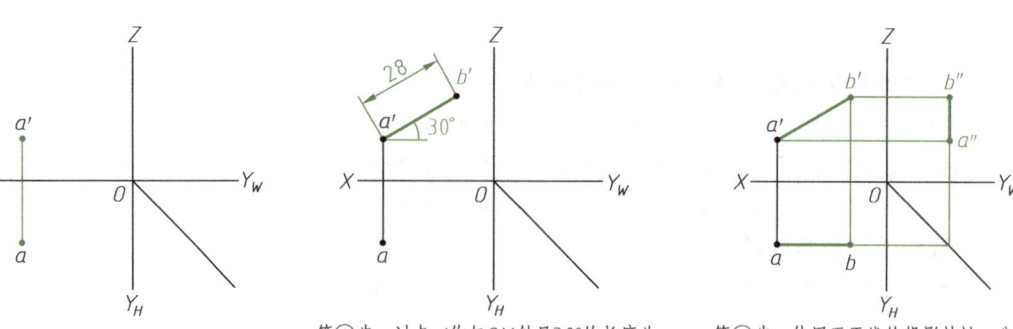

第①步：过点 a'作与 OX 轴呈30°的长度为 28mm 的直线，确定点 B 的正投影 b'

b)

第②步：使用正平线的投影特性，分别作出直线 AB 的水平投影 ab 和侧面投影 a"b"

c)

图 2-29 求作直线 AB 的三面投影

2.3.5 考核评价

1. 学习效能评价

团队与个人进行学习效能评价，并完成表 2-11 的填写。

表 2-11 直线的投影作图与识读的学习效能评价表

序号	项目	内容	程度	差评原因
1	知识学习	能理解和应用直线的几何特性和与投影面的位置关系	□优 □良 □中 □差	
2		能理解和应用投影面平行线的投影与投影特性	□优 □良 □中 □差	
3		能理解和应用投影面垂直线的投影与投影特性	□优 □良 □中 □差	
4		能理解和应用一般位置直线的投影与投影特性	□优 □良 □中 □差	
5	技能学习	能根据直线与投影面的位置关系完成直线的投影作图	□优 □良 □中 □差	
6		能根据已知条件完成直线的投影作图	□优 □良 □中 □差	
7		能根据直线的三面投影判别直线在实体上的位置	□优 □良 □中 □差	
签审		（评价委员会意见）		年　月　日
		（指导教师意见）		年　月　日

2. 综合能力评价

团队内部与团队之间进行综合评价，并完成附录综合能力评价表的填写。

2.3.6 拓展任务

1）如图 2-30 所示，补画俯视图、左视图中的漏线，在对应实体上标出视图中各点的位

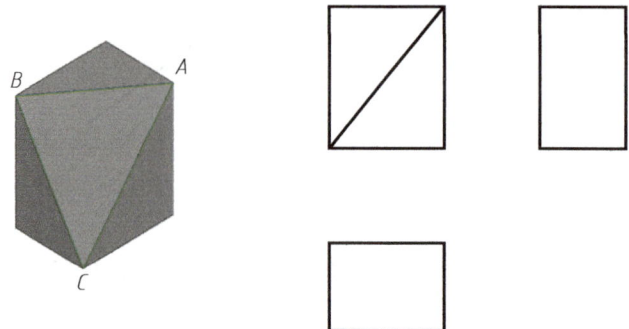

图 2-30 求作三面投影（一）

置,并回答下列问题:

① 直线 AB 是_____线,直线 BC 是_____线,直线 AC 是_____线。

② 画出实体中的直线 AB、BC、AC 在同一三面投影体系中的投影。

2)图 2-31 所示的直线 EF 的点 F 距离 H 面 20mm,求作其三面投影。

3)图 2-32 所示的直线 GK 与 W 面逆时针成 30°夹角,求作其三面投影。

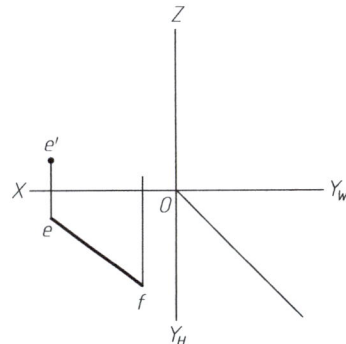

图 2-31 求作三面投影(二)

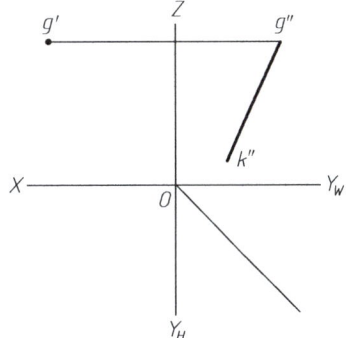

图 2-32 求作三面投影(三)

2.4 平面的投影

2.4.1 学习描述

通过平面的投影作图与投影特性分析知识与技能的学习和应用,学生应达成如下学习目标:

1)能正确完成投影面平行面、投影面垂直面、一般位置平面的投影作图。

2)能正确识读、分析和应用立体上平面的投影规律。

2.4.2 基础知识

一、平面的几何特性及与投影面的关系

1)平面的几何特性:平面是具有大小、形状、位置和方向的几何要素。平面的表示方法如图 2-33 所示。

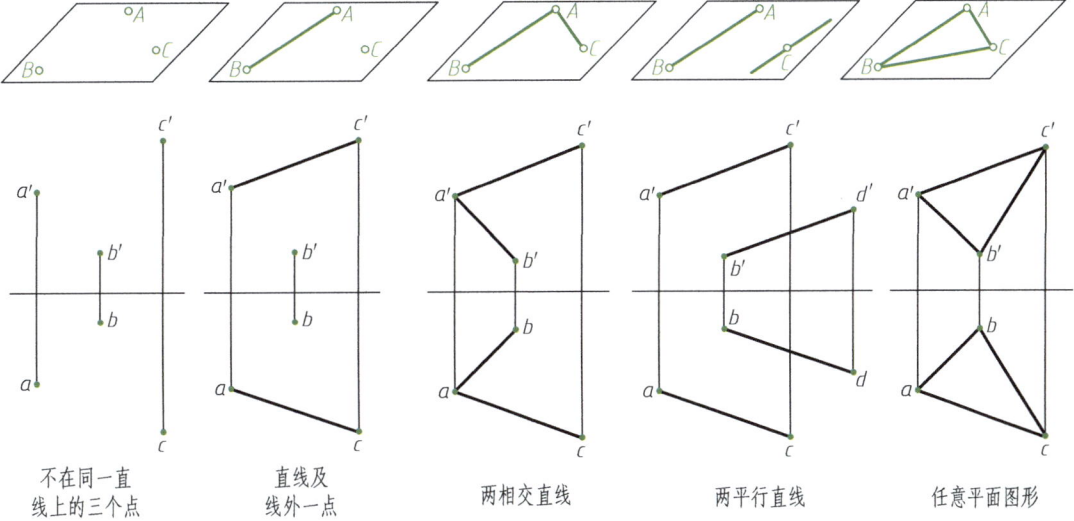

图 2-33 平面的表示方法

2）平面与投影面之间的位置关系如图 2-34 所示。

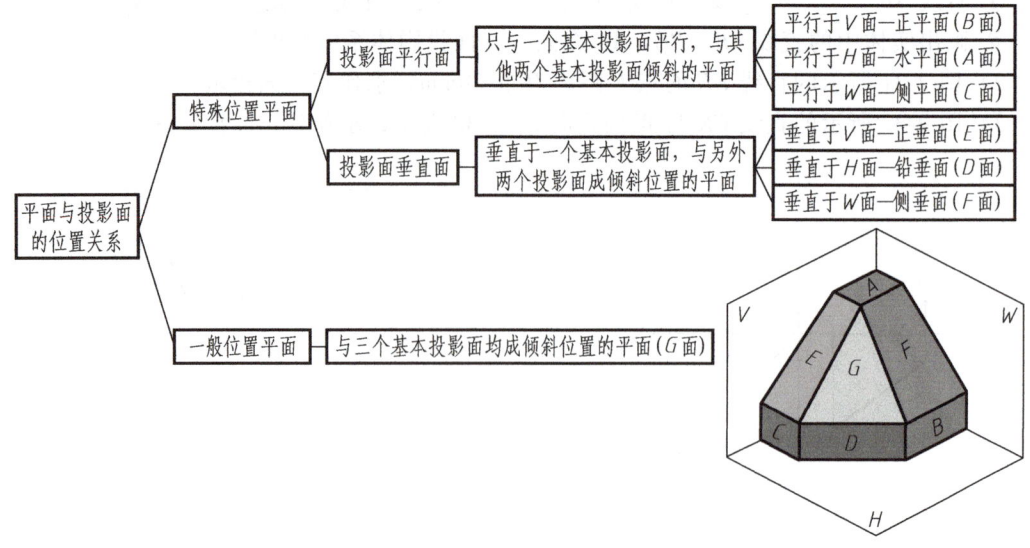

图 2-34　平面与投影面之间的位置关系

二、平面的投影与投影特性

1. 投影面平行面的投影特性

投影面平行面的投影特性见表 2-12。

表 2-12　投影面平行面的投影特性

名称	水平面（M 面 $//H$ 面）	正平面（Q 面 $//V$ 面）	侧平面（N 面 $//W$ 面）
实体图			
三维图			

（续）

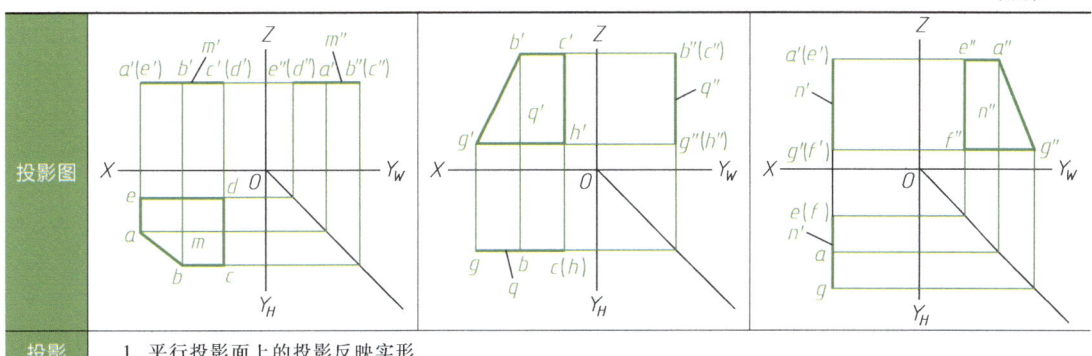

投影特性	1. 平行投影面上的投影反映实形 2. 其余两个投影面上的投影为水平线段或垂直线段

2. 投影面垂直面的投影特性

投影面垂直面的投影特性见表 2-13。

表 2-13 投影面垂直面的投影特性

名称	铅垂面（M 面 $\perp H$ 面）	正垂面（N 面 $\perp V$ 面）	侧垂面（P 面 $\perp W$ 面）
实体图	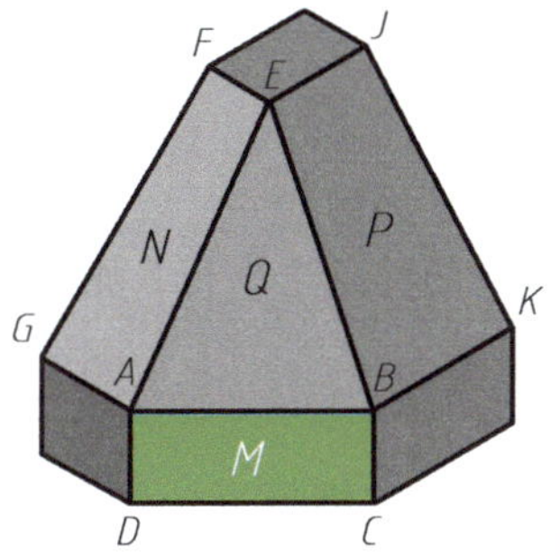	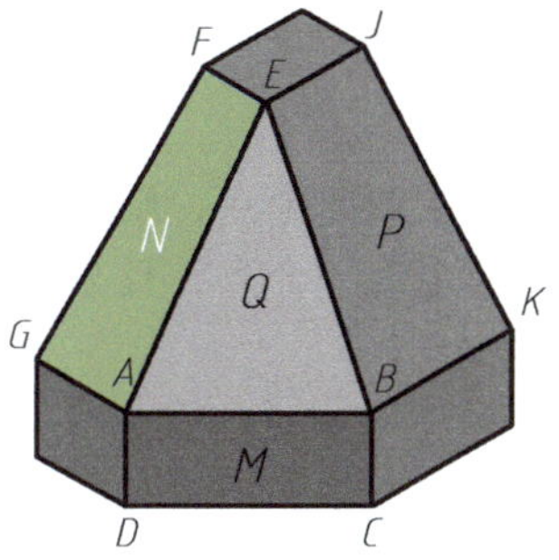	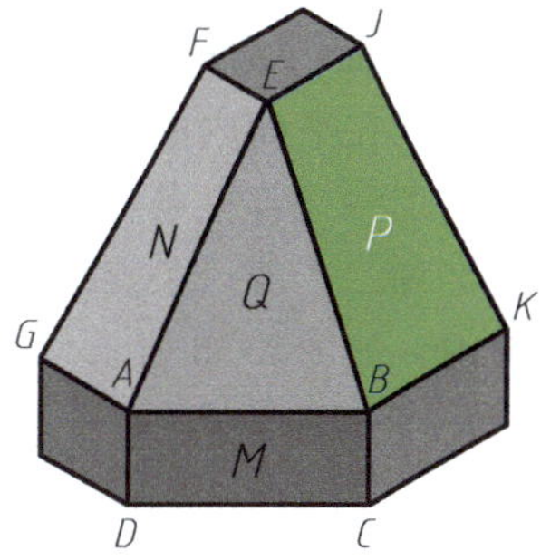
三维图	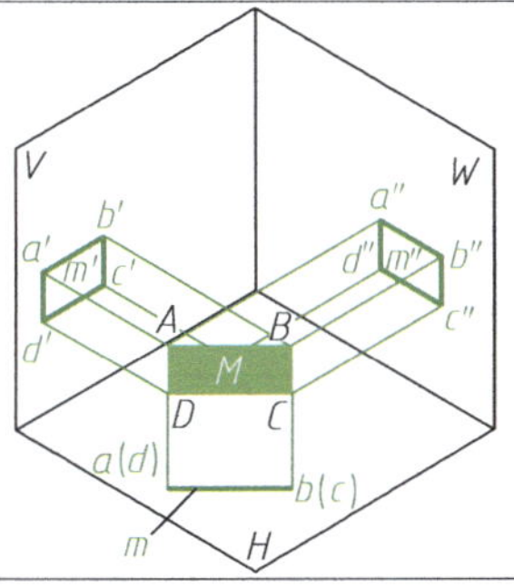	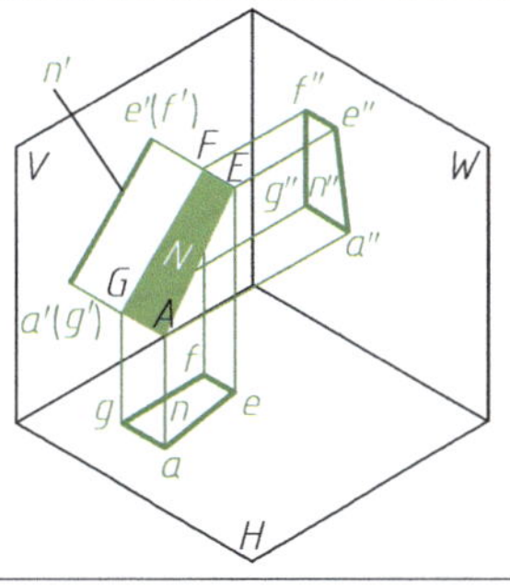	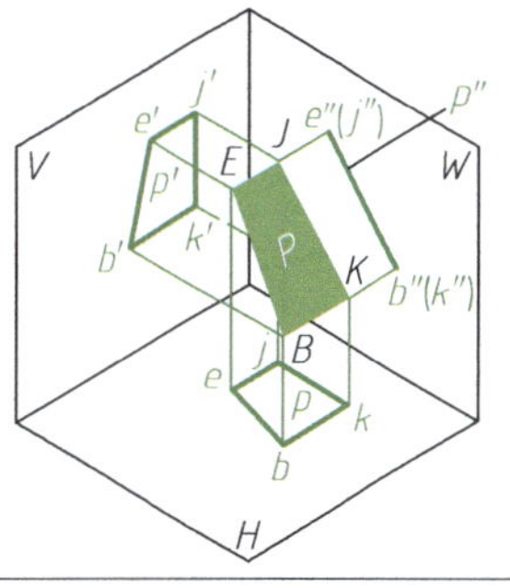
投影图	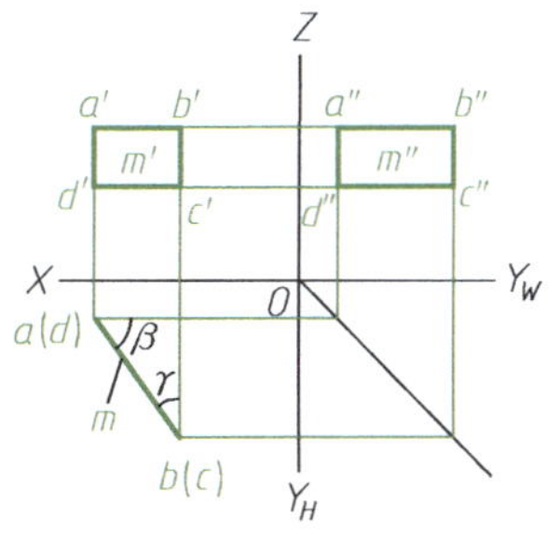	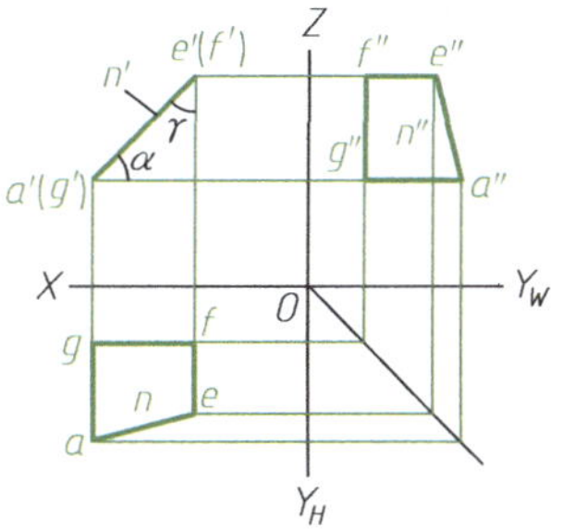	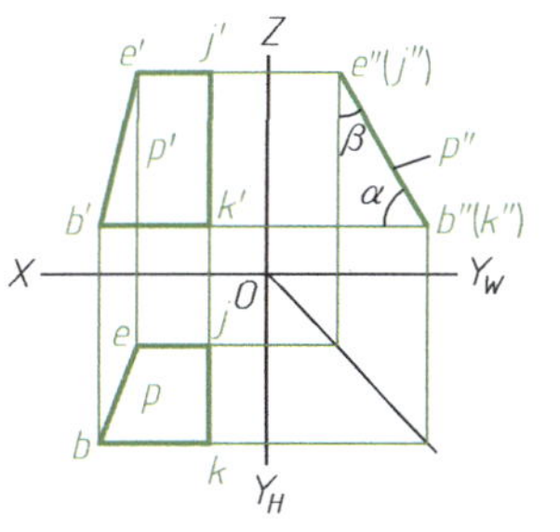
投影特性	1. 与平面垂直的投影面上的投影积聚为一条倾斜线段，其与投影轴的夹角等于平面与其余两个投影面的夹角 2. 其余两个投影面上的投影均为类似形			

注：平面与 H 面的夹角记为 α，与 V 面的夹角记为 β，与 W 面的夹角记为 γ。

3. 一般位置平面的投影特性

一般位置平面的投影特性如图 2-35 所示。一般位置平面对 H、V、W 三个投影面上的投影都是倾斜的，三个投影 q、q'、q'' 均为原平面的类似形。

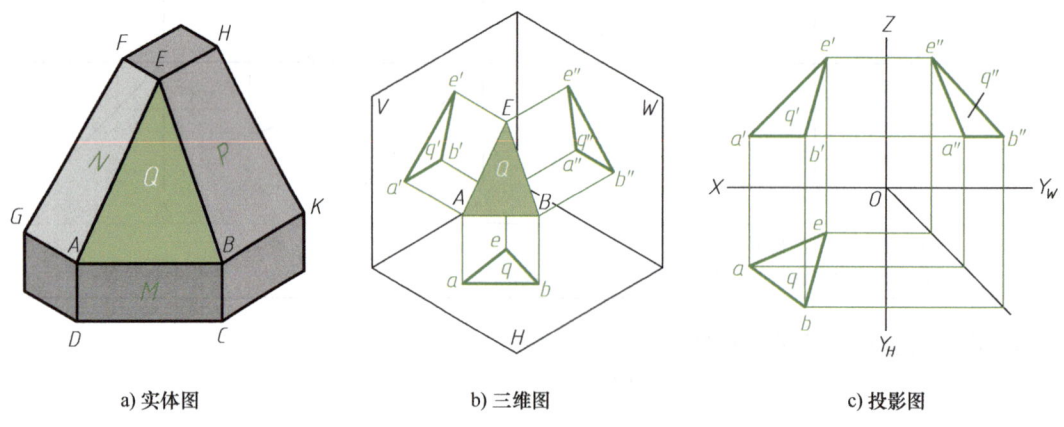

a) 实体图　　　　　　　b) 三维图　　　　　　　c) 投影图

图 2-35　一般位置平面的投影特性

三、平面内直线和点的投影

1. 平面内的直线

直线在平面内的判定规则：

定理一：若一条直线通过平面上的两个点，则该直线在该平面内。

定理二：若一条直线通过平面上的一个点，且与构成平面的一条边平行，则该直线在该平面内，如图 2-36 所示。

2. 平面内的点

点在平面内的判定规则：若一点在平面内的任意一条直线上，则该点一定在该平面内，如图 2-37 所示。

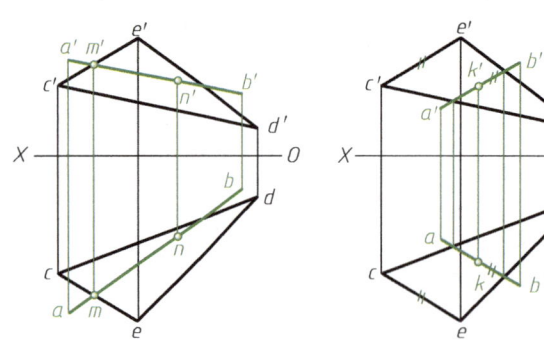

直线 AB 通过 △CDE 平面内点 M 和点 N，故直线 AB 在 △CDE 平面内

直线 AB 通过 △CDE 平面内的点 K，且平行于 CE，故直线 AB 在 △CDE 平面内

点 H 在 ABCD 平面内的直线 AE 上，则点 H 在 ABCD 平面内

图 2-36　直线在平面内的判定　　　　　图 2-37　点在平面内的判定

2.4.3　交流学习

一、团队讨论

通过对平面的投影作图的知识的学习，请大家讨论投影作图过程中，需要根据已知条件推导出未知信息。这一过程如何锻炼我们的逻辑推理能力？这种能力又能应用在哪些场景？

二、学习成果交流

1) 请描述平面的投影作图与识读学习的过程，并展示学习成果。
2) 在交流学习的过程中，发现、分析、解决了哪些问题？

三、交流学习记录表（表2-14）

表2-14 交流学习记录表

知识点	要求	学习问题记录	解决措施与效果
平面的几何特性及与投影面的关系	能理解和应用平面的几何特性及与投影面的位置关系		
平面的投影与投影特性	1. 能理解和应用投影面平行面的投影特性 2. 能理解和应用投影面垂直面的投影特性 3. 能理解和应用一般位置平面的投影特性		
平面内直线和点的判定	1. 理解直线在平面内的判定规则 2. 理解点在平面内的判定规则		
经验积累与存在问题			
经验积累		存在问题	
签审	（评价委员会意见）		年　月　日
	（指导教师意见）		年　月　日

2.4.4 巩固练习

一、平面的投影与投影特性的演示与分析

1) 完成投影面平行面的投影与投影特性的演示与分析。
2) 完成投影面垂直面的投影与投影特性的演示与分析。
3) 完成一般位置平面的投影与投影特性的演示与分析。

二、平面的投影特性练习

1) 依据平面的投影特性判断图2-38所示的正三棱锥的 ABC、SAC、SAB 三个面的相对位置关系。底面 ABC 面是_____面，后侧面 SAC 是_____面，左侧面 SAB 是_____面。

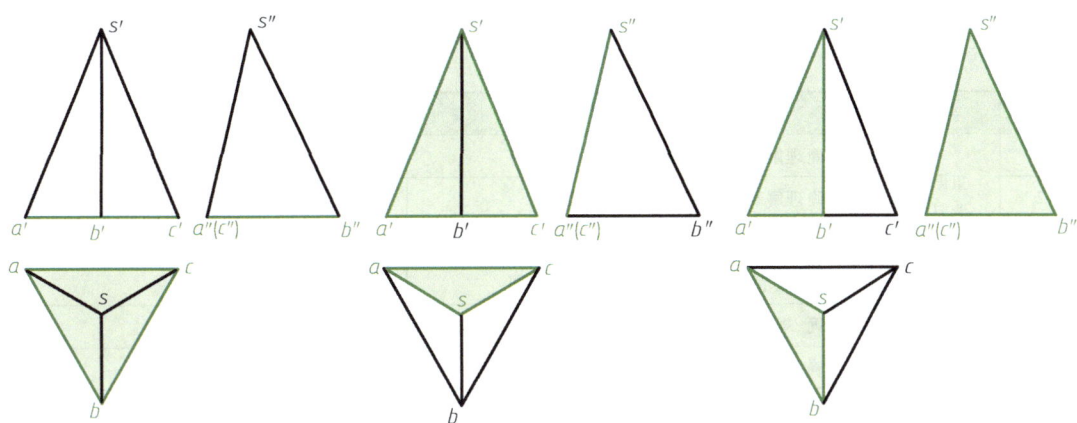

图2-38 正三棱锥面的位置判断

2）如图2-39所示，根据△ABC平面的正面投影和侧面投影，求作其水平投影。

3）如图2-40所示，已知直线ED在△ABC平面内的水平投影，求作直线ED的正面投影。

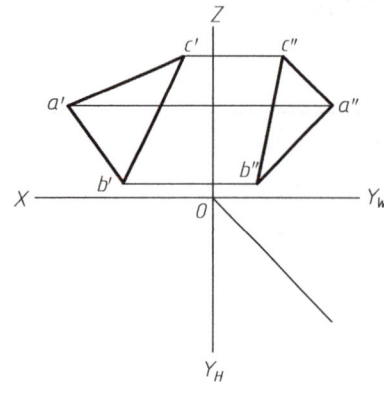

图2-39 求作水平投影

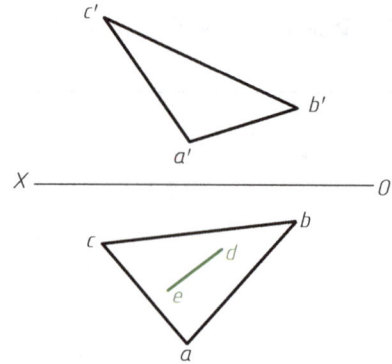

图2-40 求作直线ED的正面投影

4）判断图2-41a所示实体上的P面、Q面的位置，在图2-41b的三视图上标出两个面的投影位置。

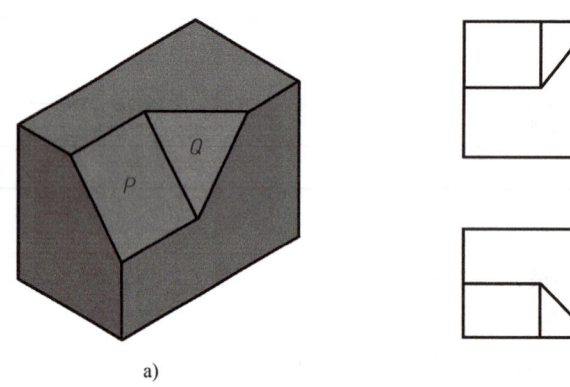

图2-41 标出两个面的投影位置

2.4.5 考核评价

1. 学习效能评价

团队与个人进行学习效能评价，并完成表2-15的填写。

表2-15 平面的投影作图与识读的学习效能评价表

序号	项目	内容	程度	差评原因
1	知识学习	能正确理解和应用点的投影特性	□优 □良 □中 □差	
2		能正确理解和应用直线的投影特性	□优 □良 □中 □差	
3		能正确理解和应用平面的投影特性	□优 □良 □中 □差	
4	技能学习	能正确、规范的理解和完成点的投影作图	□优 □良 □中 □差	
5		能正确、规范的理解和完成直线的投影作图	□优 □良 □中 □差	
6		能正确、规范的理解和完成平面的投影作图	□优 □良 □中 □差	
签审		（评价委员会意见）		年 月 日
		（指导教师意见）		年 月 日

2. 综合能力评价

团队内部与团队之间进行综合评价，并完成附录综合能力评价表的填写。

2.4.6 拓展任务

1）根据图 2-42 所示的已知条件，求作平面的正面投影。

2）如图 2-43 所示，已知 △ABC 平面内点 E 的正面投影 e′和点 F 的水平投影 f，求作点 E 的水平投影及点 F 的正面投影。

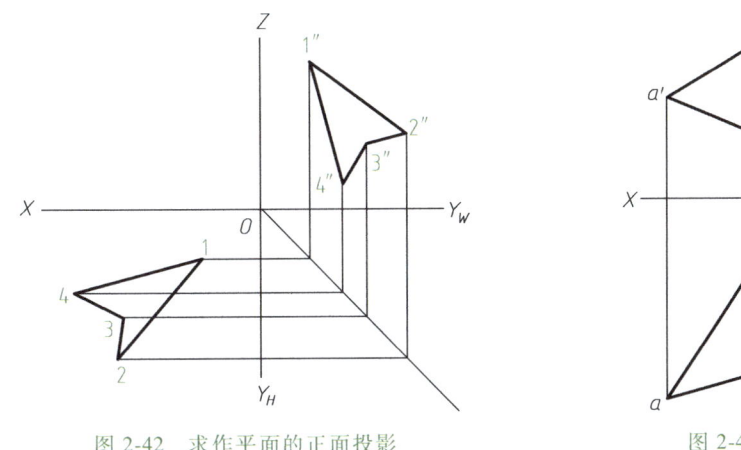

图 2-42 求作平面的正面投影

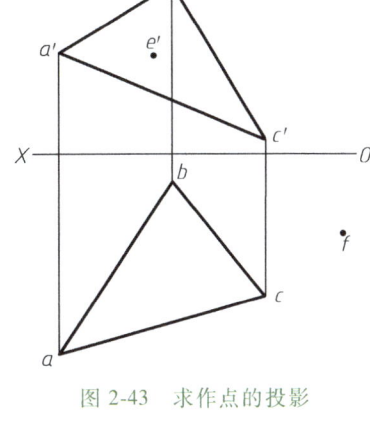

图 2-43 求作点的投影

3）判断图 2-44a 所示实体上的各个面的位置，在图 2-44b 的三视图上标出各个面的投影位置。

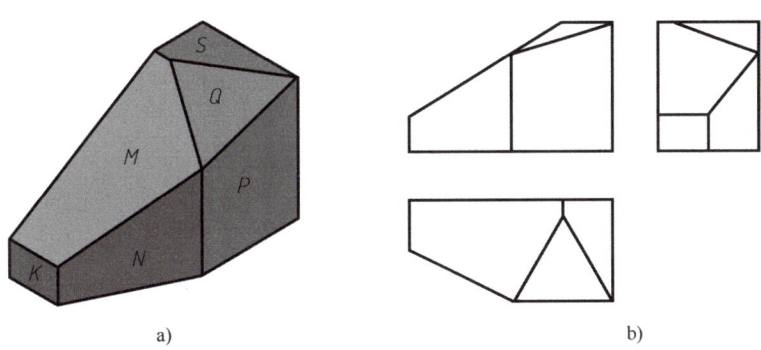

a)   b)

图 2-44 标出各面投影

单元3　基本几何体的投影

任何物体都可以看成是由若干基本几何体组合而成的。基本几何体包括平面立体和曲面立体。平面立体的每一个表面都是平面，如棱柱、棱锥等，如图 3-1a 所示；曲面立体至少有一个表面为曲面，如圆柱、圆锥、圆球等，如图 3-1b 所示。

a) 平面立体　　　　　　　　　　　　　　　　　b) 曲面立体

图 3-1　基本几何体

通过对各种基本几何体的结构分析、投影作图与识读等知识与技能的学习，学生应达成如下学习目标：

1) 能正确分析、绘制与识读基本几何体的三视图。
2) 能正确分析、绘制与识读基本几何体表面上点的投影。
3) 能正确分析、绘制与识读基本几何体截交线（面）的三视图。

3.1　棱柱的投影

3.1.1　学习描述

通过对棱柱的三视图、棱柱表面上点的投影及棱柱截交线投影的分析、绘制与识读知识和技能的学习和应用，学生应达成如下学习目标：

1) 能正确分析、绘制与识读棱柱的三视图。
2) 能正确分析、绘制与识读棱柱表面上点的投影图。
3) 能正确分析、绘制与识读棱柱截交线的三视图。

3.1.2　基础知识

一、六棱柱的投影分析

1. 六棱柱的几何结构分析（表 3-1）

表 3-1　六棱柱的几何结构分析

结构组成	相对位置	在三面投影体系中的位置
上、下两端面	上、下两端面相互平行	与水平投影面平行
六个棱面	相对的棱面相互平行	六个棱面垂直于水平投影面，并让前、后棱面平行于正立投影面（图 3-2）
六条棱线	六条棱线相互平行	六条棱线垂直于水平投影面，同时平行于 OZ 投影轴

注：在棱柱的投影作图与识读时，注意形状特征与各棱面（线）的位置关系。

2. 六棱柱投影特性分析（图 3-2）

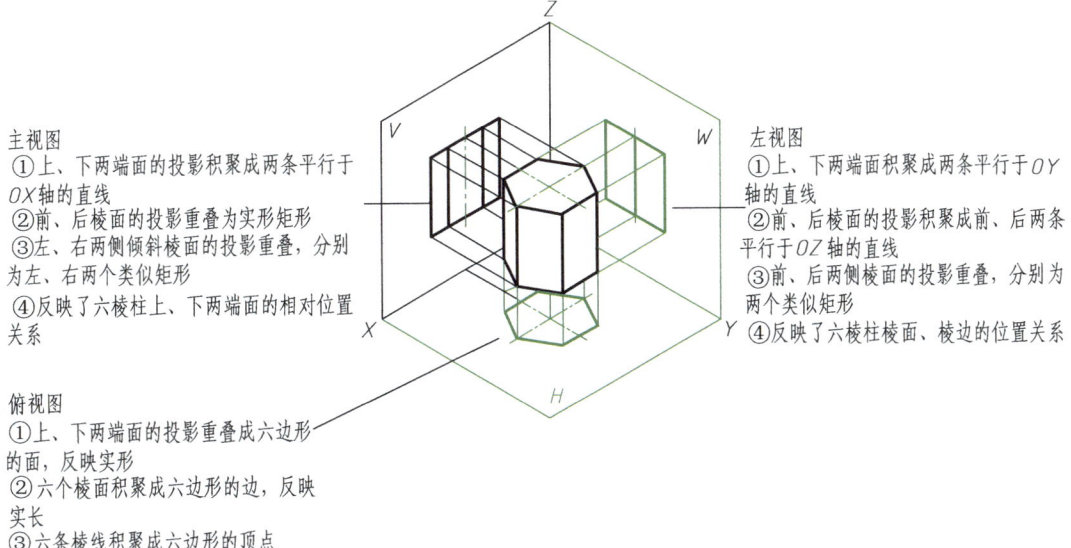

主视图
①上、下两端面的投影积聚成两条平行于 OX 轴的直线
②前、后棱面的投影重叠为实形矩形
③左、右两侧倾斜棱面的投影重叠，分别为左、右两个类似矩形
④反映了六棱柱上、下两端面的相对位置关系

左视图
①上、下两端面积聚成两条平行于 OY 轴的直线
②前、后棱面的投影积聚成前、后两条平行于 OZ 轴的直线
③前、后两侧棱面的投影重叠，分别为两个类似矩形
④反映了六棱柱棱面、棱边的位置关系

俯视图
①上、下两端面的投影重叠成六边形的面，反映实形
②六个棱面积聚成六边形的边，反映实长
③六条棱线积聚成六边形的顶点

图 3-2 六棱柱投影特性分析

3. 六棱柱三视图的绘制与识读

1) 首先绘制出三面投影体系与基准线，如图 3-3a 所示。

2) 绘制六棱柱的主视图（位置特征视图）与俯视图（形状特征视图），如图 3-3b 所示。

3) 根据"长对正、高平齐、宽相等"的投影规律绘制左视图。清理图形后，轮廓描深，完成图形绘制，如图 3-3c 所示。

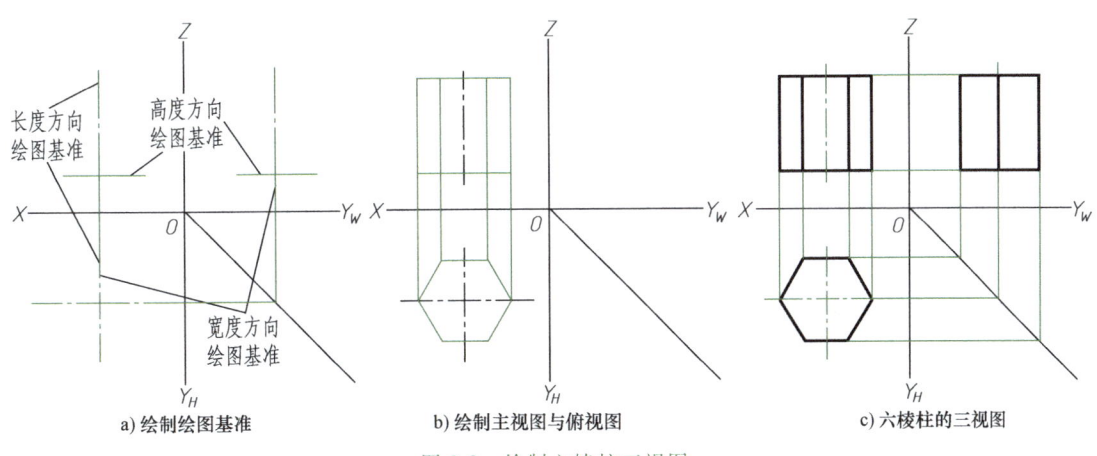

a) 绘制绘图基准　　b) 绘制主视图与俯视图　　c) 六棱柱的三视图

图 3-3 绘制六棱柱三视图

4. 棱柱的尺寸标注

（1）标注方法　在形状特征视图上完成截面尺寸的标注，在位置特征视图上完成高度或长度尺寸的标注。

（2）棱柱的尺寸标注

1) 如图 3-4 所示，六棱柱只需要标注出 ϕA、ϕB 与高度 H 即可完整表达其形体特征。标注时需要注意内接与外切的区别。

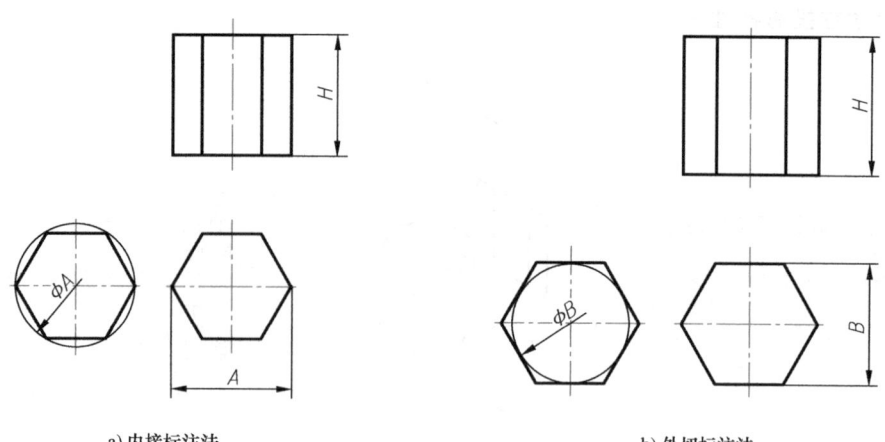

a) 内接标注法　　　　　　　　　b) 外切标注法

图 3-4　六棱柱的尺寸标注

2) 四棱柱的尺寸标注使用 $a×b$ 表达截面形体特征，h 表达高度，如图 3-5 所示。

3) 三棱柱的尺寸标注使用两边长 c 和 e 与其夹角 $β$ 表达截面形体特征，h 表达高度，如图 3-6 所示。也可直接标注出三边的长度。

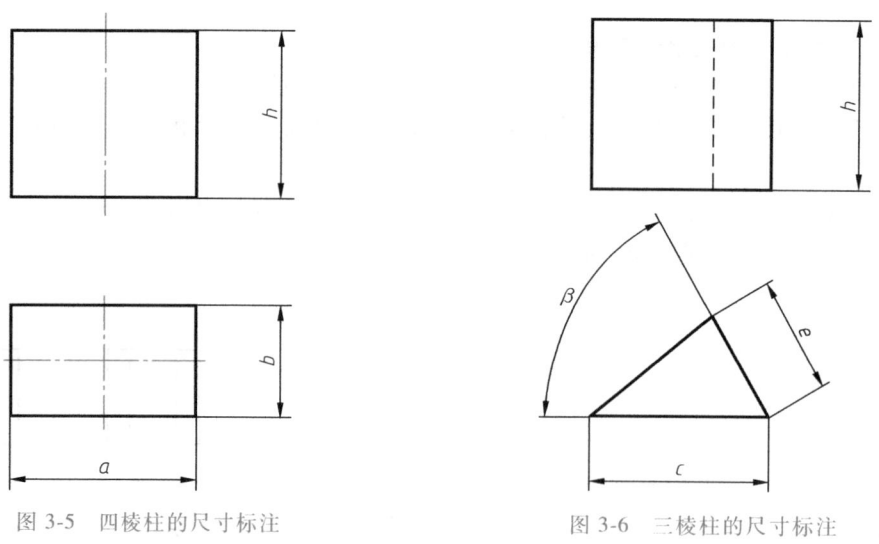

图 3-5　四棱柱的尺寸标注　　　　　　图 3-6　三棱柱的尺寸标注

二、棱柱表面上点的投影

求棱柱表面上点的投影，需要利用点在其表面上的特点，充分运用投影规律进行点投影的绘制与可见性判别。

如图 3-7 所示，求作六棱柱左前侧面 $ABCD$ 上点 M 的投影。

作图步骤：

1) 作点 A、B、C、D 的投影。

点 A、B、C、D 的投影分析：四个点分别位于六棱柱的上、下两端面上，高度方向上点 A、点 D 和点 B、点 C 分别重叠。故 $ABCD$ 面为铅垂面，如图 3-7a 所示。

① 俯视图——$ABCD$ 面积聚成斜直线，其投影为 $a(d)b(c)$。

② 主视图——$ABCD$ 面的投影为 $a'b'c'd'$ 的类似形平面。

③ 左视图——$ABCD$ 面的投影为 $a''b''c''d''$ 的类似形平面。

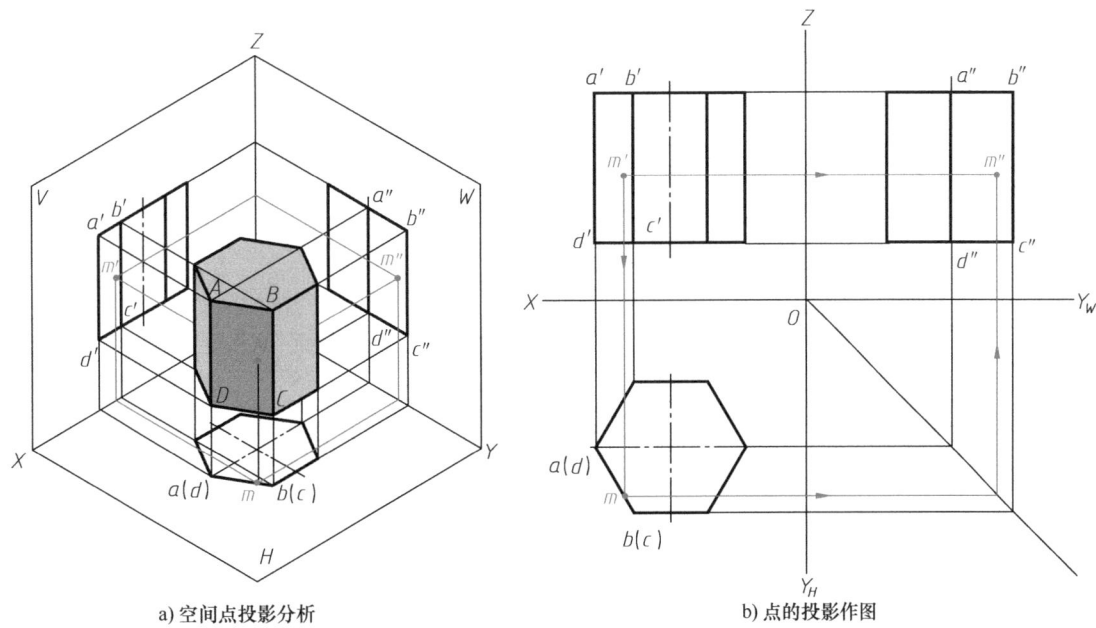

a) 空间点投影分析　　　　　　　　b) 点的投影作图

图 3-7　六棱柱上点的投影

2）求作点 M 投影，如图 3-7b 所示。

已知点 m'，求作其在俯视图和左视图的投影 m 和 m''，如图 3-7b 所示。

点 M 位于 ABCD 面内，其投影也必在 ABCD 面投影内。

① 将点 m' 投射到俯视图（六棱柱的形状特征视图）ABCD 面的积聚直线 $a(d)b(c)$ 上，获得点 M 的水平投影 m。

② 再根据投影规律高平齐、宽相等在左视图上作出点 M 的侧面投影 m''。

三、棱柱上截交线的投影

1. 截交线

用平面切割几何体，切割平面与几何体表面形成的交线即为截交线。

2. 截交线的特征

（1）封闭性　截交线为封闭的平面图形。

（2）共有性　截交线既在截平面上，也在被截的几何体上，是截平面与被截几何体共有的线，结交线上的点为截平面与被截几何体的共有点。

3. 截交线投影分析

六棱柱的斜切截交线作图：图 3-8a 所示的六棱柱被一正垂面切割，形成了截平面 P，各棱线分别与 P 面形成了六个交点，求作 P 面与六棱柱各棱面形成的截交线的投影。

第一步：主视图。因截平面 P 是正垂面，其在 V 面上积聚成一条斜直线，其投影是直线 $1'2'(6')3'(5')4'$。

第二步：俯视图。因截平面 P 倾斜于 H 面，H 面的投影是与截平面 P 六边形类似的投影面 123456。

第三步：左视图。因截平面 P 倾斜于 W 面，W 面的投影是与截平面 P 六边形类似的投影面 $1''2''3''4''5''6''$。

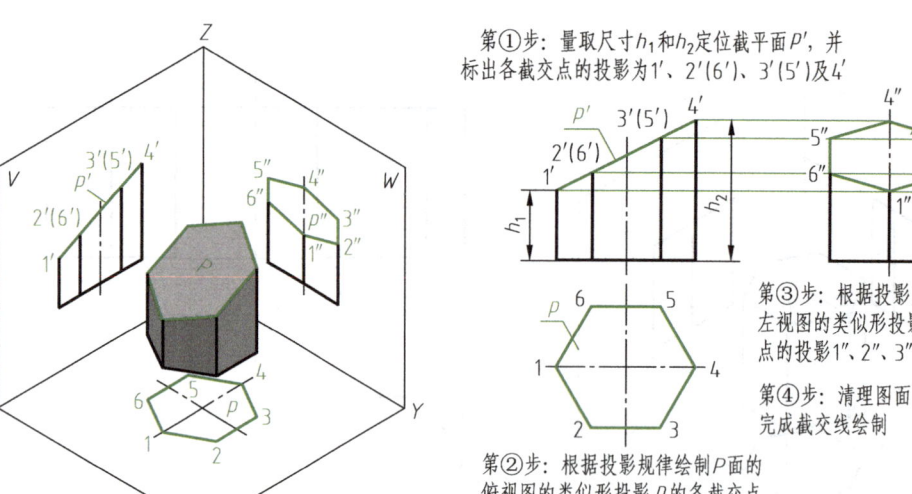

a) 六棱柱截交(面)线投影分析

b) 截交线的作图步骤

图 3-8 六棱柱的斜切截交线作图

四、四棱柱切槽

求作图 3-9a 所示的四棱柱切槽的三视图。

四棱柱被两个相互平行的正垂面和一个水平面切割，形成了通槽，三个截平面分别与前棱线和左右两侧棱面相交形成五个截交点（E、A、B、C、D）。

作图步骤：

1) 按主视图方向作出四棱柱的三视图，并根据"长对正"投影规律，完成五个截交点

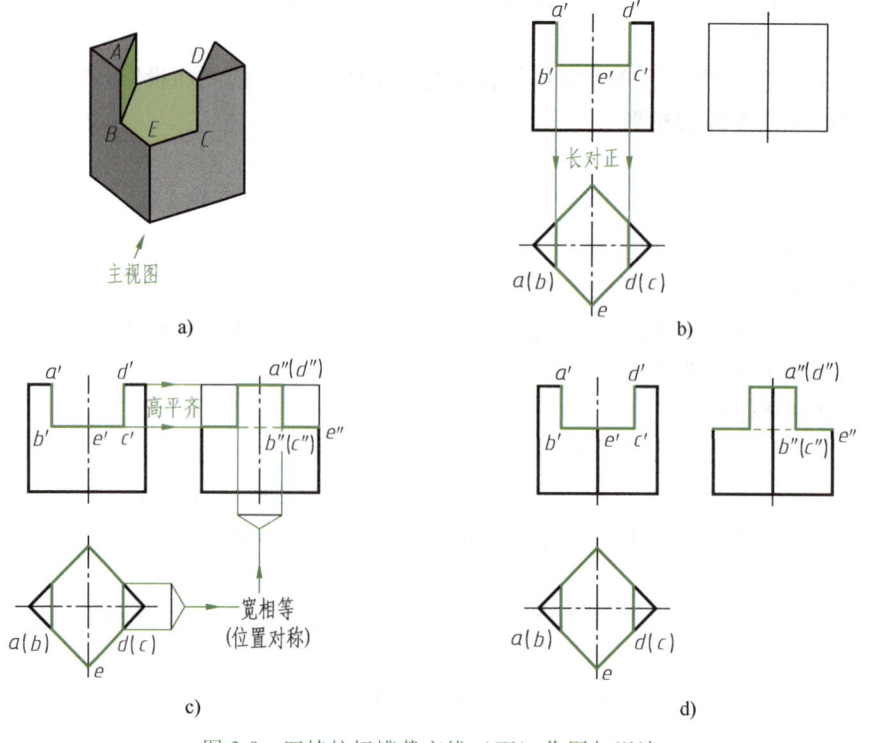

图 3-9 四棱柱切槽截交线（面）作图与识读

及截切后形成平面（组）的正面投影与水平投影作图，如图 3-9b 所示。

2）根据"高平齐、宽相等"投影规律作通槽的左视图，如图 3-9c 所示。

3）清理图面，描粗轮廓线，完成图形绘制，如图 3-9d 所示。

作图和识图时，注意各投射方向上重影点的可见性判别。

3.1.3 交流学习

一、团队讨论

投影作图技术不仅限于理论学习，它在工程设计、建筑规划及机械制造等领域有着广泛应用。请大家分享在投影作图的学习和实践过程中，哪些经验或技能有助于提升我们的创新能力和实践操作能力？

二、学习成果交流

1）请描述棱柱的投影作图与识读学习的过程、并展示学习成果。

2）在交流学习的过程中，发现、分析、解决了哪些问题？

三、交流学习记录表（表 3-2）

表 3-2 交流学习记录表

知识点	要求	学习问题记录	解决措施与效果
棱柱三视图	1. 棱柱的几何结构分析是否合理 2. 棱柱三视图的绘制、标注与识读方法是否准确		
棱柱表面上点的投影	棱柱表面上点的投影的绘制与识读方法是否准确		
棱柱的截交线（面）投影	1. 棱柱截平面与截交线位置分析是否合理 2. 棱柱截交线(面)三视图的绘制与识读方法是否准确		
经验积累与存在问题			
	经验积累	存在问题	
签审	（评价委员会意见）		年　月　日
	（指导教师意见）		年　月　日

3.1.4 巩固练习

一、棱柱的投影练习

完成图 3-10 所示六棱柱的三视图绘制标注，直径为 $\phi40$mm（内接），长度为 50mm。

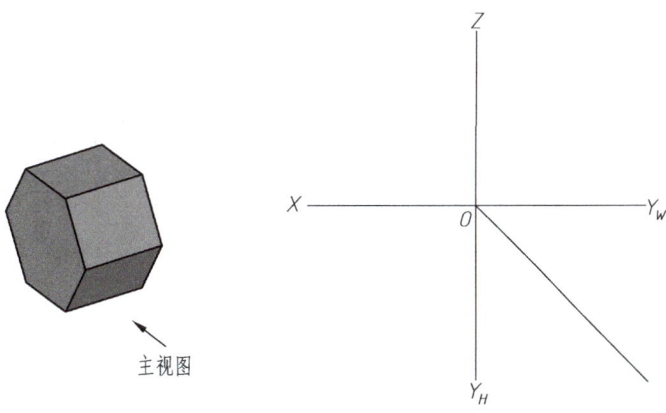

图 3-10 六棱柱的三视图绘制标准

二、棱柱表面上点的投影练习

完成图 3-11 所示的五棱柱上点 M、点 N 的另外两个投影的绘制。

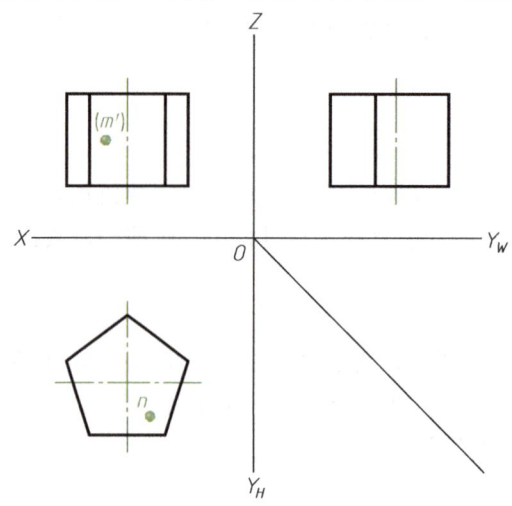

图 3-11 棱柱表面上点的投影

三、切割体的投影练习

依据尺寸,完成图 3-12a 所示切割体的三视图绘制,并将点的投影注写在其三视图上。绘图步骤与方法如图 3-12b~e 所示。

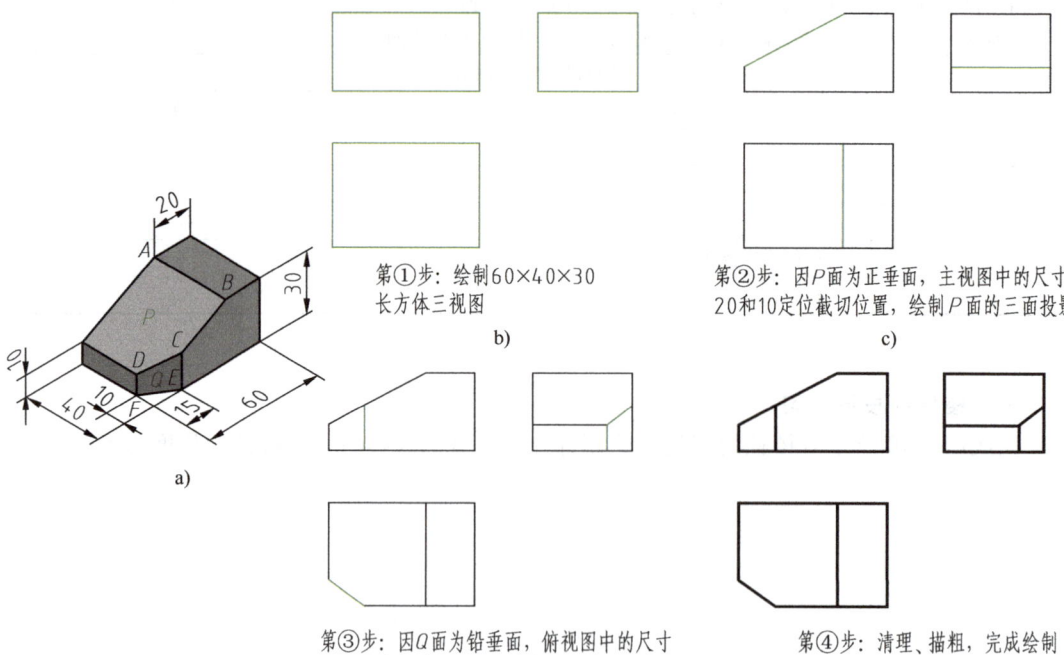

图 3-12 切割体的三视图绘制

3.1.5 考核评价

1. 学习效能评价

团队与个人进行学习效能评价,并完成表 3-3 的填写。

表 3-3 棱柱的投影作图与识读的学习效能评价表

序号	项目	内容	程度	差评原因
1	知识学习	能分析棱柱的几何结构	□优 □良 □中 □差	
2		能理解和应用棱柱的三视图绘制、识读的步骤与方法	□优 □良 □中 □差	
3		能理解和应用棱柱表面上点的投影绘制、识读的步骤与方法	□优 □良 □中 □差	
4		能理解和应用截交线的投影绘制、识读的步骤与方法	□优 □良 □中 □差	
5	技能学习	能正确绘制与标注棱柱体的三视图	□优 □良 □中 □差	
6		能正确绘制与识读棱柱表面上点的投影图	□优 □良 □中 □差	
7		能正确绘制与识读棱柱截切后的截交线	□优 □良 □中 □差	
签审		（评价委员会意见）		年　月　日
		（指导教师意见）		年　月　日

2. 综合能力评价

团队内部与团队之间进行综合评价，并完成附录综合能力评价表的填写。

3.1.6 拓展任务

1) 完成图 3-13 所示的五棱柱截切后截交线的投影绘制。

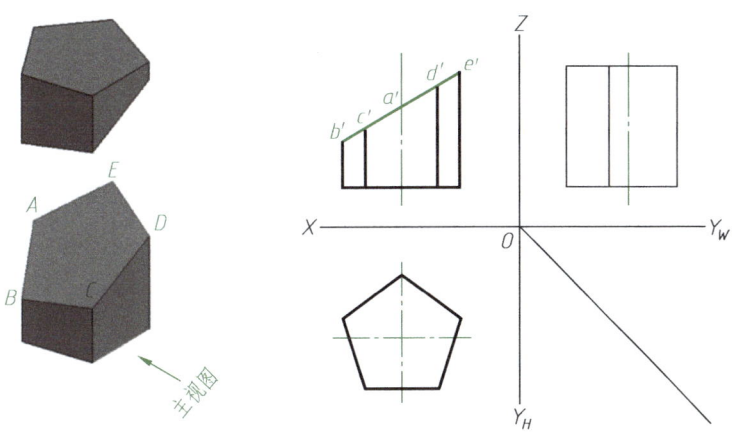

图 3-13　截交线的投影绘制

2) 补画图 3-14 所示的平面立体的三视图，并作出立体表面上点 M、点 N 的另外两个投影。

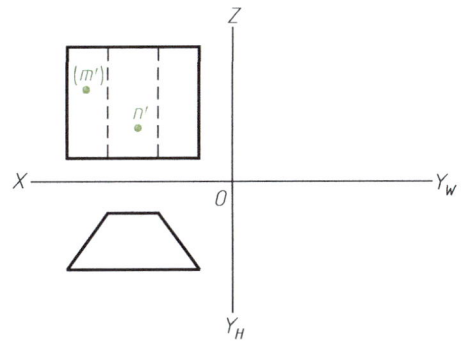

图 3-14　补画投影

3.2 棱锥的投影

3.2.1 学习描述

通过对棱锥的三视图、棱锥表面上点的投影、棱锥上截交线投影的分析、绘制与识读知识和技能的学习和应用,学生应达成如下学习目标:

1)能正确分析、绘制与识读棱锥的三视图。

2)能正确分析、绘制与识读棱锥表面上点的投影。

3)能正确分析、绘制与识读棱锥截切后的截交线的投影。

3.2.2 基础知识

一、四棱锥的投影分析

1. 四棱锥的几何结构分析(表 3-4)

表 3-4 四棱锥的几何结构分析

结构组成	相对位置	在三面投影体系中的位置
底面	位于棱锥底部	与水平投影面平行
四个侧面	位于棱锥侧面	均倾斜于投影面,为一般位置平面
四条棱线	四个棱面的相交线	均倾斜于投影面,为一般位置直线
顶点 S	四个棱面(线)的公共点,位于棱锥最高点	正四棱锥顶点位于对称中心线上,使对称中心线平行于 OZ 轴

注:在棱锥的投影作图与识读时,需要注意棱锥的形状特征与各棱面(线)的位置关系。

2. 正四棱锥投影特性分析(图 3-15)

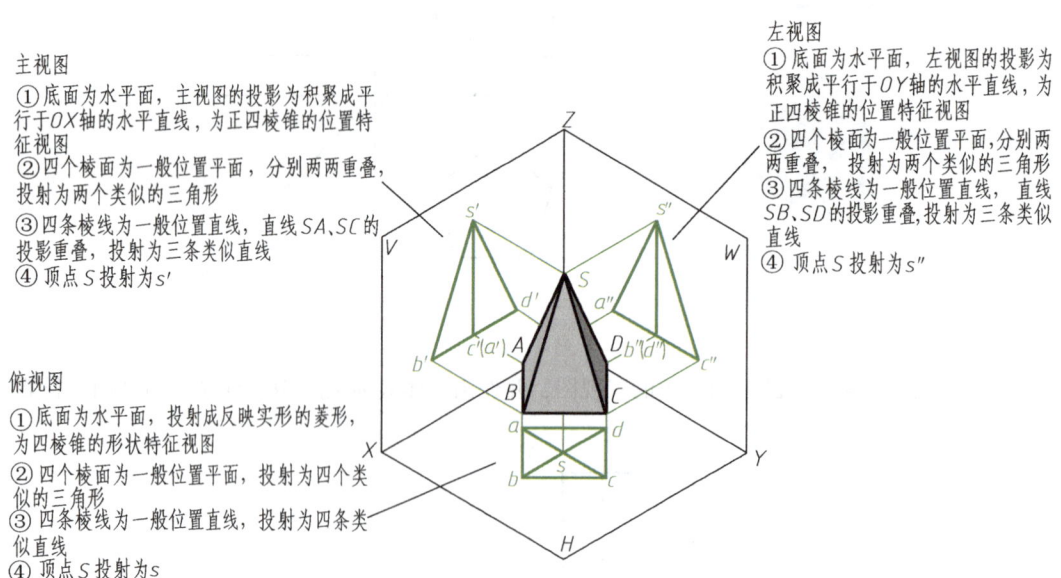

主视图
①底面为水平面,主视图的投影为积聚成平行于 OX 轴的水平直线,为正四棱锥的位置特征视图
②四个棱面为一般位置平面,分别两两重叠,投射为两个类似的三角形
③四条棱线为一般位置直线,直线 SA、SC 的投影重叠,投射为三条类似直线
④顶点 S 投射为 s'

左视图
①底面为水平面,左视图的投影为积聚成平行于 OY 轴的水平直线,为正四棱锥的位置特征视图
②四个棱面为一般位置平面,分别两两重叠,投射为两个类似的三角形
③四条棱线为一般位置直线,直线 SB、SD 的投影重叠,投射为三条类似直线
④顶点 S 投射为 s"

俯视图
①底面为水平面,投射成反映实形的菱形,为四棱锥的形状特征视图
②四个棱面为一般位置平面,投射为四个类似的三角形
③四条棱线为一般位置直线,投射为四条类似直线
④顶点 S 投射为 s

图 3-15 正四棱锥投影特性分析

3. 正四棱锥三视图的绘制与识读

1)首先绘制出三面投影体系与基准线,如图 3-16a 所示。

2)绘制正四棱锥的主视图(位置特征视图)与俯视图(形状特征视图),如图 3-16b 所示。

3）运用"高平齐、宽相等"的投影规律绘制左视图。清理图形后，轮廓描深，完成图形绘制，如图 3-16c 所示。

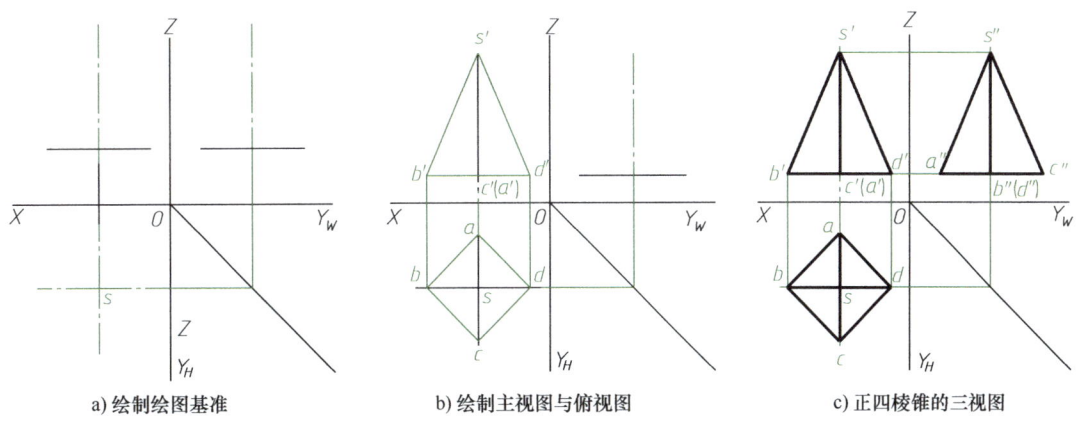

a) 绘制绘图基准　　　　　b) 绘制主视图与俯视图　　　　　c) 正四棱锥的三视图

图 3-16　绘制正四棱锥三视图

4. 棱锥的尺寸标注

（1）标注方法　在形状特征视图上完成底面尺寸的标注，在位置特征视图上，完成棱锥的高度尺寸标注。

（2）棱锥的尺寸标注

1）四棱锥的尺寸标注。四棱锥需要在形状特征视图上标注出底面的结构尺寸，包括长度尺寸 a、宽度尺寸 b 和高度尺寸 h，如图 3-17a 所示。

2）三棱锥的尺寸标注。三棱锥同样需要在形状特征视图上标注出底面的结构尺寸，包括三边长度（a、b、c）或两边长度（a、b）、夹角（同棱锥形状特征标注）以及高度尺寸 h，如图 3-17b 所示。

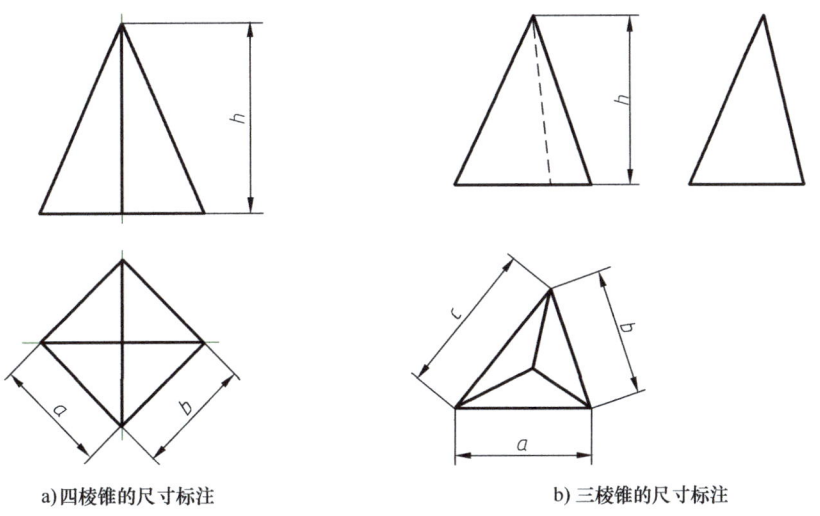

a) 四棱锥的尺寸标注　　　　　　　b) 三棱锥的尺寸标注

图 3-17　棱锥的尺寸标注

二、棱锥表面上点的投影

棱锥的表面可能是特殊位置平面（投影面的平行面或垂直面），也可能是一般位置平面。特殊位置平面上的点可利用平面投影的积聚性进行作图，一般位置平面上的点的投影可以使用以下方法求作：

1）辅助线法作棱锥表面上点的投影（图3-18）。

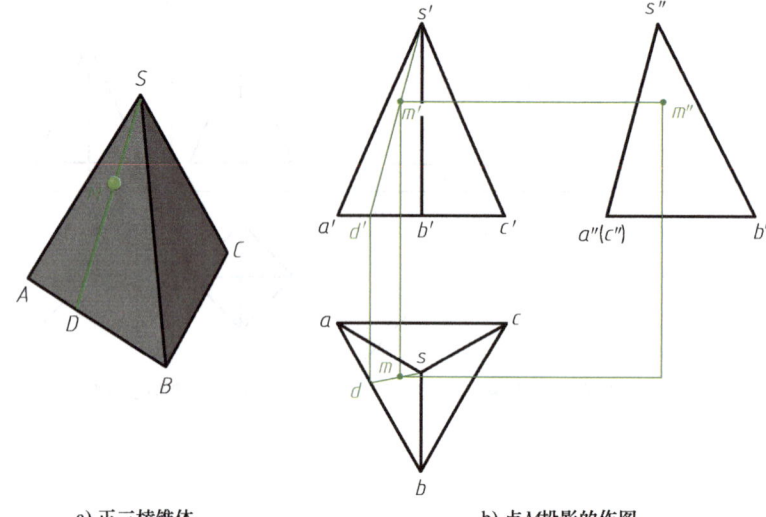

a）正三棱锥体　　b）点M投影的作图

第①步：在主视图上，过s'、m'作锥面辅助线 s'd'与底边AB的投影a'b'交于d'

第②步：作直线s'd'的水平投影sd

第③步：根据点在线上，其投影也必定在线上的原则，作点M的水平投影m

第④步：根据"高平齐、宽相等"作点M的侧面投影m''

第⑤步：清理、描粗，完成绘制

图3-18　辅助线法作棱锥表面上点的投影

2）截面法作棱锥表面上点的投影（图3-19）。

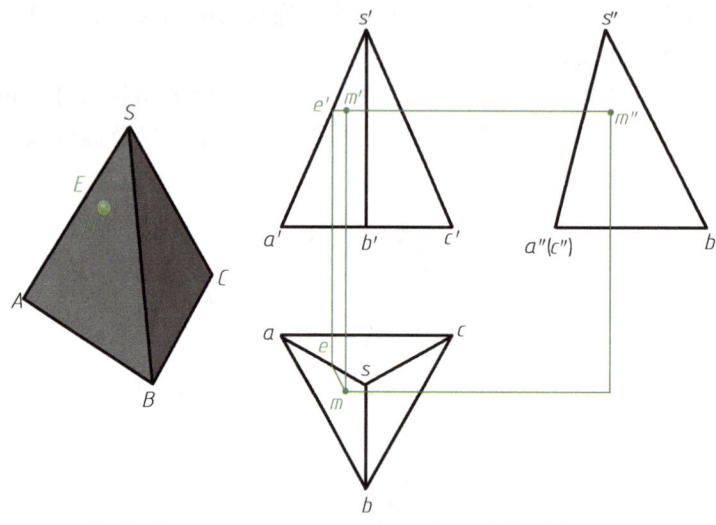

a）正三棱锥体　　b）点M投影的作图

第①步：过m'作平行于底面投影的直线m'e'，交棱线 s'a'于e点。等同于过m'作棱锥的水平截平面

第②步：在sa棱线上作e'的水平投影e

第③步：在俯视图上过 e 作平行于底边ab的平行线em

第④步：作点M的水平投影m

第⑤步：根据"高平齐、宽相等"作点M的侧面投影m''

第⑥步：清理、描粗，完成绘制

图3-19　截面法作棱锥表面上点的投影

三、棱锥上截交线的投影

如图3-20a所示的四棱锥被一正垂面斜向截切，形成了截平面P，棱锥各棱线分别与截平面形成了四个交点，求作P面与四棱锥各棱面形成的截交线的投影。

第一步：主视图。因截平面P是正垂面，其在V面积聚成一条斜直线，其投影是直线a'b'(d')c'。

第二步：俯视图。因截平面P倾斜于H面，H面的投影是截平面P六边形类似投影面abcd。

第三步：左视图。因截平面 P 倾斜于 W 面，W 面的投影是截平面 P 六边形类似投影面 $a''b''c''d''$。

四棱锥斜切截交线作图如图 3-20 所示。

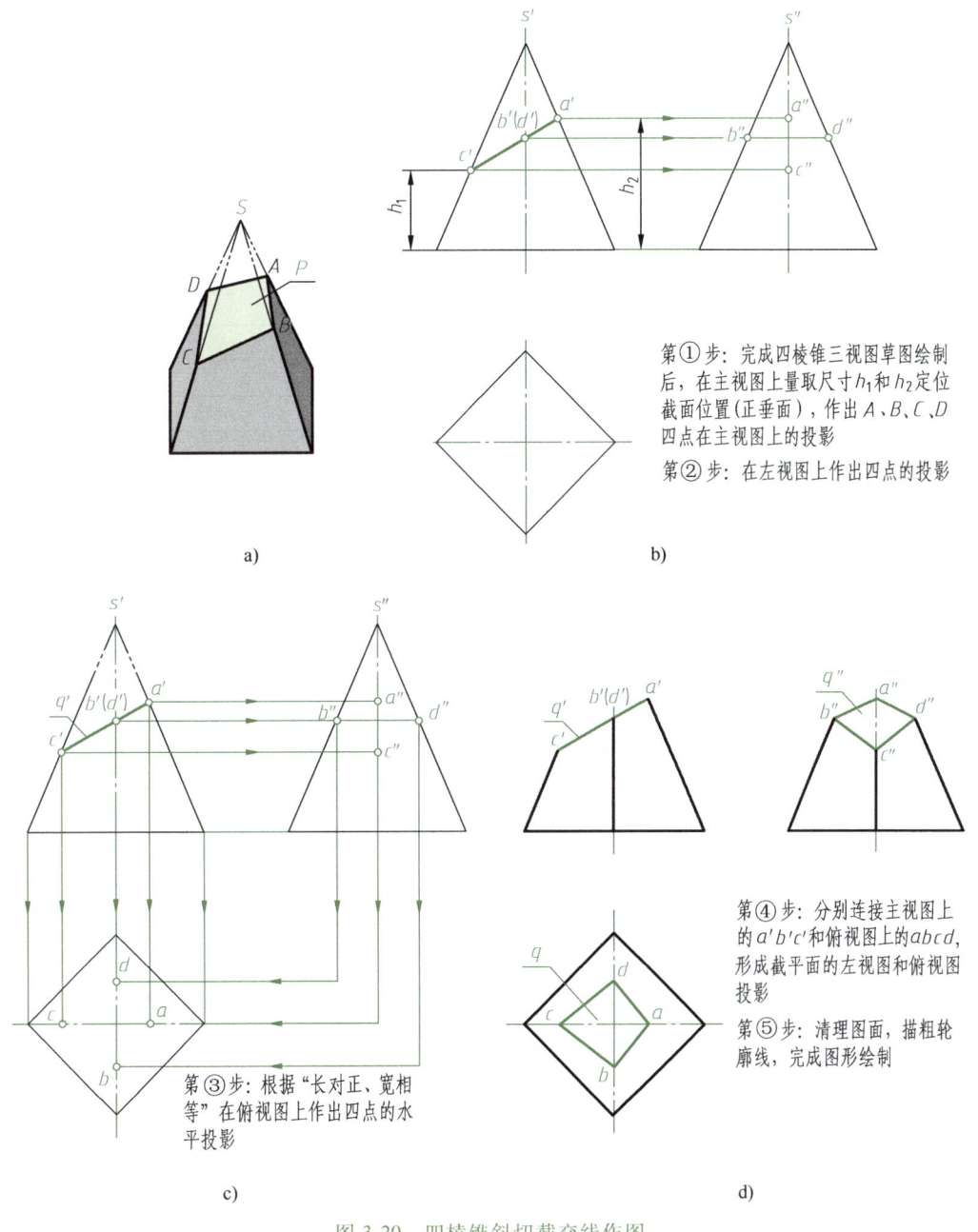

图 3-20　四棱锥斜切截交线作图

3.2.3　交流学习

一、团队讨论

通过学习，请大家分析基本几何体投影的简洁性和明晰性，以及摆放位置的合理性（摆放位置对投影的影响），树立正确的人生观，坦诚做人，坦率处事，摆正自己在社会中的位置，作好国家的"螺丝钉"。

二、学习成果交流

1）请描述棱锥的投影作图与识读学习的过程，并展示学习成果。
2）在交流学习的过程中，发现、分析、解决了哪些问题？

三、交流学习记录表（表 3-5）

表 3-5　交流学习记录表

知识点	要求	学习问题记录	解决措施与效果
棱锥三视图	1. 棱锥的几何结构分析是否合理 2. 棱锥三视图的绘制、标注与识读的方法是否准确		
棱锥表面上点的投影	棱锥表面上点的投影的绘制与识读的方法是否准确		
棱锥的截交线（面）投影	1. 棱锥截交面与截交线位置分析是否合理 2. 棱锥截交线（面）三视图的绘制与识读的方法是否准确		
经验积累与存在问题			
经验积累		存在问题	
签审	（评价委员会意见）		年　月　日
	（指导教师意见）		年　月　日

3.2.4　巩固练习

一、棱锥的投影练习

完成如图 3-21 所示的四棱锥的三视图绘制与标注。

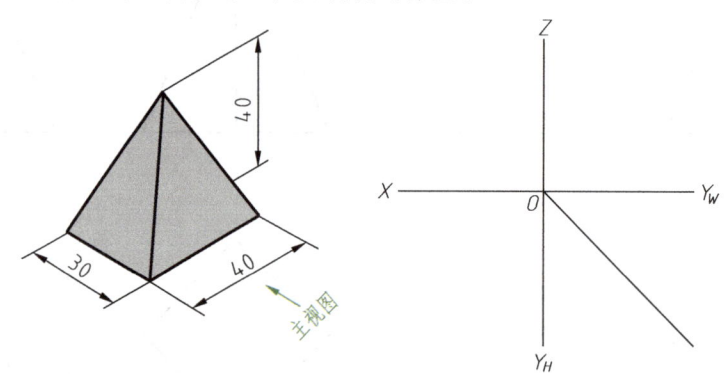

图 3-21　四棱锥的三视图绘制与标注

二、棱锥表面上的投影练习点

补画图 3-22 所示的四棱锥的俯视图，作出其表面上点 M、点 N 的另外两个投影。

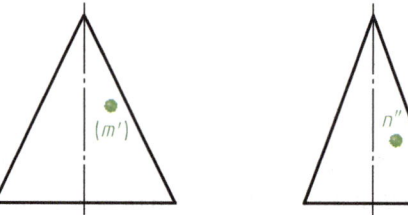

图 3-22　补画棱锥表面上的点的投影

3.2.5 考核评价

1. 学习效能评价

团队与个人进行学习效能评价，并完成表 3-6 的填写。

表 3-6 棱锥的投影作图与识读的学习效能评价表

序号	项目	内容	程度	差评原因
1	知识学习	能分析棱锥的几何结构	□优 □良 □中 □差	
2		能理解和应用棱锥三视图的绘制、识读的步骤与方法	□优 □良 □中 □差	
3		能理解和应用棱锥表面上点的投影绘制、识读的步骤与方法	□优 □良 □中 □差	
4		能理解和应用棱锥截交线投影的绘制、识读的步骤与方法	□优 □良 □中 □差	
5	技能学习	能正确绘制与标注棱锥体的三视图	□优 □良 □中 □差	
6		能正确绘制与识读棱锥体表面上点的投影图	□优 □良 □中 □差	
7		能正确绘制与识读棱锥体截交线的投影图	□优 □良 □中 □差	
签审		（评价委员会意见）		年 月 日
		（指导教师意见）		年 月 日

2. 综合能力评价

团队内部与团队之间进行综合评价，并完成附录综合能力评价表的填写。

3.2.6 拓展任务

绘制图 3-23 所示的四棱锥截切后截交线的投影图。

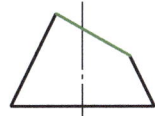
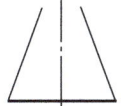

图 3-23 四棱锥截切后截交线的投影图

3.3 圆柱的投影

3.3.1 学习描述

通过对圆柱的三视图、圆柱上点的投影、圆柱截交线投影的分析、绘制与识读，学生应达成如下学习目标：

1）能正确分析、绘制与识读圆柱的三视图。
2）能正确分析、绘制与识读圆柱表面上点的投影。
3）能正确分析、绘制与识读圆柱截切后截交线的投影。

3.3.2 基础知识

一、圆柱的投影分析

1. 圆柱的几何结构分析（表 3-7）

表 3-7 圆柱的几何结构分析

结构组成	相对位置	在三面投影体系中的位置定位
上、下两端面	位于圆柱底部和顶部,圆形为圆柱形状特征	投影时,上、下两端面与水平投影面平行
一个圆柱面	由若干与圆柱轴线平行且等距的素线构成的曲面	轴线垂直于水平投影面

注：在圆柱的投影作图与识读时，需要注意圆柱的形状特征与柱面的位置关系。

2. 圆柱投影特性分析（图 3-24）

主视图
①上、下两端面为水平面且垂直于V面，主视图的投影积聚成两条平行于OX轴的水平直线，为圆柱的位置特征视图
②圆柱面轴线平行于V面和OZ轴，其主视图的投影为最左、最右素线与上、下两端面的投影构成的类似矩形

俯视图
①上、下两端面为水平面，俯视图投影为反映其实形的圆，为圆柱体的形状特征视图
②圆柱面及对称中心线(轴线)垂直于H面，其俯视图的投影积聚成一个圆

左视图
①上、下两端面为水平面且垂直于W面，左视图的投影聚成两条平行于OY轴的水平直线，为圆柱的位置特征视图
②圆柱面轴线平行于W面和OZ轴，其左视图的投影为最前、最后素线与上、下两端面的投影构成的类似矩形

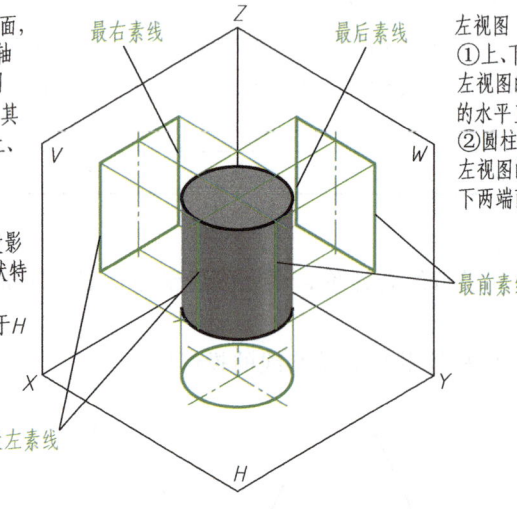

图 3-24 圆柱投影特性分析

3. 圆柱三视图的绘制与识读

1) 首先绘制出三面投影体系与基准线，如图 3-25a 所示。

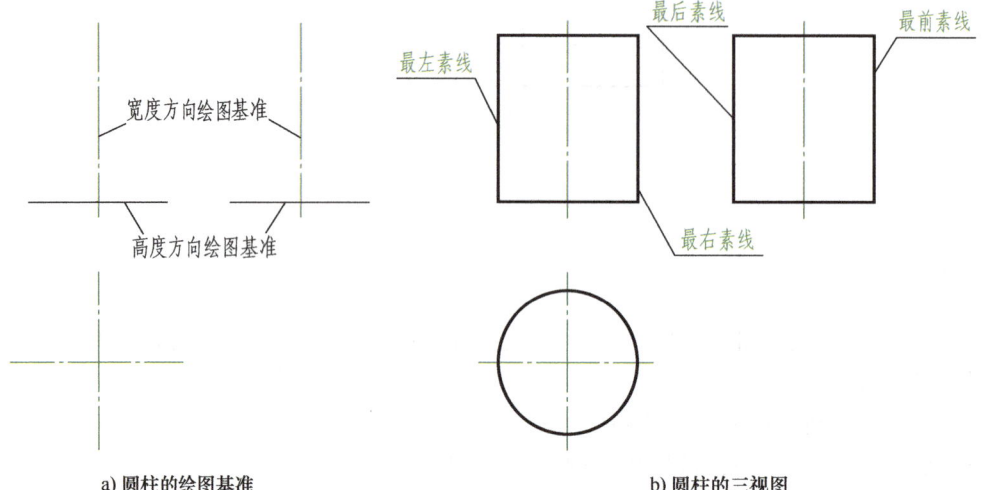

a) 圆柱的绘图基准　　　　b) 圆柱的三视图

图 3-25 绘制圆柱三视图

2）绘制圆柱的俯视图（形状特征视图）与主视图（位置特征视图）。

3）运用"高平齐、宽相等"的投影规律绘制左视图。清理图形后，轮廓描深，完成图形绘制，如图 3-25b 所示。

4. 圆柱的尺寸标注

圆柱尺寸标注时，只需要在形状特征（或位置特征）视图上标注出直径，在位置特征视图上标注出长度即可表达完整其结构尺寸。一般情况下圆柱的标注方法如图 3-26 所示。

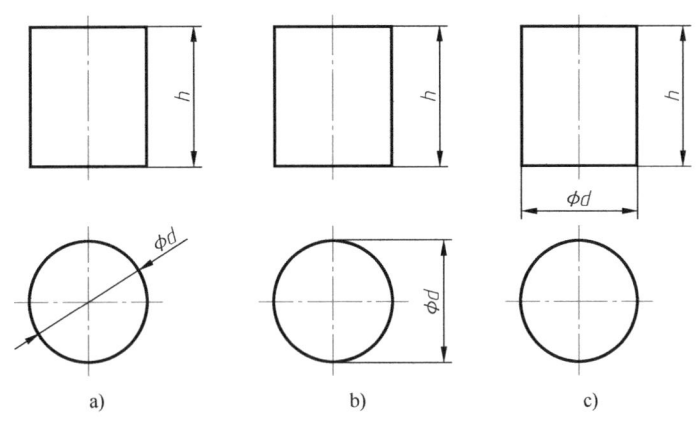

图 3-26 圆柱的尺寸标注

二、圆柱表面上点的投影

由于圆柱的轴线垂直于 H 面，圆柱表面上点的投影会积聚到俯视图（形状特征视图）上，所以位置特征视图上的已知点，根据投影规律可在形状特征视图上求解出第二投影，然后再运用投影规律求解出第三投影，如图 3-27a 所示。求解点的投影时，需要注意可见性判别。

已知点 M 的正投影 m'（不可见），求解点 M 其余两个投影 m 和 m''。作图与识读步骤和方法如图 3-27b 所示。

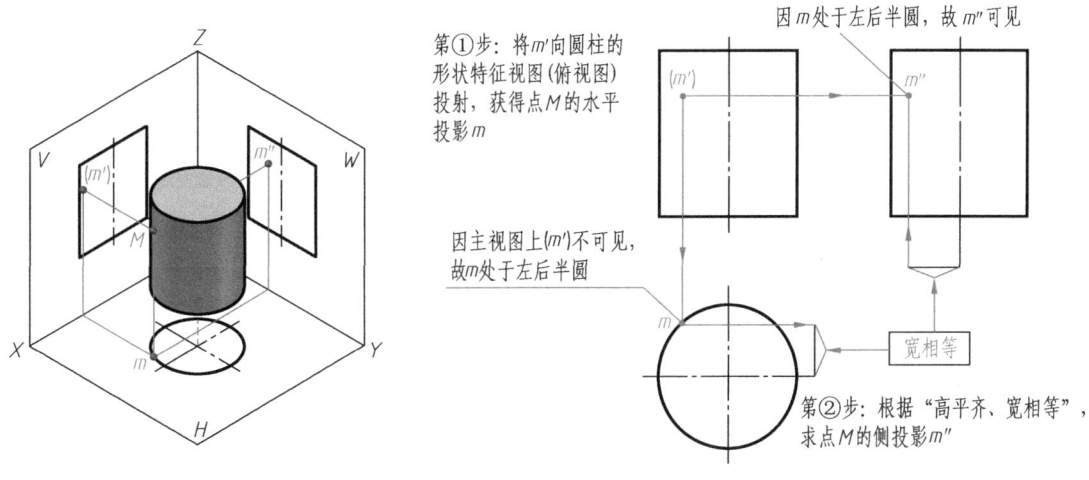

a) 圆柱表面上点的投影分析   b) 点 M 的投影作图

图 3-27 圆柱表面上点的投影

三、圆柱截交线的投影

1. 截平面的位置与方向与截交线的形状

对于圆柱的截切,需要明确截平面的位置与方向,不同位置与方向的截平面对应的截交线是不同的。

一般是以截平面与圆柱轴线的位置关系来定义截平面的位置。

(1) 截平面与圆柱轴线垂直 其截交线是圆。一般在圆柱上进行轴线垂直的肩和槽(底)的截切时会用到这种加工方式。

(2) 截平面与圆柱轴线平行 其截交线是平行于轴线的矩形。一般在圆柱上进行平行于轴线的平面和槽的截切时会用到这种加工方式。

(3) 截平面与圆柱轴线相交 在圆柱上截切出若干与轴线相交的不同长短轴,其截交线是椭圆形平面。

2. 截平面平行于圆柱轴线的截交线作图

截平面平行于圆柱轴线的截交线投影作图步骤和方法如图3-28所示。作图时,需要注意重影点的可见性判别。

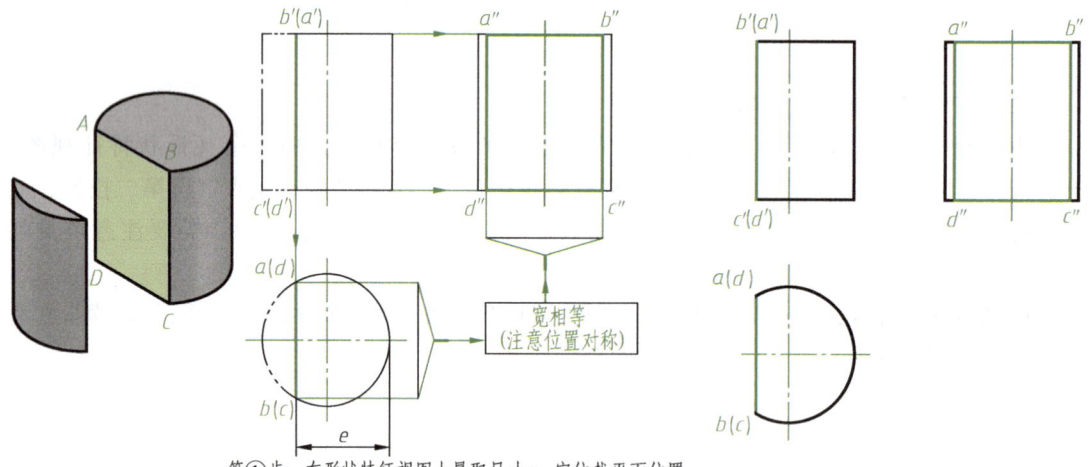

a) 截平面位置　　　　　　　　　　　　　　b) 截交线投影作图

图3-28　截平面平行于圆柱轴线的截交线投影作图步骤和方法

3. 截平面相交于圆柱轴线的正垂面斜切截交线作图

截切结构与投影分析如图3-29a所示,投影作图的步骤如图3-29b~d所示。

4. 圆柱切肩截交线作图

1) 平行于轴线的截平面 P 不超过圆柱轴线的切肩。截切结构与投影分析如图3-30a所示,圆柱切肩三视图作图的步骤如图3-30b~d所示。

2) 平行于轴线的截平面 P 超过圆柱轴线的切肩。截切结构与投影分析如图3-31a所示,圆柱切肩三视图作图的步骤如图3-31b、c所示。

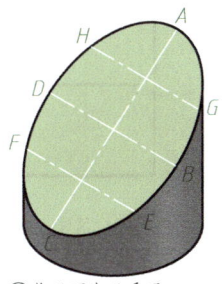
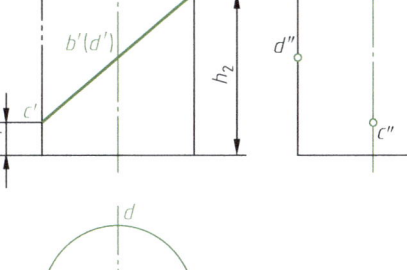

① 截平面为正垂面
② A、B、C、D 四点是截平面分别与圆柱面的交点
③ 圆柱截切形成的截交线为椭圆，AC 为椭圆长轴，BD 为椭圆短轴
④ E、F、G、H 为准确求作椭圆截交线的辅助中间点

a) 正垂面斜切圆柱

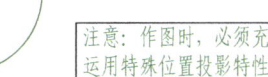

注意：作图时，必须充分运用特殊位置投影特性

b) 特殊位置点的投影

第①步：完成圆柱三视图绘制（草图）

第②步：在主视图上量取尺寸 h_1、h_2 定位截平面（正垂面）位置。作出截切后形成平面和 A、B、C、D 四点的正投影 a'、b'、c'、(d')

第③步：在俯视图上（形状特征视图）作出截切后形成椭圆面的类似形投影（圆），并作出 A、B、C、D 四点的水平投影 a、b、c、d

第④步：在左视图上作出 A、B、C、D 四点的侧投影 a''、b''、c''、d''

第⑥步：长对正在主视图上作出 E、F、G、H 四点的正投影 e'、(f')、g'、(h')

第⑤步：在俯视图上量取尺寸 m、n 定位两截交线 EF、GH 位置。分别作出他们与切割后形成平面的交点和 E、F、G、H 四点的水平投影 e、f、g、h

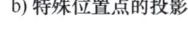
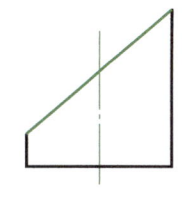
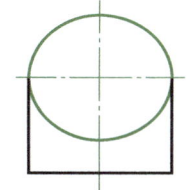

第⑦步：在左视图上作出 E、F、G、H 四点的侧投影 e''、f''、g''、h''

第⑧步：用平滑曲线连接 a''、g''、b''、e''、c''、f''、d''、h''，形成封闭曲线即圆柱斜切形成的截交线的投影

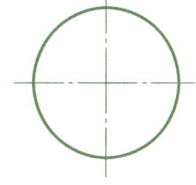

c) 辅助截平面的应用与作图

d) 圆柱斜切的三视图

图 3-29　正垂面斜切圆柱

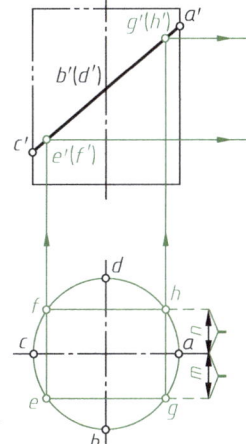
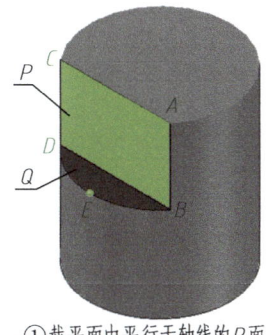

① 截平面由平行于轴线的 P 面和垂直于轴线的 Q 面组成
② A、B、C、D 四点是截平面与圆柱面的交点，点 E 为截平面 Q 与最左素线的交点
③ 圆柱截切形成的截交线由矩形 ABCD（侧平面）与平面 BED（水平面）组成，形成了切肩

a) 截切结构与投影分析

第①步：完成圆柱三视图绘制（草图）

第②步：在主视图上量取尺寸 m、n 定位两截平面 P 和 Q，作出截切后形成平面和 A、B、C、D 四点与点 E 的正投影 a'、$b'(c')$、(d') 和 e'

第③步：在俯视图（形状特征视图）上作出 A、B、C、D 四点和点 E 的水平投影 a、(b)、c、(d) 和 e，获得 P 面与 Q 面的投影 p 和 q

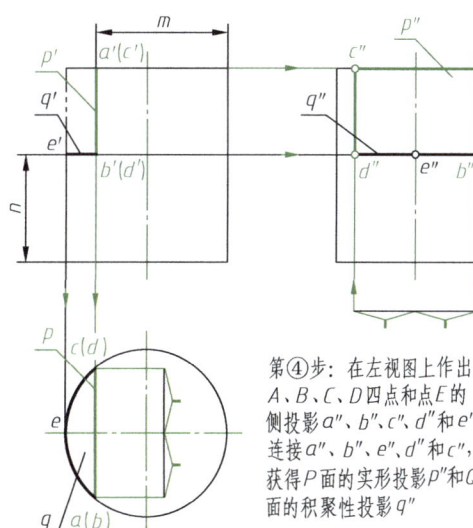

第④步：在左视图上作出 A、B、C、D 四点和点 E 的侧投影 a''、b''、c''、d'' 和 e''，连接 a''、b''、e''、d'' 和 c''，获得 P 面的实形投影 p'' 和 Q 面的积聚性投影 q''

b) 截切未过轴线的截交线作图

图 3-30　截切未过轴线的圆柱三视图

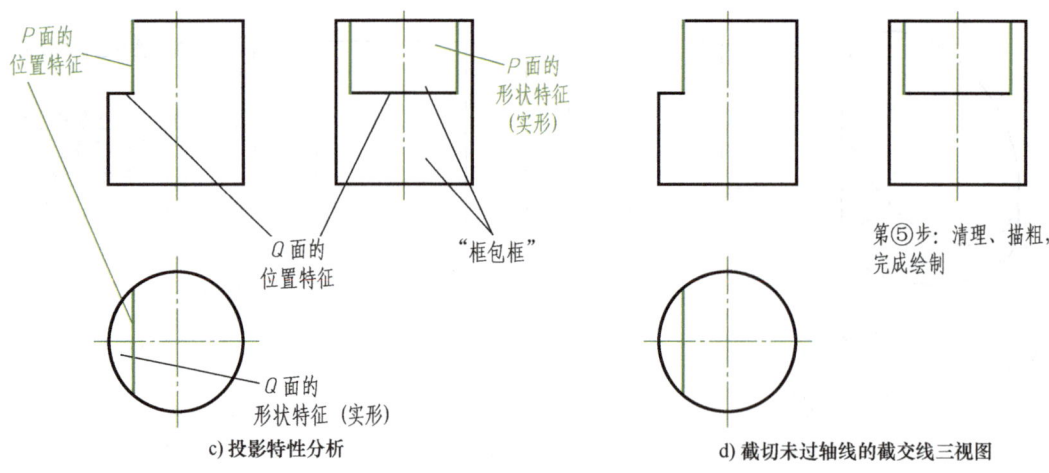

c) 投影特性分析　　　　　　　d) 截切未过轴线的截交线三视图

图 3-30　截切未过轴线的圆柱三视图（续）

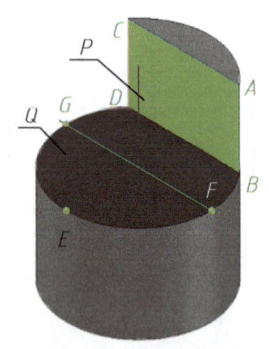

① 截平面是由平行于轴线的 P 面和垂直于轴线的 Q 面组成
② A、B、C、D 四点是截平面 P 与圆柱面的交点，E、F、G 为截平面 Q 与最左素线、最前与最后素线的交点
③ 圆柱截切形成的截交线由矩形 ABCD（侧平面）与平面 BED（水平面）组成，形成了过轴线切肩

a) 截切结构与投影分析

第①步：完成圆柱三视图绘制

第②步：在主视图上量取尺寸 s、t 定位两截平面位置，作出截平面和 A、B、C、D 四点和 E、F、G 的正面投影 a'、b'、(c')、(d') 和 e'、f'、(g')

第③步：在俯视图（形状特征视图）上作出 A、B、C、D 四点和 E、F、G 的水平投影 a、(b)、c、(d) 和 e、f、g，获得 P 与 Q 的投影 p 和 q

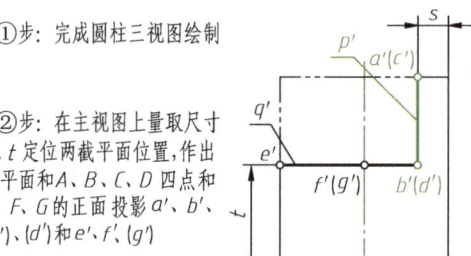
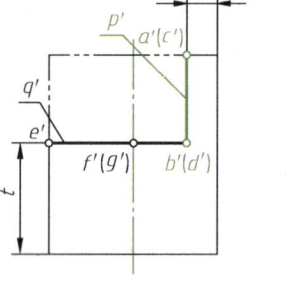
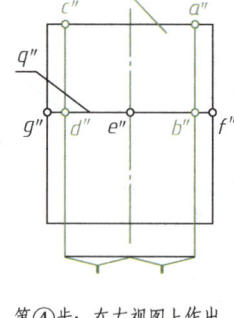

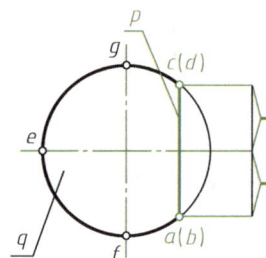

第④步：在左视图上作出 A、B、C、D 四点和 E、F、G 的侧投影 a″、b″、c″、d″ 和 e″、f″、g″，连接 a″、b″、d″、c″ 和 f″、g″，获得 P 面的实形投影 p″ 和 Q 面的积聚性投影 q″

b) 过轴线切肩截交线作图

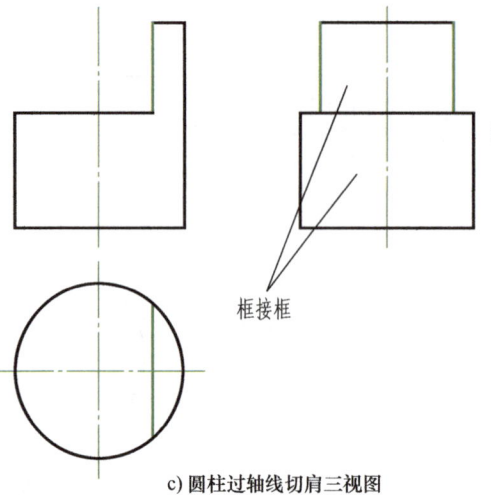

第⑤步：清理、描粗，完成绘制

框接框

c) 圆柱过轴线切肩三视图

图 3-31　圆柱过轴线切肩三视图绘制

5. 圆柱的切槽投影图作图

切槽结构与投影分析如图 3-32a 所示，圆柱切槽三视图作图的步骤如图 3-32b、c 所示。

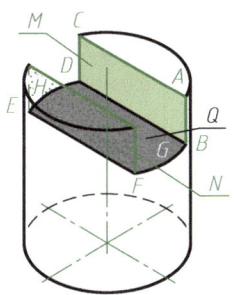

① 截平面由两个与圆柱轴线平行且对称的 M 与 N 和与垂直轴线的 Q 组成

② A、B、C、D 四点是截平面与圆柱面的交点，点 G、H 为截平面 Q 与最前、最后素线的交点

③ 圆柱截切形成的截交线由两个全等的矩形 ABCD（侧平面）与 BDEF（水平面）组成

a) 切槽结构与投影分析

第①步：完成圆柱三视图绘制（草图）

第②步：在主视图上量取尺寸 m、n 定位截平面 M、N 和 Q，作出截切后形成平面和 A、B、C、D 四点与 E、F、G、H 的正投影 a'、b'、(c')、(d') 和 e'、(f')、g'、(h')。获得 M、N、Q 面的投影 m'、n' 和 q'

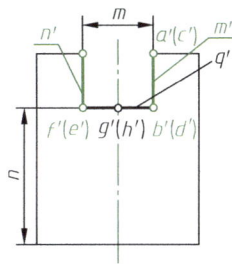

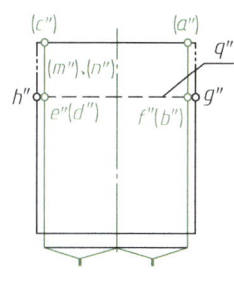

第③步：在俯视图（形状特征视图）上作出点 A、B、C、D 四点和 E、F、G、H 的水平投影 a、(b)、c、(d) 和 (e)、(f)、g、(h) 获得 M、N 与 Q 的投影 m、n 和 q

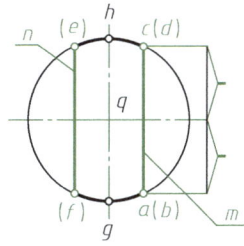

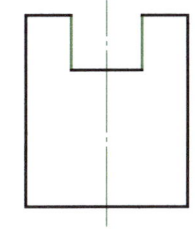

第④步：在左视图上作出点 A、B、C、D 和 E、F、G、H 的侧面投影 (a")、(b")、(c")、(d") 和 e"、f"、g"、h"；用直线连接 (a")、(b")、(c")、(d") 和 g"、h"，获得 M、N 面的实形投影 (m")、(n") 和 Q 面的积聚性投影 (q")

注意：左视图槽底轮廓线的可见性判别。

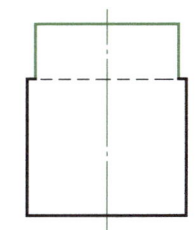

b) 切槽截交线作图

第⑤步：清理、描粗，完成绘制

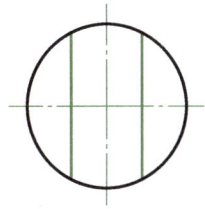

c) 圆柱切槽三视图

图 3-32　圆柱切槽三视图绘制

3.3.3　交流学习

一、团队讨论

通过对圆柱投影的研究，感悟机械制造业在国民经济中起到的重要作用，激发对机械制图的求知欲。

请大家讨论：在画出三视图后的感受是什么样的？在图样绘制过中需要注意什么？

二、学习成果交流

1）请描述圆柱的投影作图与识读学习的过程，并展示学习成果。

2）在交流学习的过程中，发现、分析、解决了哪些问题？

三、交流学习记录表（表 3-8）

表 3-8 交流学习记录表

知识点	要求	学习问题记录	解决措施与效果
圆柱三视图	1. 圆柱的几何结构分析是否合理 2. 圆柱的三视图的绘制、标注与识读方法是否准确		
圆柱表面上点的投影	圆柱表面上点的投影的绘制与识读方法是否准确		
圆柱的截交线（面）投影	1. 圆柱截交面与截交线位置分析是否合理 2. 圆柱截交线（面）的三视图的绘制与识读方法是否准确		
经验积累与存在问题			
经验积累		存在问题	
签审	（评价委员会意见）		年　月　日
	（指导教师意见）		年　月　日

3.3.4　巩固练习

一、圆柱的投影练习

完成图 3-33 所示的圆柱的三视图绘制与标注。

补画图 3-34 所示零件的俯视图，求出其表面上点 M、点 N 的另外两个投影。

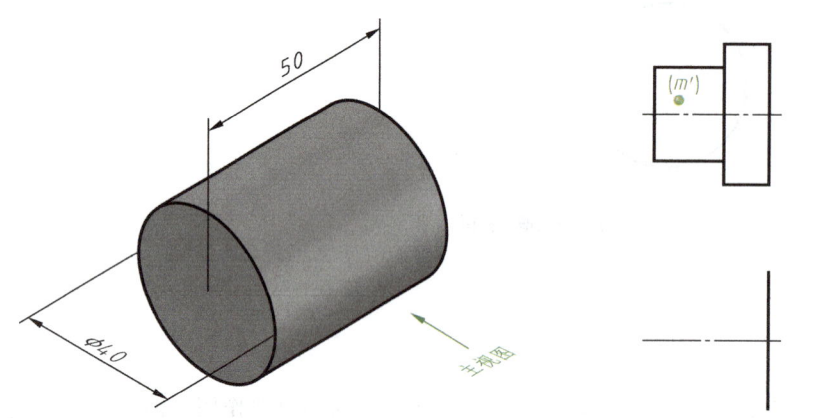

图 3-33　圆柱的三视图绘制与标注　　　图 3-34　补画俯视图，求作点的投影

二、圆柱表面上点的投影练习

三、圆柱截交线的投影练习

求作图 3-35a 所示榫卯接头的三视图。三视步作图过程如图 3-35b~d 所示。

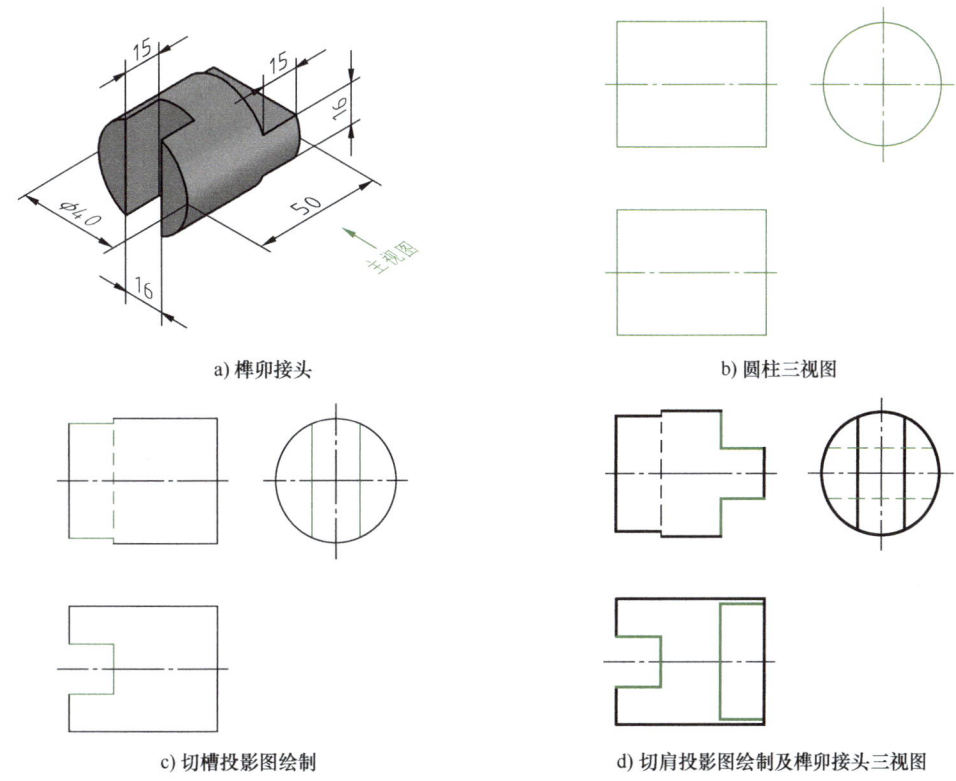

图 3-35　榫卯接头三视图绘制

3.3.5　考核评价

1. 学习效能评价

团队与个人进行学习效能评价，并完成表 3-9 的填写。

表 3-9　圆柱的投影作图与识读的学习效能评价表

序号	项目	内容	程度	差评原因
1	知识学习	能理解、分析圆柱的几何结构	□优 □良 □中 □差	
2		能理解和应用圆柱三视图的绘制、识读的方法	□优 □良 □中 □差	
3		能理解和应用圆柱表面上点的投影的绘制、识读的方法	□优 □良 □中 □差	
4		能理解和应用圆柱截交线投影的绘制、识读的方法	□优 □良 □中 □差	
5	技能学习	能正确绘制与标注圆柱的三视图	□优 □良 □中 □差	
6		能正确绘制与识读圆柱表面上点的投影图	□优 □良 □中 □差	
7		能正确绘制与识读圆柱截交线的投影图	□优 □良 □中 □差	
签审		（评价委员会意见）	年　月　日	
		（指导教师意见）	年　月　日	

2. 综合能力评价

团队内部与团队之间进行综合评价，并完成附录综合能力评价表的填写。

3.3.6 拓展任务

根据图 3-36 所示实体的主视图、左视图，补画俯视图。

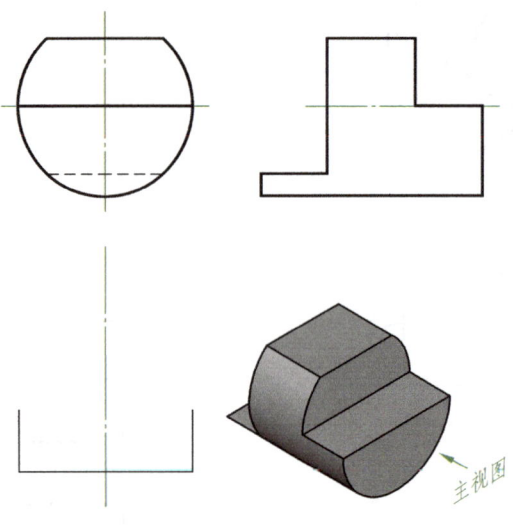

图 3-36 补画俯视图

3.4 圆锥的投影

3.4.1 学习描述

通过对圆锥的三视图、圆锥表面上点的投影、圆锥截交线投影的分析、绘制与识读知识和技能的学习和应用，学生应达成如下学习目标：

1）正确分析、绘制与识读圆锥的三视图。
2）正确分析、绘制与识读圆锥表面上点的投影。
3）正确分析、绘制与识读圆锥截交线的投影。

3.4.2 基础知识

一、圆锥的投影分析

1. 圆锥的几何结构分析（表 3-10）

表 3-10 圆锥的几何结构分析

结构组成	相对位置	在三面投影体系中的位置
底面	位于圆锥底部,圆形,为圆锥形状特征	投影时,底面与水平投影面平行
锥面与轴线	由若干与圆锥轴线相交的素线构成的曲面	轴线与水平投影面垂直(或平行于 H 面和 W 面)
顶点	位于圆锥最高点,用以确定圆锥的形状与高度	

注：作图与识读时，需要注意圆锥的形状特征和顶点与锥面的位置关系。

2. 圆锥投影特性分析（图 3-37）

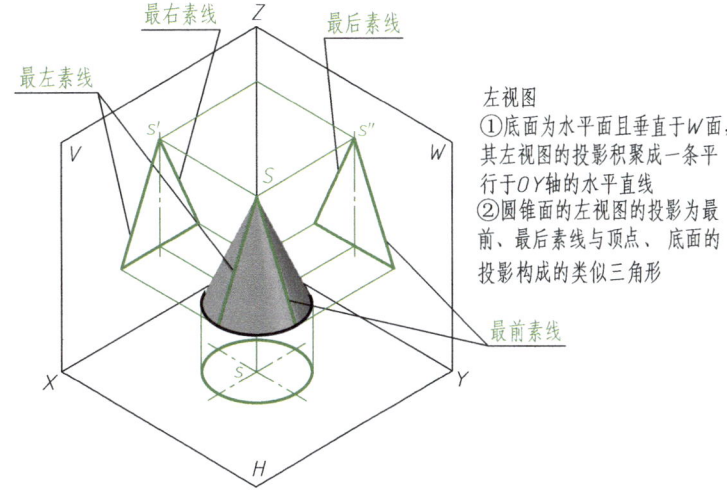

主视图
①底面为水平面且垂直于V面，主视图的投影积聚成一条平行于OX轴的水平直线
②圆锥面的主视图投影为由最左、最右素线与顶点、底面的投影构成的类似三角形

俯视图
①底面为水平面，其俯视图的投影为反映其形状特征的圆，顶点s'为圆心
②圆锥面的投影为类似形的圆

左视图
①底面为水平面且垂直于W面，其左视图的投影积聚成一条平行于OY轴的水平直线
②圆锥面的左视图的投影为最前、最后素线与顶点、底面的投影构成的类似三角形

图 3-37 圆锥投影特性分析

3. 圆锥三视图的绘制与识读

1）首先绘制出三面投影体系与基准线，如图 3-38a 所示。
2）绘制出圆锥的俯视图（形状特征视图）与主视图（位置特征视图）。
3）根据"高平齐、宽相等"投影规律绘制左视图。清理图形后，轮廓描深，完成圆锥三视图绘制，如图 3-38b 所示。

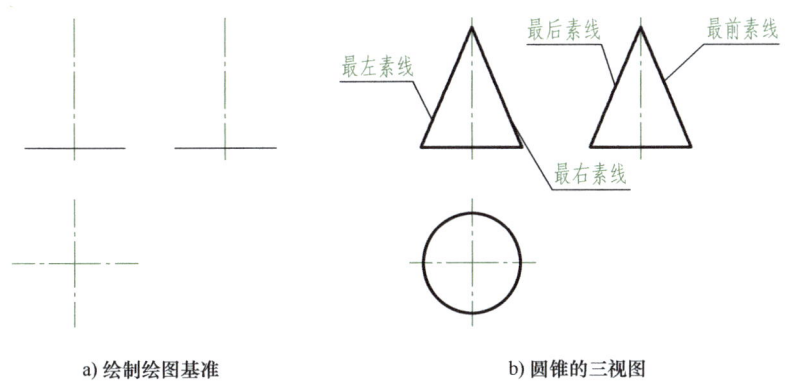

a) 绘制绘图基准　　　　　　b) 圆锥的三视图

图 3-38 绘制圆锥三视图

4. 圆锥的尺寸标注

（1）直径高度标注　圆锥尺寸标注时，只需要在形状特征（或位置特征）视图上标注出底面直径，在位置特征视图上标注出高度，即可表达完整结构尺寸，如图 3-39a 所示。

（2）直径锥角标注　在标注底面直径后，再标注出圆锥角，如图 3-39b 所示。

（3）直径锥度标注　标注大端直径、锥体长度和锥度，如图 3-39c 所示。

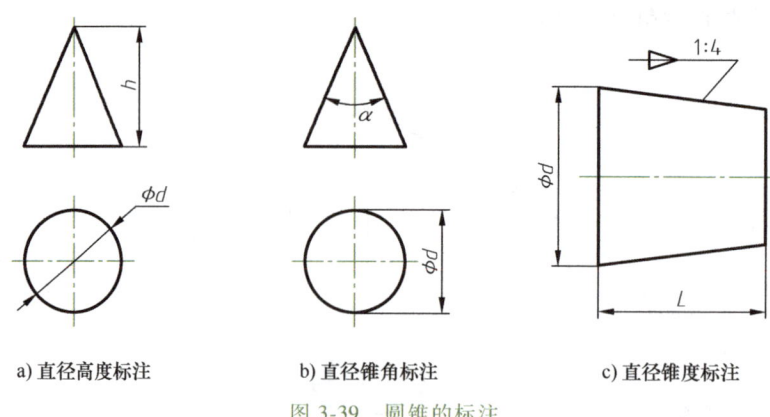

a) 直径高度标注　　　　b) 直径锥角标注　　　　c) 直径锥度标注

图 3-39　圆锥的标注

二、圆锥表面上点的投影

1. 圆锥表面上点的投影特性分析

圆锥表面上点的投影在其素线的投影上，或在点所在的平行于底面或垂直于轴线的截面的投影上。

2. 圆锥表面上点的投影作图

因为圆锥的投影没有积聚性，为此可以在圆锥面上作一条通过该点的辅助线（过顶点的素线或通过该点的圆），再根据点的投影规律求出圆锥表面上点的投影。

（1）辅助素线法　如图 3-40 所示，已知圆锥面上点 M 的正投影 m'，求作点 M 在 H 面上的投影 m、W 面上的投影 m''。

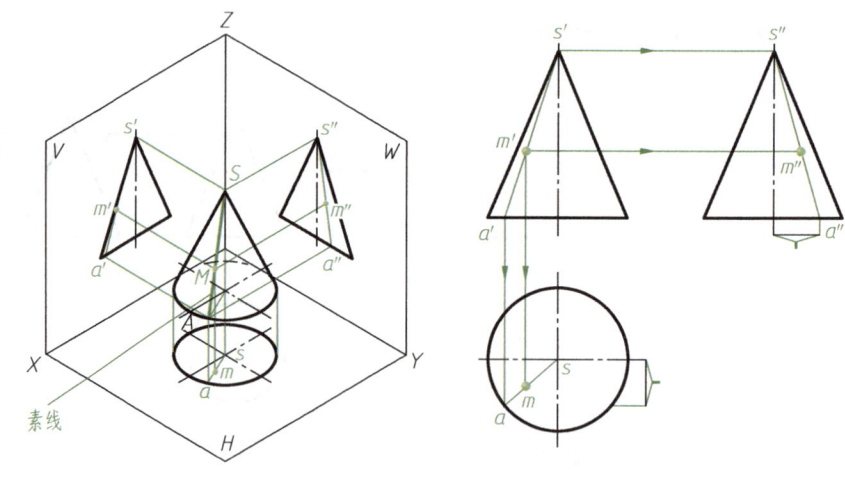

第①步：过顶点 S 包含点 M 作辅助素线 SA。分别作出在 H、V、W 面上的投影 sa、$s'a'$、$s''a''$

第②步：根据点在线上的投影特性，根据投影规律分别在 H、V、W 面上作出点 M 投影 m、m' 和 m''

a) 辅助素线法作图分析　　　　b) 圆锥表面上点的投影

图 3-40　辅助素线法求作圆锥表面上点的投影

（2）辅助纬圆（截面）法　如图 3-41a 所示，已知圆锥面上点 N 的侧投影 n''，用辅助纬圆（截面）法求作其余两面的投影 n 和 n'。其作图步骤与方法如图 3-41b 所示。

三、圆锥截交线的投影

1. 截平面的位置与方向与截交线的形状

对于圆锥的截切，需要明确截平面的位置与方向，不同位置与方向的截平面对应的截交线是不同的。

单元3 基本几何体的投影

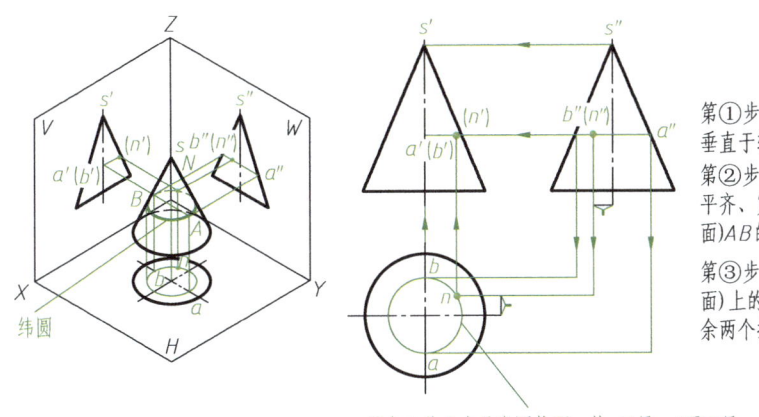

第①步：在左视图上过 n″ 作垂直于轴线的纬圆（截面）a″b″

第②步：根据"长对正、高平齐、宽相等"求作纬圆（截面）AB 的投影 ab 和 a′(b′)

第③步：根据点 N 在纬圆（截面）上的特点，求作点 N 的其余两个投影 n 和 (n′)

因点 N 处于右后半圆锥面，故 n 可见，n′ 不可见

a) 辅助纬圆（截面）法作图　　　b) 圆锥表面上的点的投影

图 3-41　辅助纬圆（截面）法求作圆锥表面上的点的投影

一般是以截平面与圆锥轴线位置的关系来定义截平面的位置。

（1）截平面与圆锥轴线垂直　其截交线是圆。在圆锥上进行轴线垂直的肩和槽等的截切时会用到这种方式。

（2）截平面与圆锥轴线平行　其截交线是平行于轴线的双曲面。一般在圆锥上进行平行于轴线的平面和槽等的截切时会用到这种方式。

（3）截平面与圆锥轴线相交　在圆锥上截切出若干与轴线相交的不同长短轴，其截交线是椭圆。

2. 截平面垂直于圆锥轴线的截交线作图与识读

截平面垂直于圆锥轴线的截交线的形状是圆，如图 3-42a 所示。作图与识读过程如图 3-42b、c 所示。

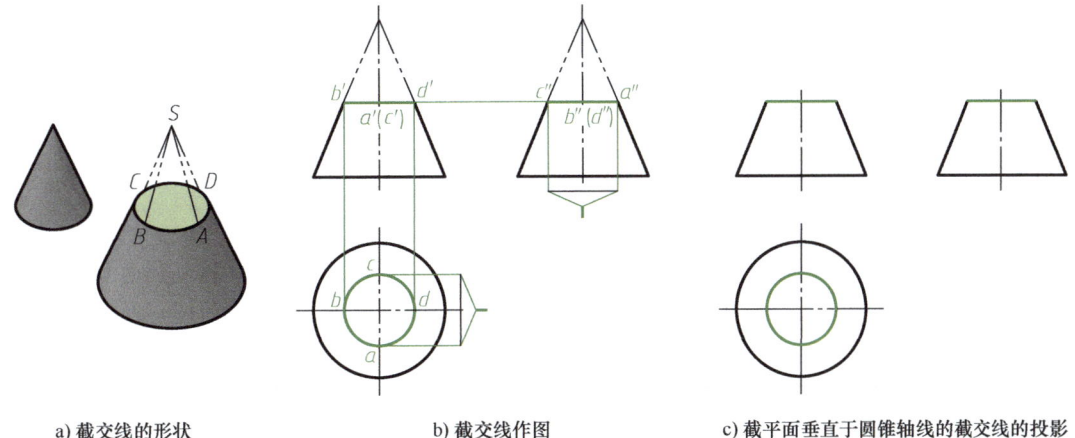

a) 截交线的形状　　　b) 截交线作图　　　c) 截平面垂直于圆锥轴线的截交线的投影

图 3-42　截平面垂直于圆锥轴线的截交线的投影作图

3. 截平面平行于圆锥轴线的截交线作图与识读

截平面平行于圆锥轴线的截交线是双曲线 BAC 和直线 BC，如图 3-43a 所示。利用辅助纬圆（截面）法作中任意间点 D、E 的投影。其作图与识读过程如图 3-43b、c 所示。

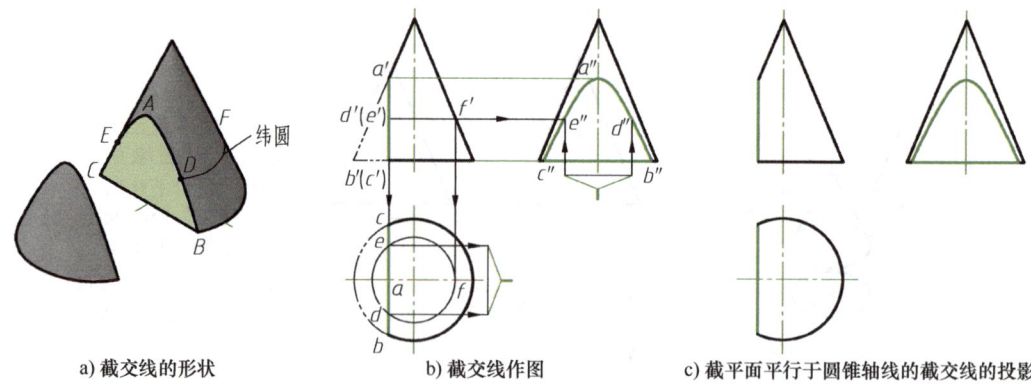

图 3-43　截平面平行于圆锥轴线的截交线的投影作图

4. 截平面倾斜于圆锥轴线的截交线作图与识读

（1）截平面与圆锥轴线倾斜（$\alpha<\theta$）　当 $\alpha<\theta$ 时的截交线是椭圆，如图 3-44a 所示。利用辅助纬圆（截面）法作椭圆横轴 EF。其作图与识读过程如图 3-44b、c 所示，作图时需要注意椭圆横轴的位置与长度的求解。

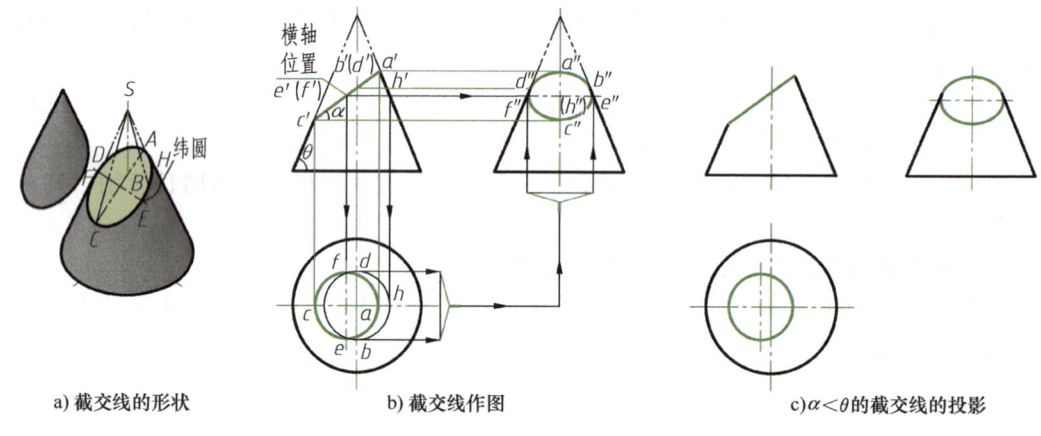

图 3-44　$\alpha<\theta$ 的截交线的投影作图

（2）截平面与圆锥素线倾斜（$\alpha=\theta$）　当 $\alpha=\theta$ 时的截交线是抛物线 DCE 和直线 DE，如图 3-45a 所示。利用辅助纬圆（截面）法作抛物线任意两点 M、N 的投影。其作图与识读过程如图 3-45b、c 所示，作图时需要注意抛物线任意两点 M、N 的位置的求解。

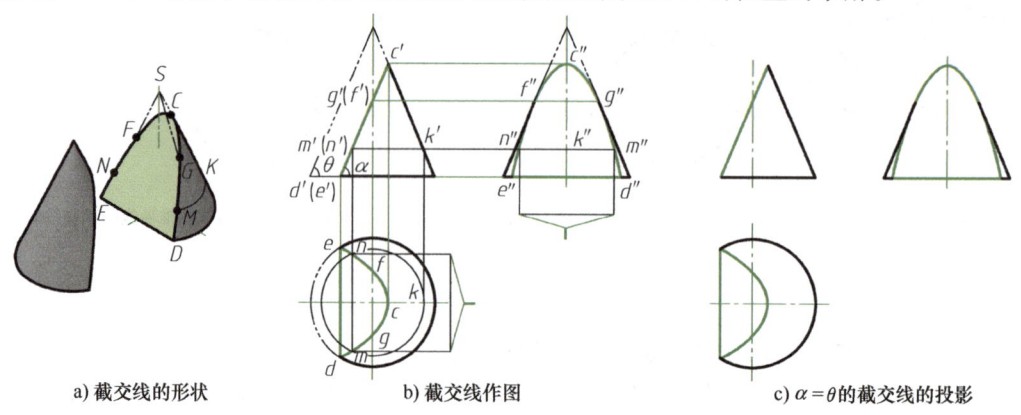

图 3-45　$\alpha=\theta$ 的截交线的投影作图

5. 截平面过锥顶（α>θ）的截交线作图与识读（α>θ）

截平面过锥顶（α>θ）的截交线是等腰三角形△ASB，如图3-46a所示。其作图与识读过程如图3-46b、c所示。

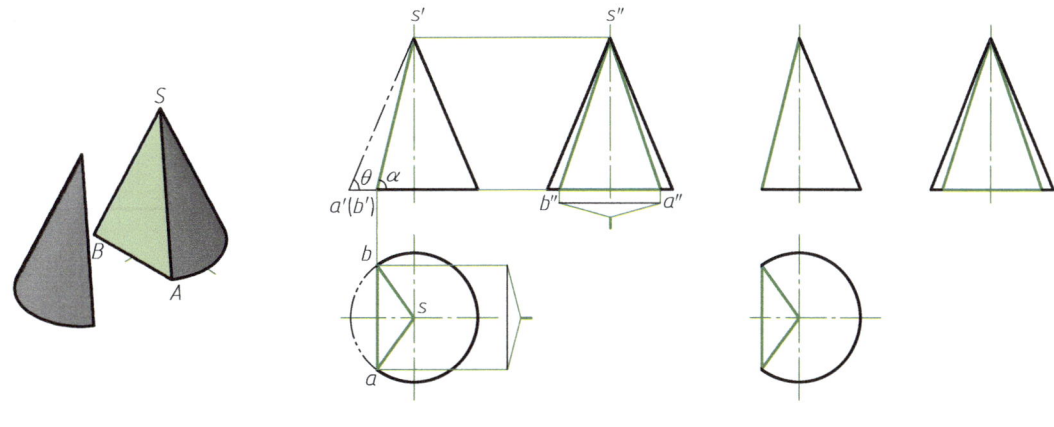

a) 截交线的形状　　　　b) 截交线作图　　　　c) α>θ 的截交线的投影

图 3-46　α>θ 的截交线的投影作图

3.4.3　交流学习

一、团队讨论

我国历史源远流长，在祖先从蛮荒走向开化的路途中，少不了对于数字和形状的研究与琢磨。挖掘出的殷商时期的甲骨文中，就已经出现了13种计数单字。从一到三万，其中已经蕴含了十进制的规则。据记载，在公元前21世纪人们使用各种几何形状工具丈量土地、测算山谷、计算产出、制定历法。之后古时普通百姓想要接触数学、学习数学知识还是非常困难的。

请大家讨论：在如今学习条件充足的情况下，大家课后都是通过什么途径来丰富自己的数学知识的？

二、学习成果交流

1）请描述圆锥的投影作图与识读学习的过程，并展示学习成果。
2）在交流学习的过程中，发现、分析、解决了哪些问题？

三、交流学习记录表（表3-11）

表 3-11　交流学习记录表

知识点	要求	学习问题记录	解决措施与效果
圆锥三视图	1. 圆锥的几何结构分析是否合理 2. 圆锥三视图的绘制、标注与识读方法是否准确		
圆锥表面上点的投影	圆锥表面上点的投影的绘制与识读方法是否准确		
圆锥的截交线（面）投影	1. 圆锥截交面与截交线位置分析是否合理 2. 圆锥截交线（面）三视图的绘制与识读方法是否准确		
经验积累与存在问题			
	经验积累	存在问题	
签审	（评价委员会意见）	年　月　日	
	（指导教师意见）	年　月　日	

3.4.4 巩固练习

1）如图 3-47 所示，请使用辅助素线求作点 A 的其余两个投影，使用辅助纬圆法求作点 B 的其余两个投影。

2）补画图 3-48 所示圆锥的俯视图和左视图。

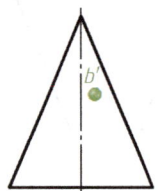
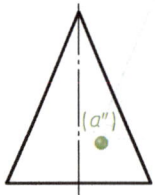
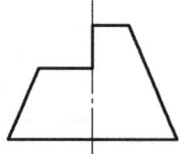
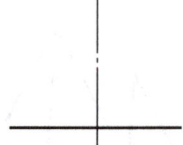

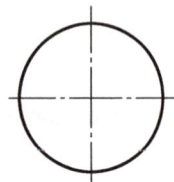
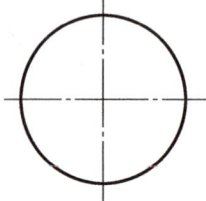

图 3-47　圆锥上点的投影　　　　　　图 3-48　补画圆锥的俯视图和左视图

3.4.5 考核评价

1. 学习效能评价

团队与个人进行学习效能评价，并完成表 3-12 的填写。

表 3-12　圆锥的投影作图与识读的学习效能评价表

序号	项目	内容	程度	差评原因
1	知识学习	能理解、分析圆锥的几何结构	□优 □良 □中 □差	
2		能理解和应用圆锥三视图的绘制、识读的方法	□优 □良 □中 □差	
3		能理解和应用圆锥表面上点的投影的绘制、识读的方法	□优 □良 □中 □差	
4		能理解和应用圆锥截交线投影的绘制、识读的方法	□优 □良 □中 □差	
5	技能学习	能正确绘制与标注圆锥的三视图	□优 □良 □中 □差	
6		能正绘制与识读圆锥表面上点的投影图	□优 □良 □中 □差	
7		能正确绘制与识读圆锥截交线的投影图	□优 □良 □中 □差	
签审		（评价委员会意见）		年　月　日
		（指导教师意见）		年　月　日

2. 综合能力评价

团队内部与团队之间进行综合评价，并完成附录综合能力评价表的填写。

3.4.6 拓展任务

1）补画图 3-49 所示圆锥的左视图，并求作点 M 和点 N 的其余两个投影。

2）补画图 3-50 所示圆锥的俯视图和左视图。

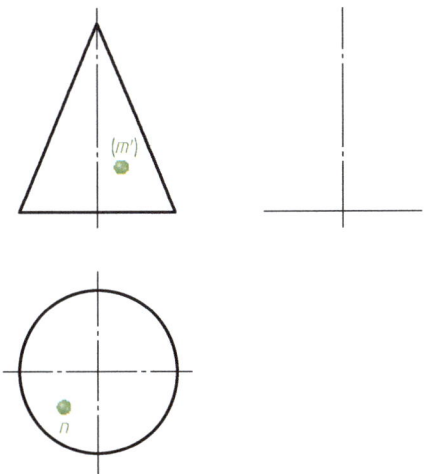
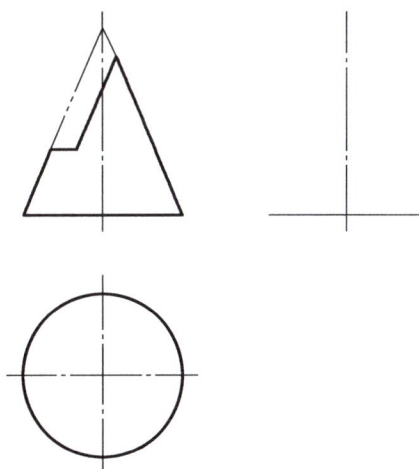

图 3-49　补画圆锥的左视图和点的投影　　　　图 3-50　补画圆锥的俯视图和左视图

3.5　圆球的投影

3.5.1　学习描述

通过对圆球的三视图、圆球表面上点的投影、圆球截交线投影的分析、绘制与识读知识和技能的学习和应用，学生应达成如下学习目标：

1）能正确分析、绘制与识读圆球的三视图。
2）能正确分析、绘制与识读圆球表面上点的投影。
3）能正确分析、绘制与识读圆球截交线的投影。

3.5.2　基础知识

一、圆球的投影分析

1. 圆球的几何结构分析（表 3-13）

表 3-13　圆球的几何结构分析

结构组成	相对位置	在三面投影体系中的位置
球心	位于球面的几何中心，用于定位球面	投影时，可置于投影体系中任意位置。球心位置变化则圆球面位置变化
圆球面	圆球上各点距离球心的距离相等	圆球面位置随球心位置变化而变化，其大小由圆球面半径 SR 确定

注：作图与识读时，必须注意圆球的球心位置与球面半径的关系。

2. 圆球投影特性分析

（1）几何特性　圆球面可以看作一个圆（母线）绕其直径回转而获得的几何体，如图 3-51a 所示。

（2）投影特性　圆球在三面投影体系中的投影都为直径相等的圆，三个视图均为与相应投影面平行的最大直径圆，如图 3-51b 所示。

（3）视图特性（图 3-51c）

1）主视图：正投影的最大轮廓圆是前、后转向轮廓圆。

2）俯视图：水平投影的最大轮廓圆是上、下转向轮廓圆。

3）左视图：侧投影的最大轮廓圆是左、右转向轮廓圆。

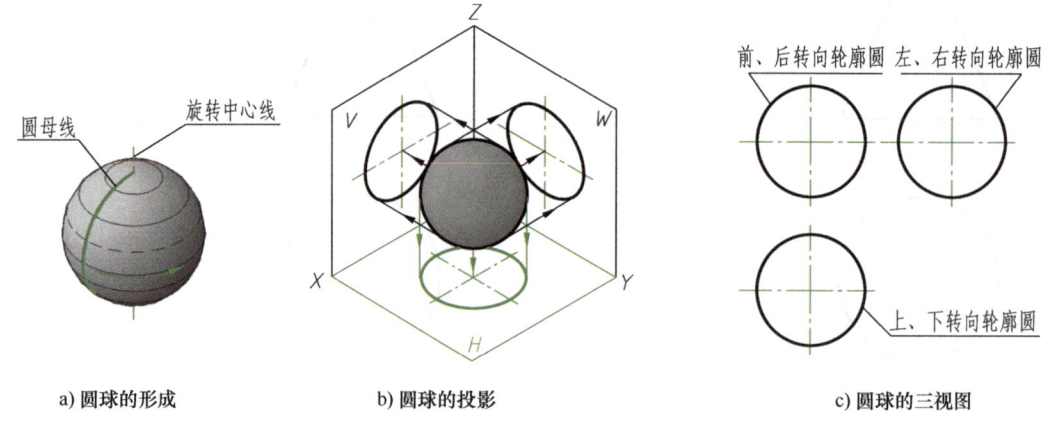

a) 圆球的形成　　　　b) 圆球的投影　　　　c) 圆球的三视图

图 3-51　圆球及其三视图

3. 圆球的尺寸标准

圆球可以省略两个视图进行标注。圆球的尺寸标注与圆的尺寸标注的区别是：圆的标注使用 ϕ 或 R，圆球的标注则使用 $S\phi$ 或 SR，如图 3-52 所示。

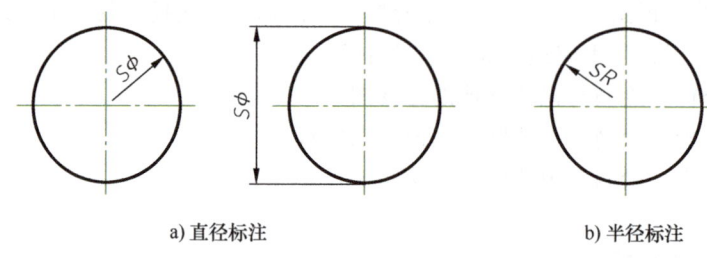

a) 直径标注　　　　　　　b) 半径标注

图 3-52　圆球的尺寸标注

二、圆球表面上点的投影

已知圆球上点 M 的正投影 m'，用辅助纬圆（截面法）求作点 M 的其余两个投影 m 和 m''。如图 3-53 所示。

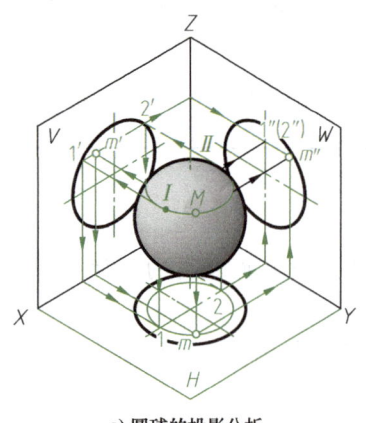

第①步：在主视图上量取尺寸 h 定位截平面 I、II 位置。作出截平面及点 M 的正投影 $1'$、$2'$ 和 m'。

第②步：在俯视图上作截平面 I、II 和点 M 的水平投影 1、2，和 m。

第③步：在左视图上作 I、II 和点 M 的侧投影 $1''$、$(2'')$ 和 m''。

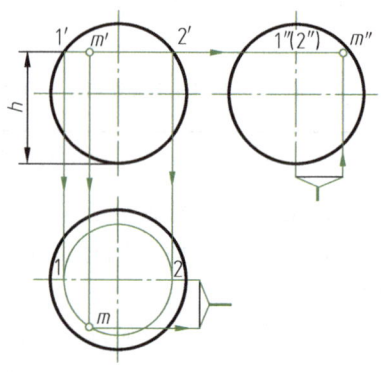

a) 圆球的投影分析　　　　　　　　　　b) 圆球表面上点的投影

图 3-53　圆球表上点的投影作图

作图时，需要注意点的可见性判别，以及不同已知条件下的作图方法。

三、圆球截交线的投影

1. 投影特性分析

（1）截交线的形状　平面截切圆球，其截交线均是圆，圆的大小取决于截平面位置与球心的距离。

（2）投影特性　当截平面平行于投影面时，在该投影面的投影是反映实形的圆，在其余两投影面上的投影则积聚成直线。

2. 圆球截交线的投影作图与识读

（1）平行于轴线的截平面截切圆球的截交线　如图 3-54 所示，两个截平面 P、Q 形成的截交线的三视图。

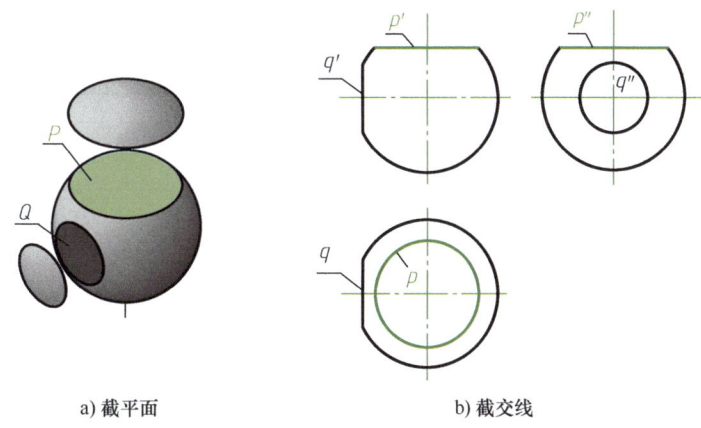

a) 截平面　　　　　　b) 截交线

图 3-54　平行于轴线的截平面作图

作图与识读时，需要注意线、面在三个视图之间互为位置特征和形状特征。

（2）半圆球开槽的截交线作图与识读　在半圆球上开槽，如图 3-55a 所示，求作其三视图。

开槽是由两个垂直于底面且相互平行、对称的和与底面平行的三个截平面组合而成。使用辅助纬圆法作图时，需要注意三个截平面与纬圆的位置和方向的判定。其作图与识读过程如图 3-55b、c 所示。

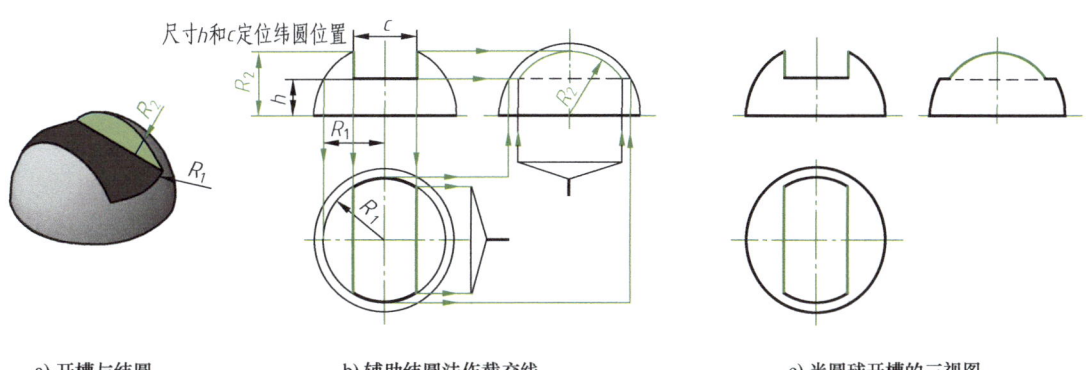

a) 开槽与纬圆　　　　b) 辅助纬圆法作截交线　　　　c) 半圆球开槽的三视图

图 3-55　半圆球开槽的三视图绘制

3.5.3 交流学习

一、团队讨论

在全国劳动模范和先进工作者表彰大会上，习近平总书记高度概括了工匠精神的深刻内涵，强调劳模精神、劳动精神、工匠精神是以爱国主义为核心的民族精神和以改革创新为核心的时代精神的生动体现，是鼓舞全党全国各族人民风雨无阻、勇敢前进的强大精神动力。

请大家讨论：在进行零件三视图绘制的过程中，哪些操作体现了执着专注、精益求精的工匠精神？

二、学习成果交流

1) 请描述圆球的投影作图与识读学习的过程，并展示学习成果。
2) 在交流学习的过程中，发现、分析、解决了哪些问题？

三、交流学习记录表（表3-14）

表3-14 交流学习记录表

知识点	要求	学习问题记录	解决措施与效果
圆球三视图	1. 圆球的几何结构分析是否合理 2. 圆球三视图的绘制、标注与识读方法是否准确		
圆球表面上点的投影	圆球表面上点的投影的绘制与识读方法是否准确		
圆球的截交线面投影	1. 圆球截交面与截交线位置分析是否合理 2. 圆球截交线（面）三视图的绘制与识读方法是否准确		
经验积累与存在问题			
	经验积累	存在问题	
签审	（评价委员会意见）		年　月　日
	（指导教师意见）		年　月　日

3.5.4 巩固练习

1) 如图3-56所示，补画半圆球的左视图，并求作点 *M*、点 *N* 的其余两个投影。
2) 如图3-57所示，根据半圆球的俯视图和左视图，补画主视图。

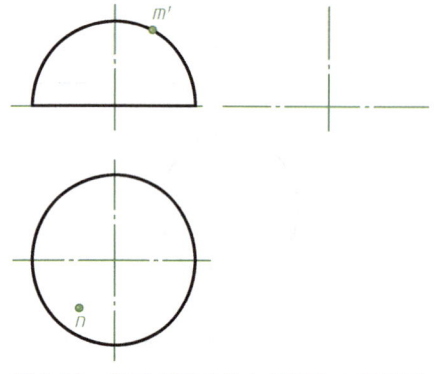

图3-56　补画半圆球的左视图和点的投影　　　　图3-57　补画半圆球的主视图

3.5.5 考核评价

1. 学习效能评价

团队与个人进行学习效能评价，并完成表 3-15 的填写。

表 3-15　圆球的投影作图与识读的学习效能评价表

序号	项目	内容	程度	差评原因
1	知识学习	能理解、分析圆球的几何结构	□优 □良 □中 □差	
2		能理解和应用圆球三视图的绘制、识读的方法	□优 □良 □中 □差	
3		能理解和应用圆球表面上点的投影的绘制、识读的方法	□优 □良 □中 □差	
4		能理解和应用圆球截交线投影的绘制、识读的方法	□优 □良 □中 □差	
5	技能学习	能正确绘制与标注圆球的三视图	□优 □良 □中 □差	
6		能正绘制与识读圆球表面上点的投影图	□优 □良 □中 □差	
7		能正确绘制与识读圆球截交线的投影图	□优 □良 □中 □差	
签审		（评价委员会意见）		年　月　日
		（指导教师意见）		年　月　日

2. 综合能力评价

团队内部与团队之间进行综合评价，并完成附录综合能力评价表的填写。

3.5.6 拓展任务

如图 3-58 所示，根据主视图和俯视图补画左视图，并求出点 A 和点 B 的其余两个投影。

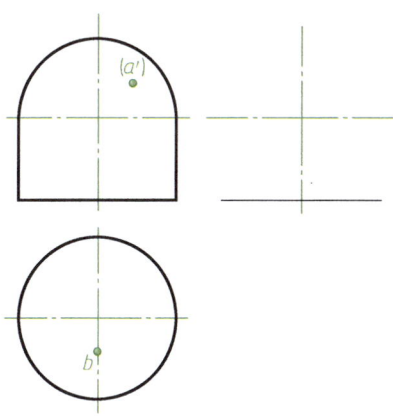

图 3-58　补画左视图和点的投影

3.6 相贯线的投影

3.6.1 学习描述

通过对相贯线的形成及特点、不同几何体在不同位置相贯的相贯线的绘制学习，学生应达成如下学习目标：

1) 能正确分析相贯体的位置与相贯线的结构特点。
2) 能正确绘制与识读不同几何体、不同位置的相贯线。

3.6.2 基础知识

一、认识相贯线

1. 相贯与相贯线

两个几何体相交称为相贯，它们的表面相交产生的交线称为相贯线。相贯线的位置和形状取决于相贯立体的形状和相贯的位置。

2. 相贯线的特性

（1）共有性 相贯线是两相交立体的共有线，两立体上的共有点必在相贯线上。

（2）封闭性 相贯线一般为封闭的空间曲线，特殊情况下可以是平面曲线或直线。

二、相贯线的投影

相贯线的作图充分利用了积聚性的特性，先求作相贯体的特殊点（如象限点、最前、最后、最左、最右、最高和最低点等）的投影，再添加辅助截平面并作出其与相贯线上交点的投影，最后光滑连接而获得相贯线的投影。

1. 圆柱与圆柱相贯

（1）两直径不相等的圆柱正交 相贯线的投影作图步骤与方法如图 3-59 所示。

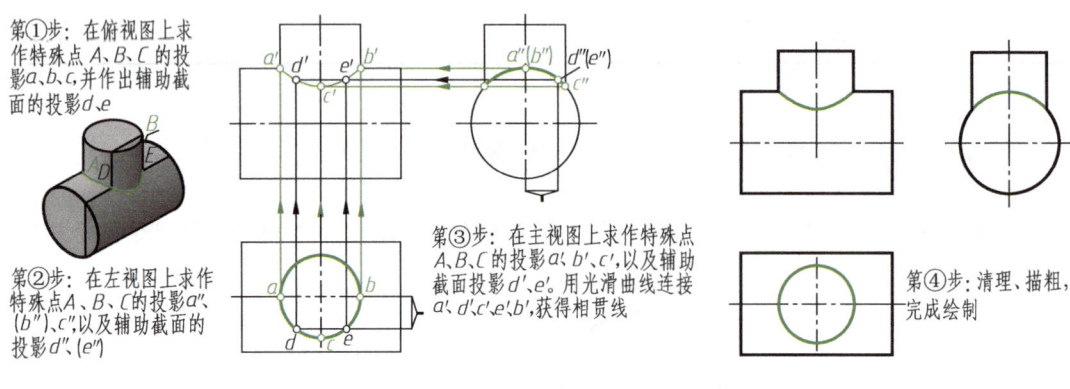

a) 相贯线形状　　　　b) 相贯线的投影作图步骤　　　　c) 两圆柱正交的相贯线的投影

图 3-59　相贯线的投影作图步骤与方法

（2）圆孔与圆柱外表面以及内孔相贯 如图 3-60a 所示，圆孔与圆柱外表面以及内孔相贯的相贯线作图，在完成相贯的最左、最右以及最低或最高（即最前或最后点）点的定位后使用曲线连接（图 3-60b），清理后完成作图，如图 3-60c 所示。

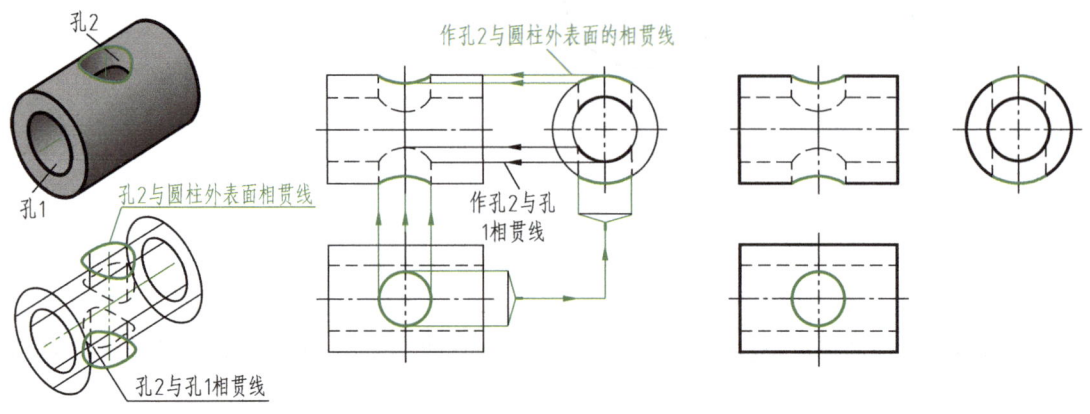

a) 相贯线的位置　　　　b) 相贯线作图　　　　c) 圆柱穿孔相贯线

图 3-60　圆孔与圆柱外表面以及内孔相贯

（3）圆柱相贯线的形状变化　圆柱相贯的位置不变，但两相贯体的直径发生变化时，则相贯线的形状也会发生变化，如图 3-61 所示。

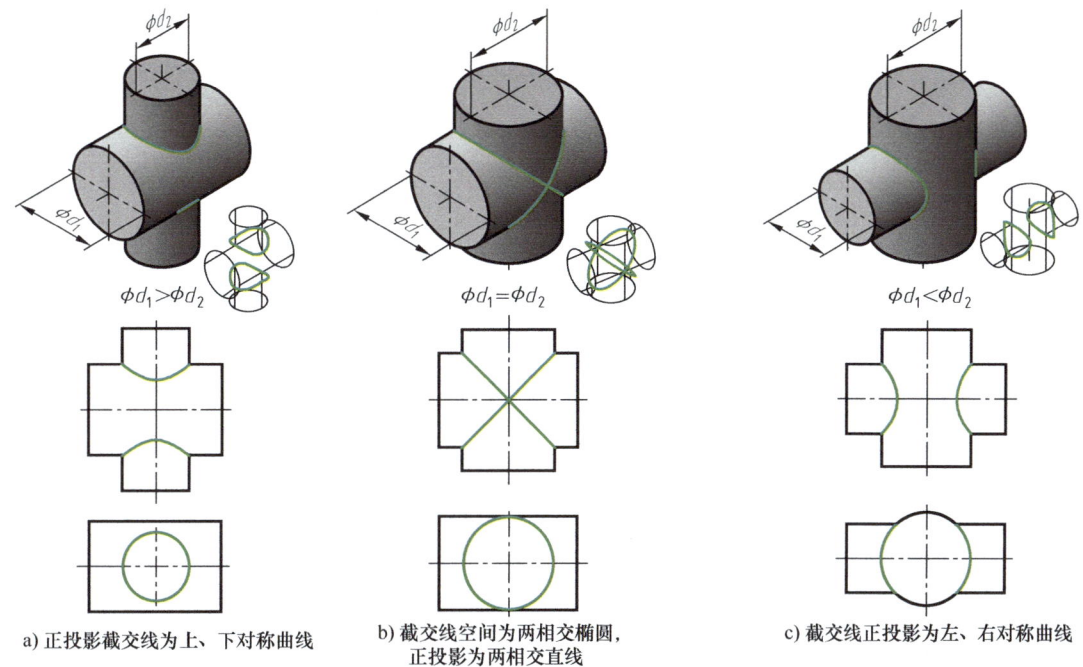

图 3-61　圆柱相贯线的形状变化

（4）相贯线的简化画法　工程上圆柱正交相贯（两相贯圆柱轴线垂直相交）的应用很多，为了提高绘图效率，国家标准规定允许采用圆弧来代替非圆曲线的简化画法，如图 3-62 所示。

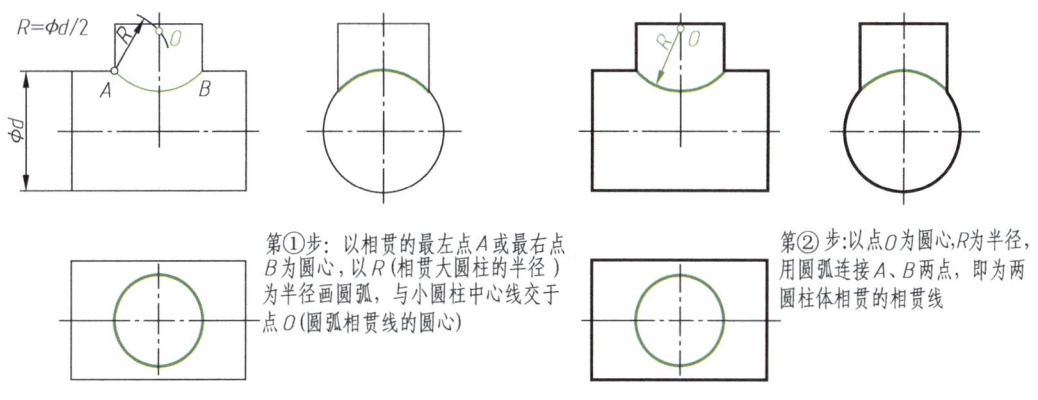

图 3-62　相贯线的简化画法

2. 圆柱与圆锥正交相贯

圆柱与圆锥正交相贯的相贯线作图步骤与方法如图 3-63 所示。

三、相贯线的特殊情况

1. 相贯线为平面曲线

（1）圆柱与圆球相贯　圆柱与圆球相贯的相贯线是两个等直径的且相互平行的圆构成的平面曲线。在位置特征视图上的投影积聚为两条相互平行的直线，如图 3-64 所示。

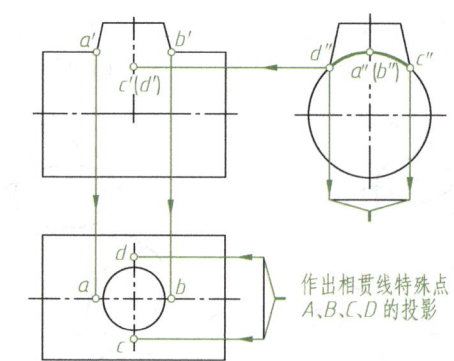

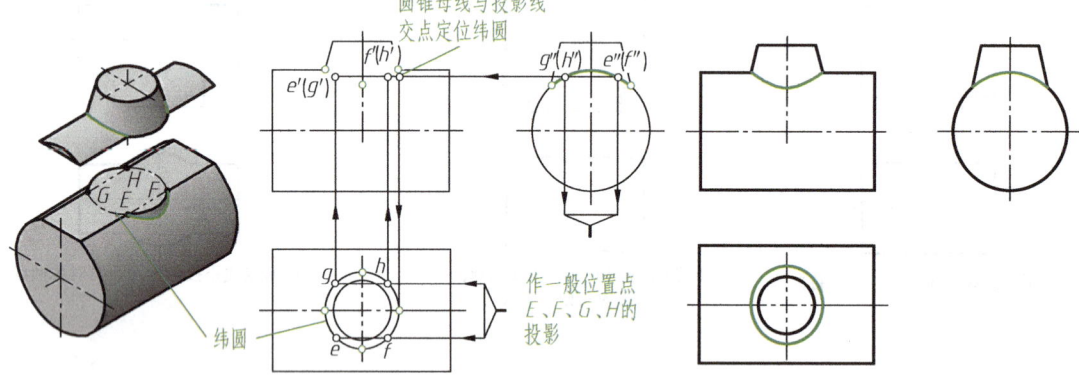

图 3-63　圆柱与圆锥正交相贯的相贯线作图步骤与方法

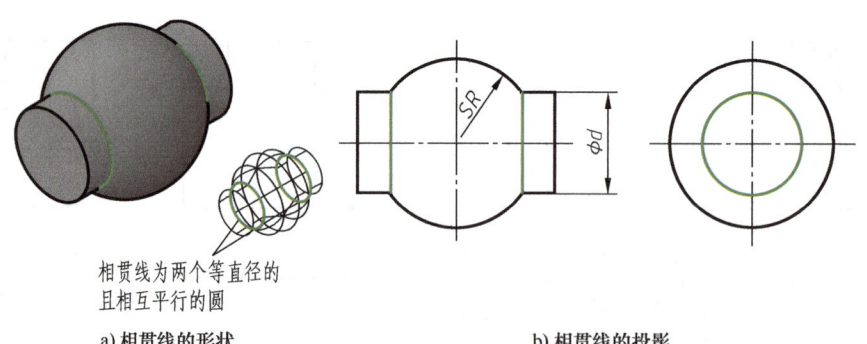

图 3-64　圆柱与圆球相贯的相贯线

（2）圆锥与圆球相贯　圆锥与圆球相贯的相贯线为两个不等直径且相互平行的圆构成的平面曲线。在位置特征视图上的投影积聚为两条相互平行的直线，如图 3-65 所示。

2. 圆柱、圆锥相交相贯

（1）两等直径相交圆柱的相贯线（图 3-66）。

（2）圆柱与圆锥相交的相贯线（图 3-67）。

3. 相贯线为直线

（1）两圆柱平行相贯　两圆柱平行相贯（轴线相互平行）的相贯线为两条平行直线，如图 3-68a 所示。

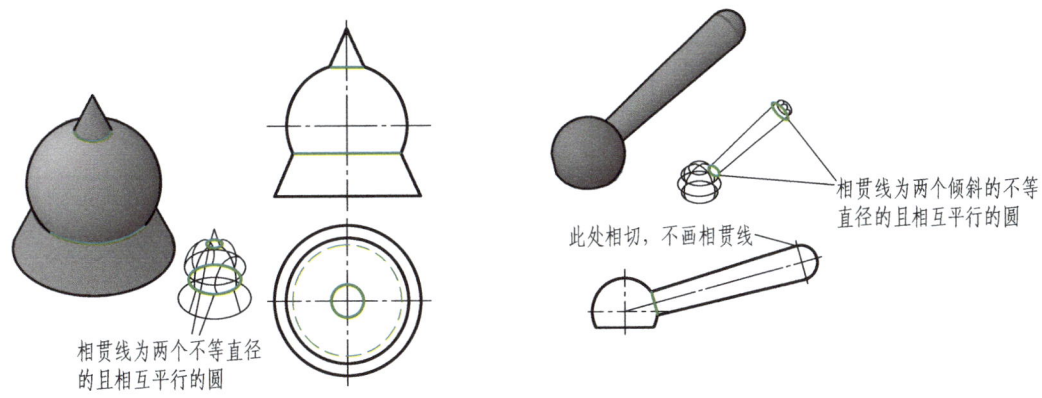

a) 圆锥与圆球相贯的相贯线　　　　　　　　b) 球头手柄的相贯线

图 3-65　圆锥与圆球相贯的相贯线

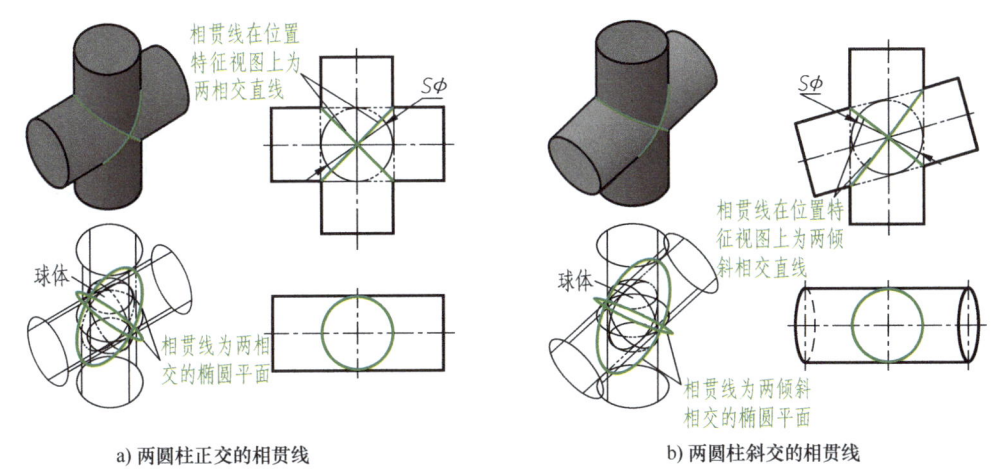

a) 两圆柱正交的相贯线　　　　　　　　b) 两圆柱斜交的相贯线

图 3-66　两等直径相交圆柱的相贯线

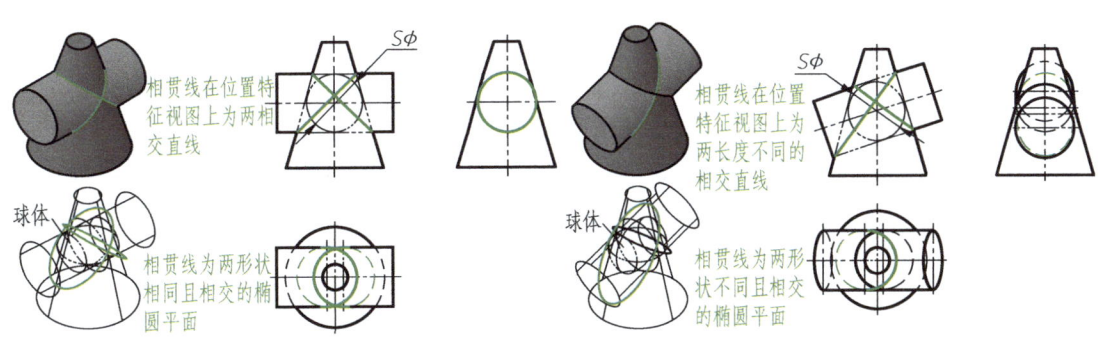

a) 圆柱与圆锥正交的相贯线　　　　　　　　b) 圆柱与圆锥斜交的相贯线

图 3-67　圆柱与圆锥相交的相贯线

（2）两圆锥相交共顶相贯　两圆锥相交（轴线相交）共顶相贯的相贯线为两条相交直线，如图 3-68b 所示。

4. 四棱柱与圆柱相贯

四棱柱与圆柱的相贯线在俯视图上的投影是一个类似矩形，在左视图上的投影积聚成了一段圆弧，如图 3-69 所示。

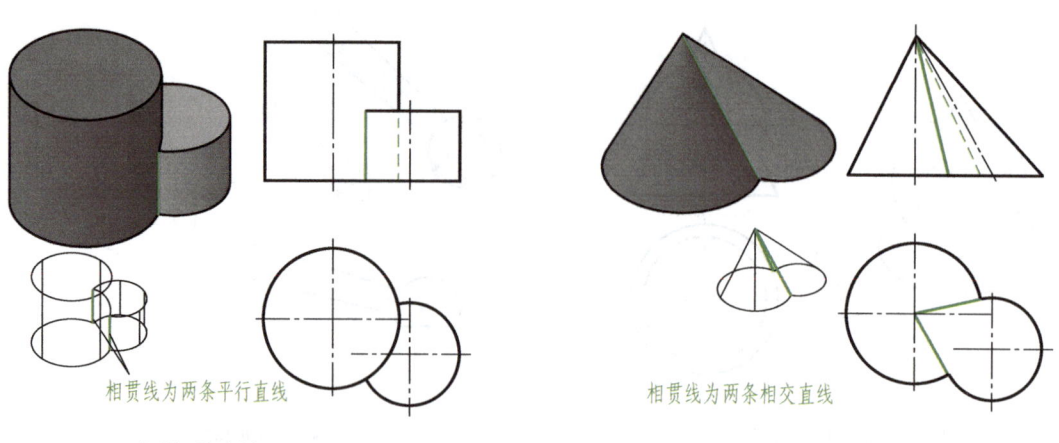

a) 两圆柱平行相贯　　　　　　　　b) 两圆锥相交共顶相贯

图 3-68　相贯线为直线

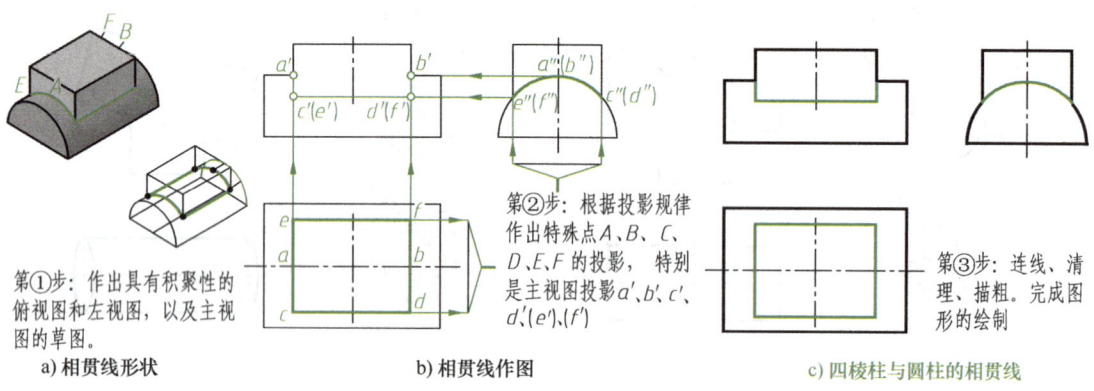

a) 相贯线形状　　　b) 相贯线作图　　　c) 四棱柱与圆柱的相贯线

图 3-69　四棱柱与圆柱相贯的相贯线

3.6.3　交流学习

一、团队讨论

机械识图与制造业发展紧密相关，工业机器人、数控机床及高速铁路等都需要用到机械识图相关的知识和技能。

请大家讨论：在学校中应该怎么样做，才能够将机械识图的知识更好地融入学习、生活中？

二、学习成果交流

1）请描述相贯线的投影作图与识读学习的过程，并展示学习成果。

2）在交流学习的过程中，发现、分析、解决了哪些问题？

三、交流学习记录表（表 3-16）

表 3-16　交流学习记录表

知识点	要求	学习问题记录	解决措施与效果
相贯线与相贯位置	1. 相贯线的结构种类的认识是否清楚 2. 相贯位置类型的认识是否清楚		
圆柱相贯	1. 圆柱正交相贯的相贯线的作图步骤与方法是否准确 2. 相贯线的简化画法是否准确		

知识点	要求	学习问题记录	解决措施与效果
圆柱与圆锥相贯	圆柱与圆锥相贯线的作图步骤与方法是否准确		
相贯线的特殊情况	其他相贯形式与相贯线的形状的理解是否准确		
经验积累与存在问题			
经验积累		存在问题	
签审	（评价委员会意见）		年　月　日
	（指导教师意见）		年　月　日

3.6.4 巩固练习

1）如图 3-70 所示，根据已知相贯体的俯视图和左视图，补画主视图。

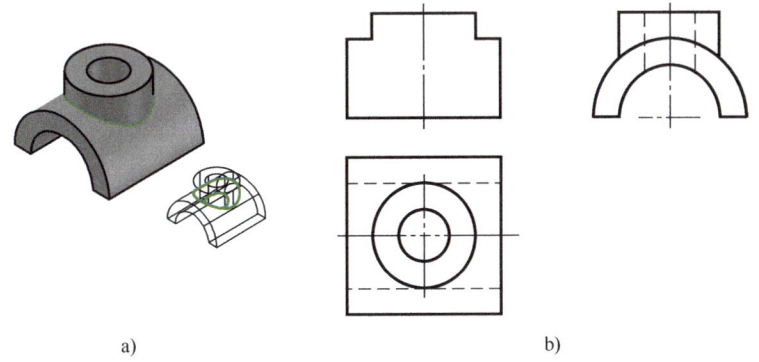

图 3-70　补画主视图（一）

2）如图 3-71 所示，根据已知相贯体的俯视图和左视图，补画主视图。

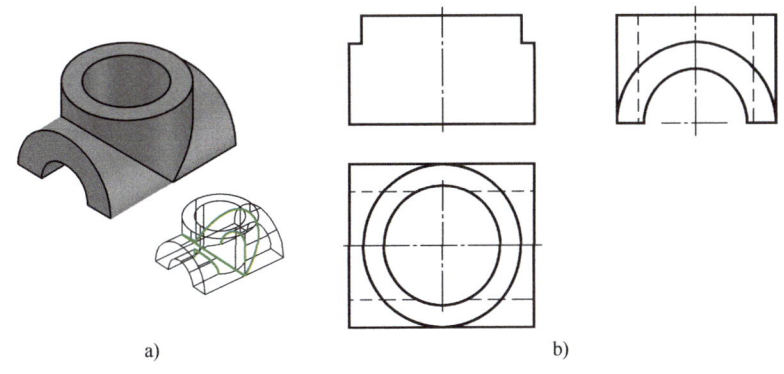

图 3-71　补画主视图（二）

3.6.5 考核评价

1. 学习效能评价

团队与个人进行学习效能评价，并完成表 3-17 的填写。

表 3-17 相贯线的投影作图与识读的学习效能评价表

序号	项目	内容	程度	差评原因
1	知识学习	能理解和应用圆柱正交相贯的相贯线结构形状分析与作图方法	□优 □良 □中 □差	
2		能理解和应用圆柱穿孔的相贯线结构形状分析与作图方法	□优 □良 □中 □差	
3		能理解和应用圆柱、圆球正交相贯的相贯线结构形状分析与作图方法	□优 □良 □中 □差	
4		能理解和应用其他相贯形式的相贯线结构形状分析	□优 □良 □中 □差	
5	技能学习	能正确绘制与识读圆柱正交相贯的相贯线	□优 □良 □中 □差	
6		能正绘制与识读圆柱穿孔的相贯线	□优 □良 □中 □差	
7		能正确绘制与识读圆柱、圆锥正交相贯的相贯线	□优 □良 □中 □差	
签审		（评价委员会意见）		年　月　日
		（指导教师意见）		年　月　日

2. 综合能力评价

团队内部与团队之间进行综合评价，并完成附录综合能力评价表的填写。

3.6.6 拓展任务

如图 3-72、图 3-73 所示，补画主视图。

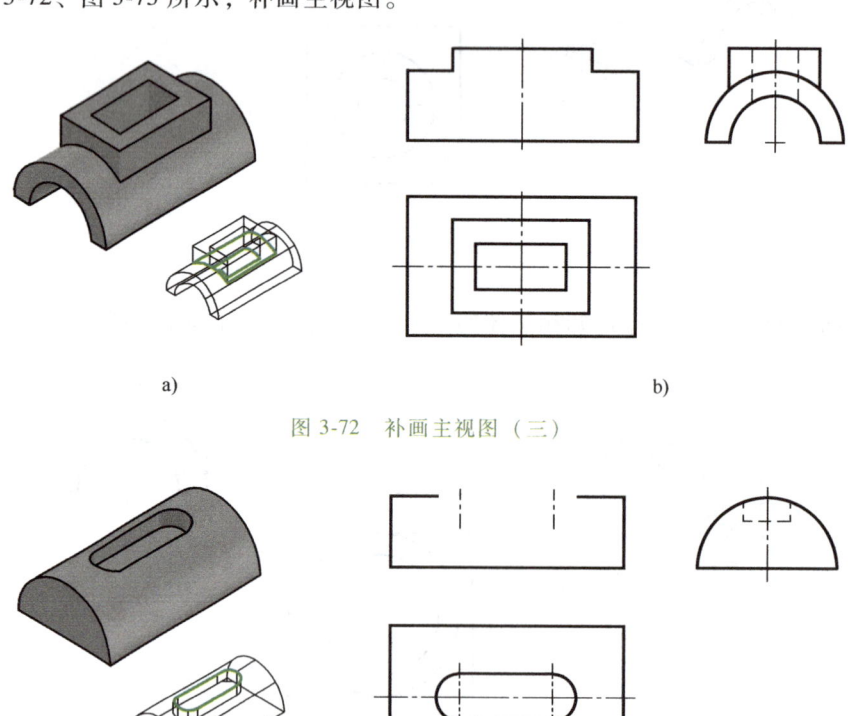

a)　　　　　　　　　　　　　　b)

图 3-72　补画主视图（三）

a)　　　　　　　　　　　　　　b)

图 3-73　补画主视图（四）

单元4 轴测图

工程中的制图就是使用视图技术来完整、准确表达机件的形状、位置及大小，虽然作图简便，但缺乏立体感。为了更直观、准确、方便地表达机件的外部形状、内部结构、各组成部分的位置以及工作原理，则需要使用轴测图技术在一个投影图中同时反映机件的三维结构及工作原理。轴测图的绘制也是将平面视图识读成直观、立体的三维结构的必须技术。

本单元通过正等轴测图、斜二等轴测图的学习，帮助掌握轴测图的基本原理、绘制方法以及识读技巧。学生应具体学习目标如下：

1）能理解轴测图的基本原理，能够区分不同类型的轴测图并理解它们各自的特点和适用场景。

2）能够熟练掌握正等轴测图和斜二等轴测图的绘制步骤和方法。

3）能够通过观察和分析轴测图，准确理解其所表达的物体形状和空间结构。

4）能够结合实际需求，选择合适的轴测图类型和比例，以提高设计和制造的效率和质量。

一、轴测图的形成与分类

1. 轴测图的形成

轴测图是将空间物体连同其坐标系，用平行投影法沿不平行于任意坐标面的方向，在单一投影面上得到的具有立体感（空间感）的投影图形，也称为轴测投影图，如图4-1所示。

2. 轴测图的结构

1）轴测轴：物体坐标系的坐标轴 O_0X_0、O_0Y_0、O_0Z_0 在轴测投影面上的投影 OX、OY、OZ，称为轴测轴。若轴测投影面的位置发生变化，则轴测轴的位置与方向也随之发生变化。

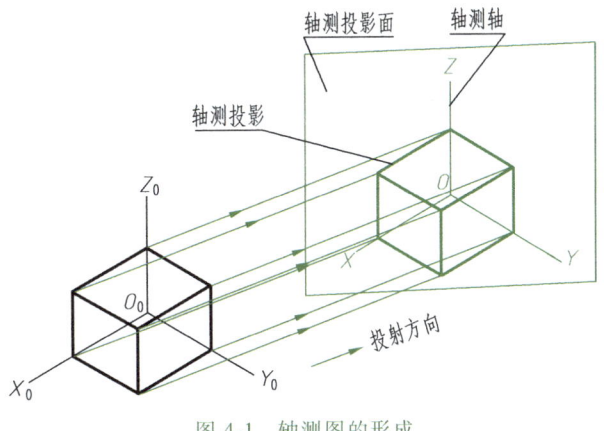

图4-1 轴测图的形成

2）轴间角：轴测轴之间的夹角，称为轴间角，如 $\angle XOY$、$\angle YOZ$、$\angle XOZ$。若轴测投影面的位置发生变化，则轴间角的大小也会发生变化。

3）原点：三根轴测轴的交点即轴测坐标系的坐标原点 O。

4）轴向伸缩系数：轴测轴的单位长度与相应直角坐标轴的长度的比值称为轴向伸缩系数。OX 轴、OY 轴、OZ 轴三个方向的伸缩系数分别用 p、q 及 r 来表示。

3. 轴测图的分类

根据投射方向与轴测投影面的相对位置的不同，轴测图分为了正轴测图和斜轴测图。

1）正轴测图：投射方向与轴测投影面垂直所得轴测图，称为正轴测图。

2）斜轴测图：投射方向与轴测投影面倾斜所得轴测图，称为斜轴测图。

正轴测图与斜轴测图由于投射方向与轴测投影面的位置方向不同，其轴向伸缩系数也不同。制图、识图中经常使用的是正等轴测图和斜二等轴测图两种，两者的区别见表 4-1。

表 4-1 常用轴测图的分类

类型	轴间角	伸缩系数		轴测坐标系演化	图例
		实际轴向伸缩系数	简化的轴向伸缩系数		
正等轴测图	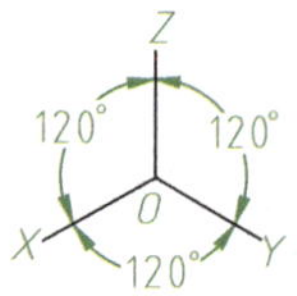 120°、120°、120°	$p_1 = q_1 = r_1 = 0.82$	$p = q = r = 1$	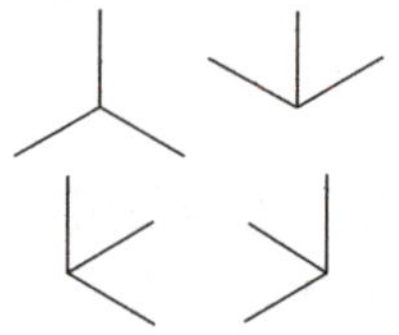	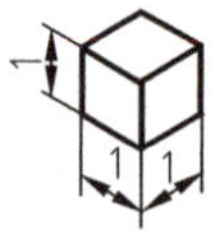
斜二等轴测图	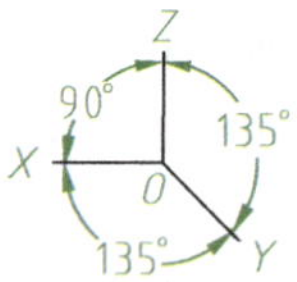 90°、135°、135°	$p_1 = r_1 = 1$ $q_1 = 0.5$	$p = r = 1$ $q = 0.5$	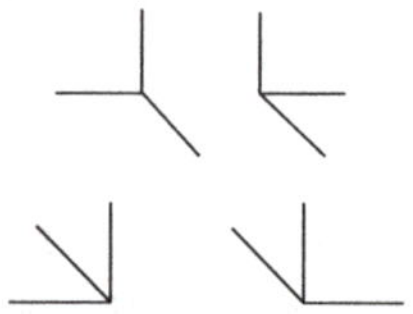	

二、轴测投影的基本性质

（1）平行性　物体上相互平行的线段，轴测投影仍然相互平行。平行于坐标轴的线段，轴测投影仍然平行于坐标轴，且同一轴向的线段的轴向伸缩系数相同。

（2）度量性　凡是物体上与轴测轴平行的线段的尺寸，可在轴测轴上的长度等于沿该轴的轴向伸缩系数与该线段的长度的乘积。所谓"轴测"就是沿轴向才能直接量取的意思。对于物体上不平行轴测轴的线段，可在确定与轴测轴平行的线段长度之后再确定。

（3）类似性　物体上不平行于轴测投影面的平面图形，其轴测投影是原形的类似形。如正方形的轴测投影是菱形，圆的轴测投影是椭圆。

4.1 正等轴测图

4.1.1 学习描述

通过正等轴测图的轴间角和轴向伸缩系数、正等轴测图的绘制与识读等知识与技能的学习，学生应达成如下学习目标：

1）能理解和应用正等轴测图的轴间角和轴向伸缩系数。

2）能理解和应用正等轴测图的绘制步骤与方法。

3）能正确绘制与识读常用基本几何体和简单组合体的正等轴测图。

4.1.2 基础知识

一、正等轴测图轴间角与轴向伸缩系数

（1）正等轴测图　当物体上三个坐标轴与轴测投影面的倾角均相等时，用正投影法得到的投影称为正等轴测图，简称正等测，如图 4-2a 所示。

（2）正等测的轴间角和轴向伸缩系数（图 4-2b）

二、正等轴测图的画法

1. 常用正等轴测图的画法

（1）常用的正等轴测图的画法　包括坐标法和切割法两种。

1）坐标法：先沿坐标轴方向确定各顶点（交点）的轴测投影，然后连接各点形成物体

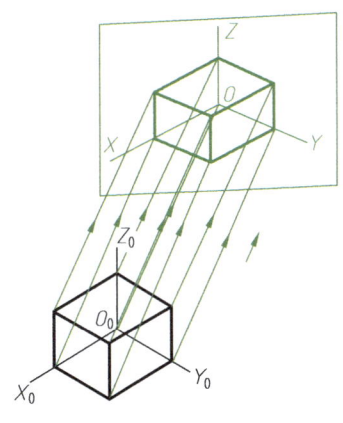
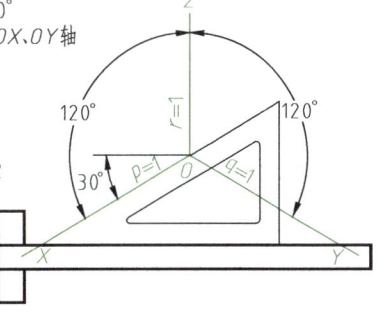

a) 正等测的投影原理　　　　　　　　　　　b) 正等测的轴间角和轴向伸缩系数

图 4-2　正等测的投影原理及轴间角和轴向伸缩系数

的轴测图。主要用于基本体轴测图绘制和结构定位。

2）切割法：用于切割体，在用坐标法画出基本体的基础上，按切割顺序完成轴测图的绘制。

（2）正等轴测图的绘制与识读步骤

1）选择轴测图的类型——正等测。

2）根据物体的形状及位置特征定位轴测坐标系。

3）根据物体的形状及位置特征选择正等轴测图的绘制方法——坐标法或切割法。

4）按要求绘制和识读轴测图。

2. 基本几何体的正等轴测图绘制

（1）正六棱柱正等轴测图绘制　　将正六棱柱轴测坐标系定位于顶面，其中心点为坐标原点，使 OZ 轴与六棱柱的轴线重合。如图 4-3a 所示。绘图步骤与方法如图 4-3b、c 所示。

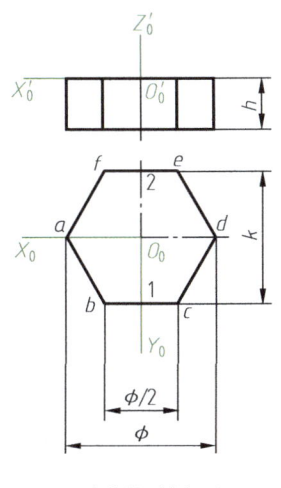
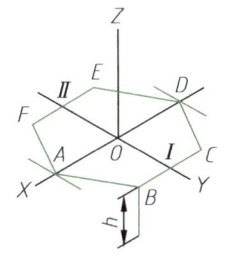
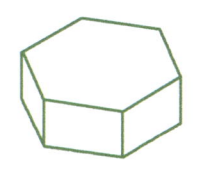

第①步：定位轴测坐标系
第②步：量取尺寸φ定位点 A、D，量取尺寸 k 对称定位点 I、II
第③步：量取尺寸φ/2过点 I、II 对称定位 A、D，量取尺寸 k 对称定位点 B、C 和点 E、F
第④步：直线连接点 A、B、C、D、E、F，获得顶面的轴测图
第⑤步：量取高度尺寸 h，过点 A、B、C、F 点依次绘制棱线
第⑥步：依次连接棱线底面各点，清理、描粗，获得六棱柱的轴测图

a) 定位轴测坐标系　　c) 正六棱柱的正等轴测图

图 4-3　正六棱柱正等轴测图绘制

（2）圆柱正等轴测图绘制　　将圆柱轴测坐标系定位于顶面，其圆心点为坐标原点，使 OZ 轴与圆柱的轴线重合，圆与坐标轴分别相交于 a、b、c、d（象限点），如图 4-4a 所示。绘图步骤与方法如图 4-4b、c 所示。

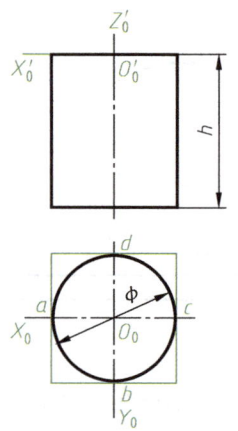
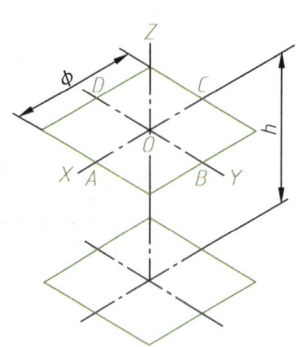
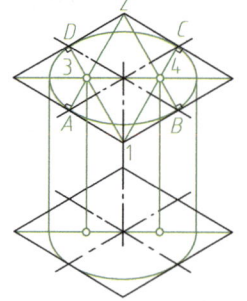
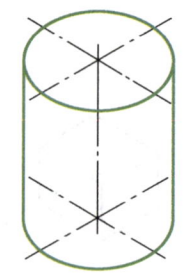

第①步：定位轴测坐标系

第②步：量取尺寸 ϕ 定位四个象限点 A、B、C、D，量取尺寸 h 定位底面位置

第③步：过菱形顶点1、2连接 1C、1D 和 2A、2B，获交点 3、4，分别以1、2为圆心 1C 为半径作圆弧 AB、CD，过 3、4点作圆弧 AD、BC，获得顶面正等轴测图(椭圆)。沿 Z 轴方向向下移动 3、4点 h 距离，作出底面正等轴测图

第④步：作顶面、底面公切线，清理、描粗，完成圆柱正等轴测图绘制

a) 定位轴测坐标系　　b) 绘制圆柱正等轴测图　　c) 圆柱的正等轴测图

图 4-4　圆柱正等轴测图绘制

不同方向圆柱正等轴测图绘制时，应注意其轴线与轴测坐标系中坐标轴的位置和方向的变化，如图 4-5 所示。

（3）切槽圆柱正等测图绘制　轴测坐标系定位于圆柱左端面，坐标原点为左侧圆心点，OX 轴与轴线重合，如图 4-6a 所示。其作图操作如图 4-6b~d 所示。

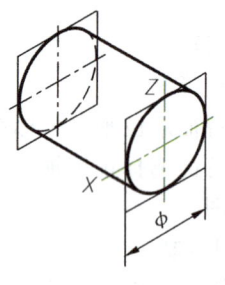
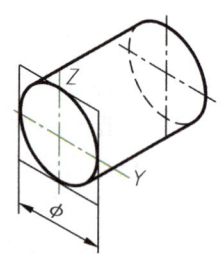

图 4-5　不同方向圆柱正等轴测图

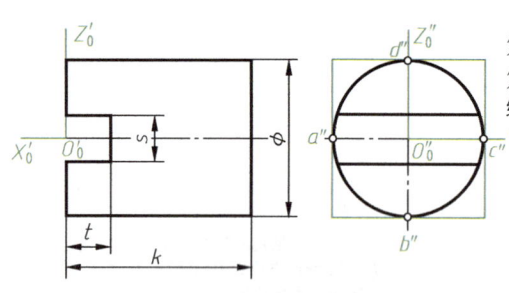

第①步：定位轴测坐标系

第②步：量取尺寸 ϕ 和 k 绘制圆柱正等轴测图

a) 定位轴测坐标系　　　　　　　　　　　　　　b) 绘制圆柱正等轴测图

第③步：将点 O 沿 X 轴方向移动尺寸 t，定位槽底轴测圆弧位置(槽深)

第④步：量取尺寸 s，确定槽宽后，绘制平行于 Y 轴的平行线(槽宽线)和平行于 X 轴的平行线(槽深线)，绘制槽口部分正等轴测图

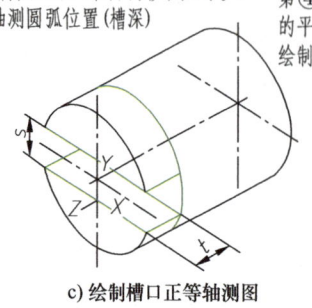
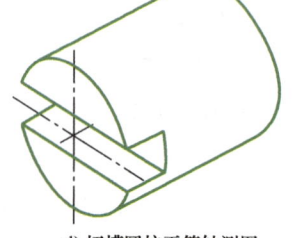

第⑤步：清理、描粗完成切槽圆柱正等轴测图绘制

c) 绘制槽口正等轴测图　　　　　　　　d) 切槽圆柱正等轴测图

图 4-6　切槽圆柱正等轴测图绘制

（4）切割法楔块正等轴测图绘制　图4-7a所示的楔块是经过三次切割后形成的，宜采用切割法绘制轴测图。轴测坐标系定位于底面，右后底角为坐标原点，轴测坐标轴如图4-7b所示。其正等轴测图作图步骤与方法如图4-7b~e所示。

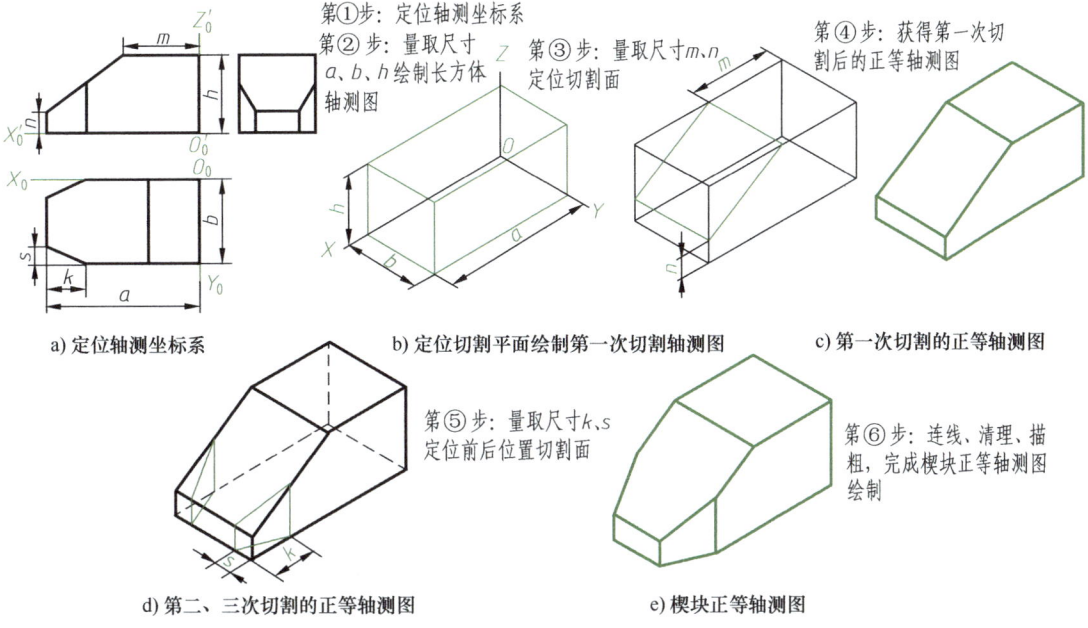

图4-7　切割法楔块正等轴测图绘制

4.1.3　交流学习

一、团队讨论

轴测图是一种单面投影图，它能同时反映立体的正面、侧面和水平面的形状，因而立体感较强。

请大家思考：正等轴测图的正确使用方法是什么？

二、学习成果交流

1）请描述正等轴测图作图与识读学习的过程，并展示学习成果。

2）在交流学习的过程中，发现、分析、解决了哪些问题？

三、交流学习记录表（表4-2）

表4-2　交流学习记录表

知识点	要求	学习问题记录	解决措施与效果
轴测图类型与轴测坐标系	1. 对轴测图的类型、特点及应用的理解是否准确 2. 对轴测坐标系的类型与轴测投影的基本性质的理解是否准确		
正等轴测图绘制步骤与方法	1. 坐标法绘制基本几何体轴测图的步骤与方法是否准确 2. 切割法绘制基本几何体的正等轴测图的步骤与方法是否准确		
圆柱正等轴测图绘制	圆柱正等轴测图绘制的步骤与方法是否准确		

（续）

知识点	要求	学习问题记录	解决措施与效果
经验积累与存在问题			
经验积累		存在问题	
签审	（评价委员会意见）		年　月　日
	（指导教师意见）		年　月　日

4.1.4 巩固练习

一、圆弧正等轴测图练习

1. 支承板轴测图作图与识读

轴测坐标系定位于支承板前板面，以圆孔的圆心为坐标原点，如图 4-8a 所示。其作图的步骤与方法如图 4-8b~e 所示。

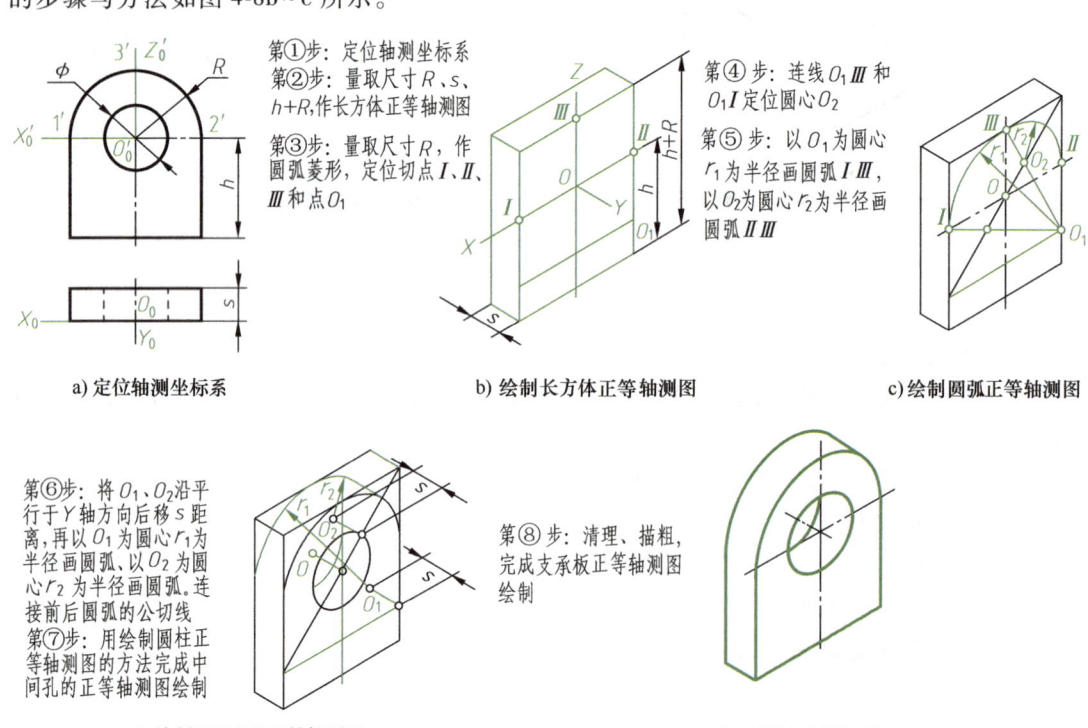

a) 定位轴测坐标系　　b) 绘制长方体正等轴测图　　c) 绘制圆弧正等轴测图

d) 绘制圆及孔的正等轴测图　　e) 支承板的正等轴测图

图 4-8　支承板正等轴测图绘制

2. 平板圆角正等轴测图作图与识读

平行于坐标面的圆弧是圆的一部分，如图 4-9a 所示为常见的 1/4 圆周的圆角，其正等轴测图恰好是近似椭圆的四段圆中的一段。其正等轴测图作图步骤与方法如图 4-9b~e 所示。

二、正等轴测图绘制综合练习

绘制图 4-10a 所示的组合体支承座正等轴测图。其正等轴测图绘制过程如图 4-10b~f 所示。

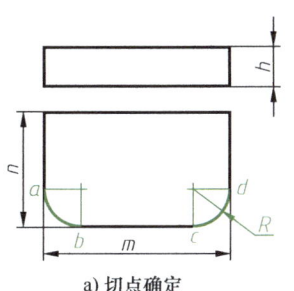
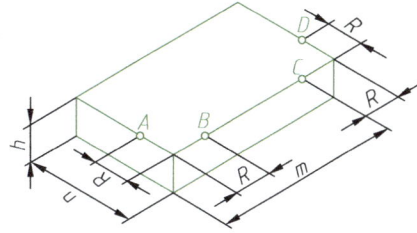

第①步：定位轴测坐标系
第②步：量取尺寸 m、n、h，作长方体正等轴测图
第③步：量取尺寸 R，在平板表面对应棱线上定位圆弧切点 A、B、C、D

a) 切点确定　　　　　　　　　　　　　b) 作长方体轴测图、定位切点

第④步：过切点 A、B、C、D 作对应棱线的垂线，各自交点 O_1、O_2 分别为倒圆的圆心

第⑤步：以 O_1 为圆心 O_1A 为半径画圆弧 AB，以 O_2 为圆心 O_2C 为半径画圆弧 CD

第⑥步：将 O_1、O_2 沿 Z 轴方向下移尺寸 h，分别作底面对应棱线相切圆弧，作右侧圆弧公切线

第⑦步：清理、描粗，完成平板圆角正等轴测图绘制

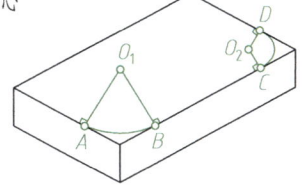
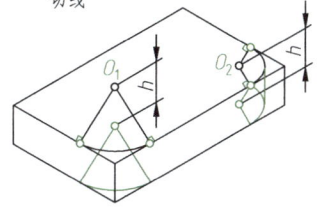
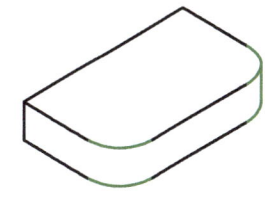

c) 绘制正等轴测图圆弧　　　d) 绘制圆角轴测图圆弧　　　e) 圆角的正等轴测图

图 4-9　平板圆角正等轴测图绘制

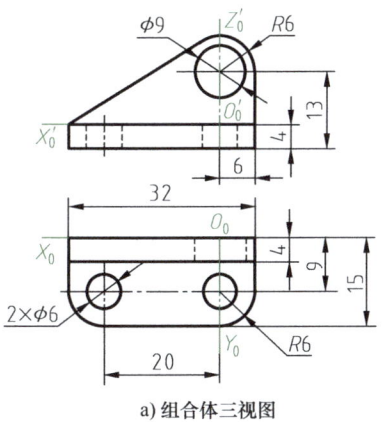
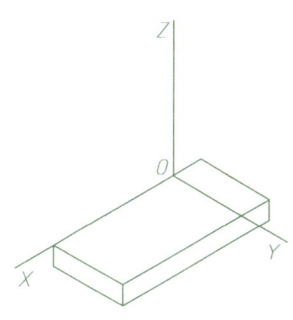
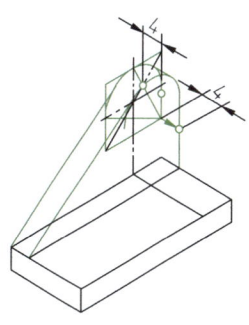

a) 组合体三视图　　　　　b) 绘制底板正等轴测图　　　c) 绘制背板正等轴测图

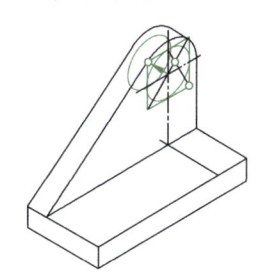
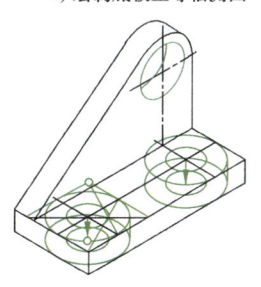
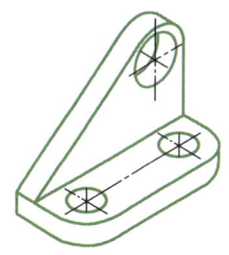

d) 绘制背板通孔正等轴测图　e) 绘制底板圆角和通孔正等轴测图　f) 组合体支承座正等轴测图

图 4-10　组合体支承座正等轴测图

4.1.5　考核评价

1. 学习效能评价

团队与个人进行学习效能评价，并完成表 4-3 的填写。

表 4-3　正等轴测图作图与识读的学习效能评价表

序号	项目	内容	程度	差评原因
1	知识学习	能理解和应用轴测图的种类、特点	□优 □良 □中 □差	
2		能理解和应用轴测坐标系的构成、参数及特点	□优 □良 □中 □差	
3		能理解和应用坐标法绘制正等轴测图的步骤与方法	□优 □良 □中 □差	
4		能理解和应用切割法绘制正等轴测图的步骤与方法	□优 □良 □中 □差	
5		能理解和应用圆弧正等轴测图绘制的步骤与方法	□优 □良 □中 □差	
6	技能学习	能正确绘制与识读常用基本几何的正等轴测图	□优 □良 □中 □差	
7		能正确绘制与识读圆与圆弧的正等轴测图	□优 □良 □中 □差	
8		能正确绘制与识读组合体的正等轴测图	□优 □良 □中 □差	
签审		（评价委员会意见）		年　月　日
		（指导教师意见）		年　月　日

2. 综合能力评价

团队内部与团队之间进行综合评价，并完成附录综合能力评价表的填写。

4.1.6　拓展任务

1）使用坐标法绘制图 4-11 所示零件的正等轴测图。

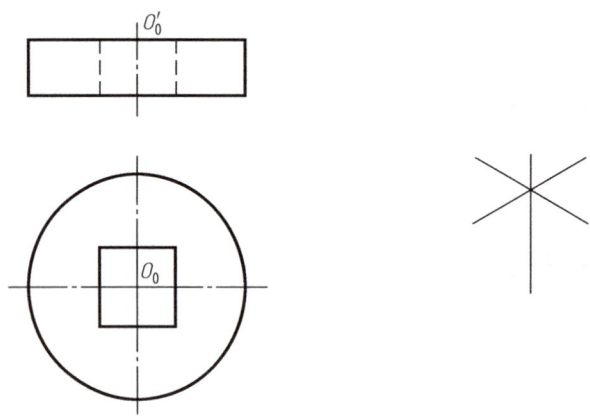

图 4-11　坐标法绘制零件的正等轴测图

2）使用切割法绘制图 4-12 所示零件的正等轴测图。

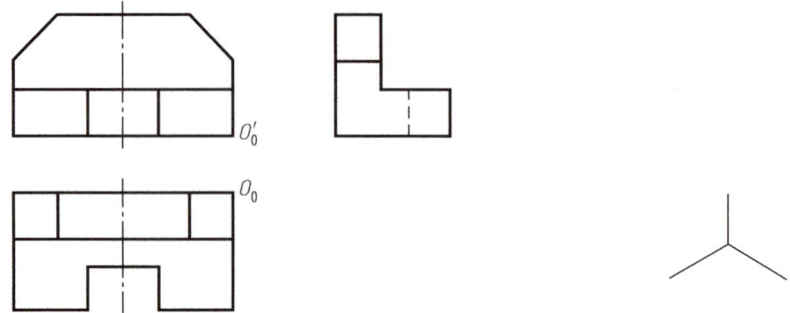

图 4-12　切割法绘制零件的正等轴测图

4.2 斜二等轴测图

4.2.1 学习描述

通过斜二等轴测图坐标系、斜二等轴测图的绘制与识读等知识与技能的学习，学生应达成如下学习目标：

1) 能理解和应用斜二等轴测坐标系的结构、参数。
2) 能理解和应用斜二等轴测图的绘制步骤与方法。
3) 能正确绘制与识读常用基本几何体和简单组合体的斜二等轴测图。

4.2.2 基础知识

一、斜二等轴测图轴间角与轴向伸缩系数

（1）斜二等轴测图　如图 4-13a 所示，将坐标轴 O_0Z_0 置于铅垂位置，并使坐标平面 $X_0O_0Z_0$ 平行于轴测投影面 V。用斜投影法将物体连同坐标系一起向 V 面投射，所获得轴测图称为斜二等轴测图，简称斜二测。

（2）斜二等轴测图的轴间角与轴向伸缩系数（图 4-13b）。

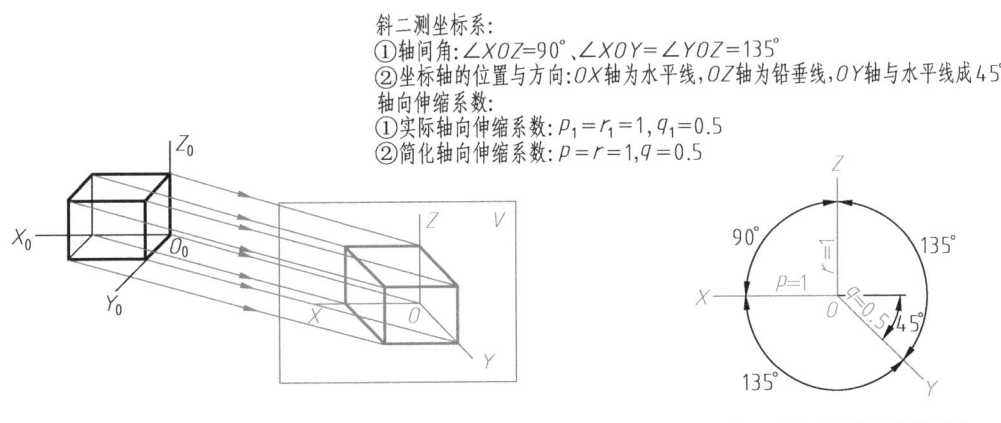

a) 斜二测的投影原理　　　　　　　b) 斜二测轴间角与轴向伸缩系数

图 4-13　斜二测的投影原理及轴间角与轴向伸缩系数

二、斜二等轴测图的画法

在斜二等轴测图绘制的过程中，由于物体上的坐标平面 $X_0O_0Z_0$ 平行于轴测投影面 V，该坐标平面上的直线和平面在斜二等轴测投影面上的投影反映实形。当物体上有较多圆或圆弧平行于 $X_0O_0Z_0$ 坐标平面时，圆和圆弧在斜二等轴测图上可以直接量取画出。

因此，在进行斜二等轴测图轴测坐标系的定位时，尽量将圆、圆弧较多的面置于轴测坐标系的 XOZ 坐标平面内，或与 XOZ 坐标平面平行的平面内。

（1）带圆孔的正六棱柱斜二等轴测图绘制　将轴测坐标系定位于带圆孔的正六棱柱的前端面，其孔中心为坐标原点，使 OY 轴与其轴线重合，如图 4-14a 所示。带圆孔的正六棱柱的斜二等轴测图绘制步骤与方法如图 4-14b~d 所示。

（2）圆台斜二等轴测图绘制　将轴测坐标系定位于圆台后端面，其底面圆心为坐标原点，使 OY 轴与圆台轴线重合，如图 4-15a 所示。圆台斜二等轴测图绘制的步骤与方法如图 4-15b~e 所示。

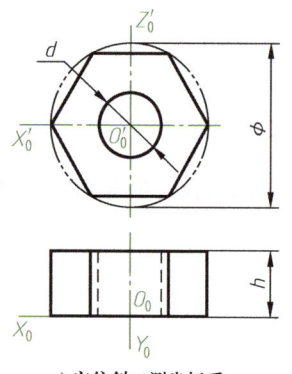
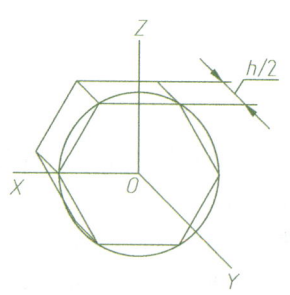

a) 定位斜二测坐标系

第①步：定位轴测坐标系

第②步：量取尺寸φ以O为圆心画圆，作内接正六边形

第③步：量取尺寸$h/2$，沿平行于OY轴方向后移作棱长，定位六边形后端面位置，对应分别平行作各底面边和各棱边，完成六棱柱斜二等轴测图的绘制

b) 作正六棱柱斜二等轴测图

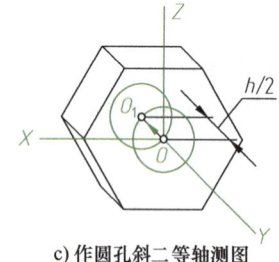
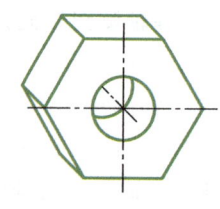

c) 作圆孔斜二等轴测图

第④步：量取圆孔直径尺寸d，以O为圆心画出圆孔

第⑤步：量取尺寸$h/2$，沿平行于OY轴方向后移圆心O至O_1，定位后端面孔径圆位置，作出后端面孔径圆，完成孔斜二等轴测图的绘制

第⑥步：清理、描粗，完成带孔六棱柱斜二等轴测图的绘制

d) 带圆孔的正六棱柱的斜二等轴测图

图4-14 带圆孔的正六棱柱斜二等轴测图绘制

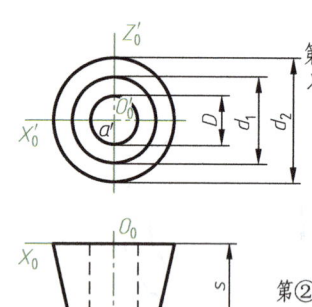
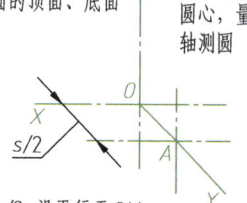

a) 定位斜二等轴测坐标系

第①步：定位坐标系，使坐标面XOZ平行于有圆的顶面、底面

第②步：量取尺寸$s/2$，沿平行于OY轴方向前移，定位圆台前端面圆心位置A

b) 绘制圆台斜二等轴测坐标系

第③步：以O为圆心，量d_2为半径作圆台后端面轴测圆；以A为圆心，量d_1为半径作圆台前端面轴测圆

第④步：作d_2和d_1圆的左、右侧公切线，完成圆台斜二等轴测图的绘制

c) 绘制圆台斜二等轴测图

第⑤步：分别以O、A为圆心，量D以其为直径作通孔前后端轴测圆

d) 绘制通孔斜二等轴测图

第⑥步：清理、描粗，完成圆台斜二等轴测图的绘制

e) 锥套斜二等轴测图

图4-15 圆台斜二等轴测图绘制

4.2.3 交流学习

一、团队讨论

请大家思考：斜二等轴测图的正确使用方法是什么？

二、学习成果交流

1) 请描述斜二等轴测图作图与识读学习的过程，并展示学习成果。
2) 在交流学习的过程中，发现、分析、解决了哪些问题？

三、交流学习记录表（表4-4）

表4-4 交流学习记录表

知识点	要求	学习问题记录	解决措施与效果
斜二等轴测图轴测坐标系	对斜二等轴测图轴测坐标系的结构及参数的理解是否清晰		
斜二等轴测图绘制步骤与方法	斜二等轴测图绘制的步骤与方法是否准确		
经验积累与存在问题			
经验积累		存在问题	
签审	（评价委员会意见）		年　月　日
	（指导教师意见）		年　月　日

4.2.4 巩固练习

1）完成图4-16所示支承板的斜二等轴测图绘制。

2）完成图4-17所示衬套的斜二等轴测图绘制。

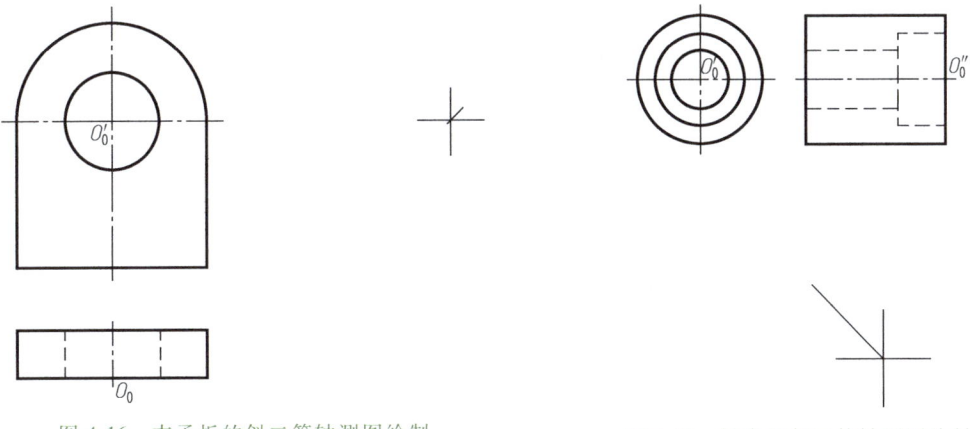

图4-16　支承板的斜二等轴测图绘制　　　　图4-17　衬套的斜二等轴测图绘制

4.2.5 考核评价

1. 学习效能评价

团队与个人进行学习效能评价，并完成表4-5的填写。

表4-5 斜二等轴测图作图与识读的学习效能评价表

序号	项目	内容	程度	差评原因
1	知识学习	能理解和应用斜二等轴测图轴测坐标系的结构、参数	□优 □良 □中 □差	
2		能理解和应用斜二等轴测图的绘制步骤与方法	□优 □良 □中 □差	
3	技能学习	能正确绘制与识读常用基本几何体的斜二等轴测图	□优 □良 □中 □差	
4		能正确绘制与识读组合体的斜二等轴测图		
签审		（评价委员会意见）		年　月　日
		（指导教师意见）		年　月　日

2. 综合能力评价

团队内部与团队之间进行综合评价，并完成附录综合能力评价表的填写。

4.2.6 拓展任务

1) 使用坐标法绘制图 4-18 所示零件的斜二等轴测图。

2) 使用切割法绘制图 4-19 所示零件的斜二等轴测图。

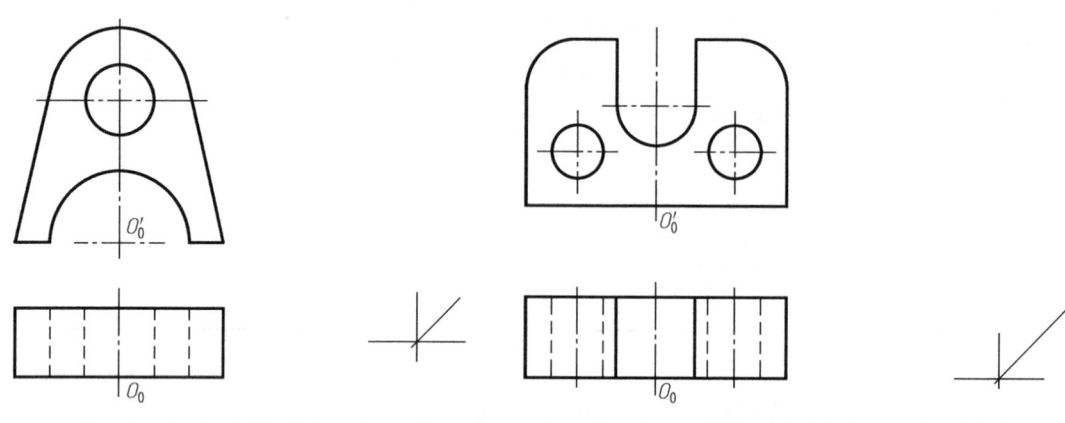

图 4-18　坐标法绘制零件的斜二等轴测图　　图 4-19　切割法绘制零件的斜二等轴测图

单元5　组合体视图

任何零件都是由一些基本几何体经过叠加、切割、穿孔、挖槽等方式组合而成的。这种由两个或两个以上的基本几何体组合而成的物体称为组合体。

本单元通过对组合体的组合形式、表面连接关系以及组合体视图的绘制与识读的学习，学生应达成如下学习目标：

1）能够识别并区分不同的组合形式，如叠加型、切割型、综合型等，并理解它们对组合体形状和结构的影响。

2）能够分析组合体表面的连接关系，为组合体视图绘制与识读打下基础。

3）能够根据组合体的形状和结构，正确绘制出三视图和其他必要视图，可充分表达组合体的外部形状和内部空间结构。

4）能够运用视图中的线条、符号和标注等信息，进行空间想象和构思，还原组合体的三维形状。

5）能够熟练掌握组合体视图的尺寸标注方法，包括确定标注位置、选择标注形式、标注尺寸数值等，确保图样的准确性和可读性。

5.1　认识组合体的组合形式与表面连接关系

5.1.1　学习描述

通过对组合体的结构形式与结构特点、组合体表面连接关系及其视图的画法等知识和技能的学习与应用，学生应达成如下学习目标：

1）能正确识读组合体的结构形式与结构特点。

2）能正确识读组合体连接表面之间的连接关系。

3）能正确绘制组合体视图。

5.1.2　基础知识

一、组合体的组合形式

组合体的组合形式包括叠加型、切割型和综合型。

（1）叠加型组合体　由若干不同或相同的基本几何体在指定位置、方向上叠加而成的组合体。图5-1a所示组合体是在一个正六棱柱上叠加一个圆柱构成的。

（2）切割型组合体　在一个完整的基本几何体上使用不同形状、不同位置和方向的若干切割面切割而成的组合体。图5-1b所示组合体是经过三次切割后形成的。

（3）综合型组合体　既有叠加又有切割的组合体。图5-1c所示组合体是由五个部分在不同位置组合、穿孔切割而形成的综合型组合体。

二、组合体表面连接关系与画法

组合体中基本几何体经过叠加、切割后，形体相邻表面之间可能形成共面、相切和相交等五种连接关系，如图5-2所示。

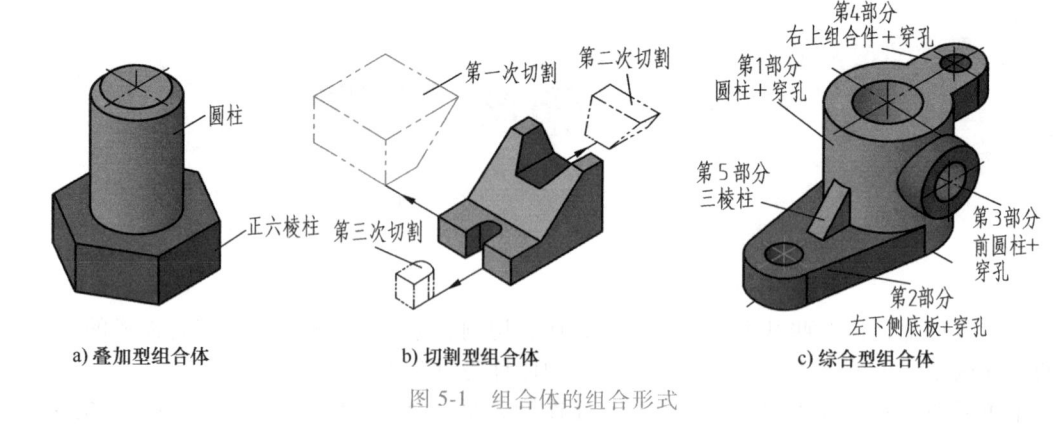

图 5-1 组合体的组合形式

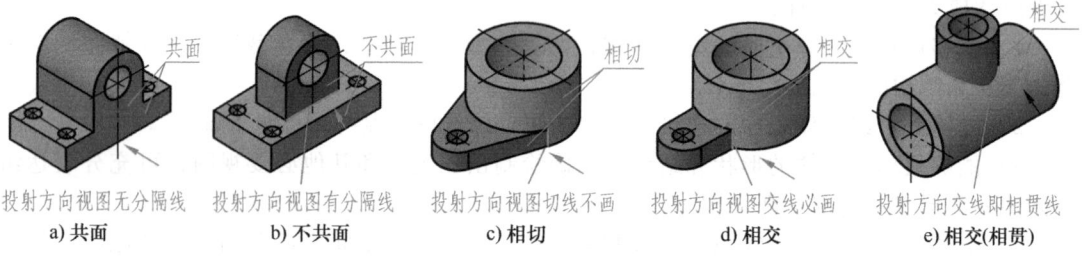

图 5-2 组合体相邻表面的连接关系

1. 共面与不共面的画法

当两个形体相邻表面共面时,共面处不应有相邻表面的分隔线。在投射方向的视图上不能画出分隔线,如图 5-3a 所示。

当两个形体相邻表面不共面时,两个形体间应有分隔线隔开,在投射方向的视图上必须画出分隔线,如图 5-3b 所示。

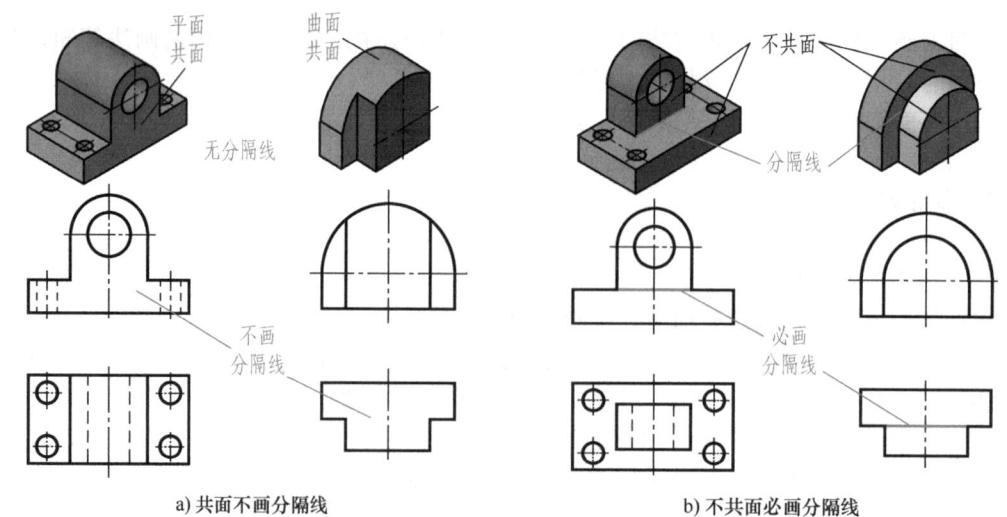

图 5-3 共面与不共面的画法

2. 相切与相交的画法

(1) 相切 当两个形体相邻表面相切时,因表面光滑过渡,切线的投影不必画出。但是与相切表面相关的轮廓线的相切截止位置由切点位置确定,如图 5-4 所示。

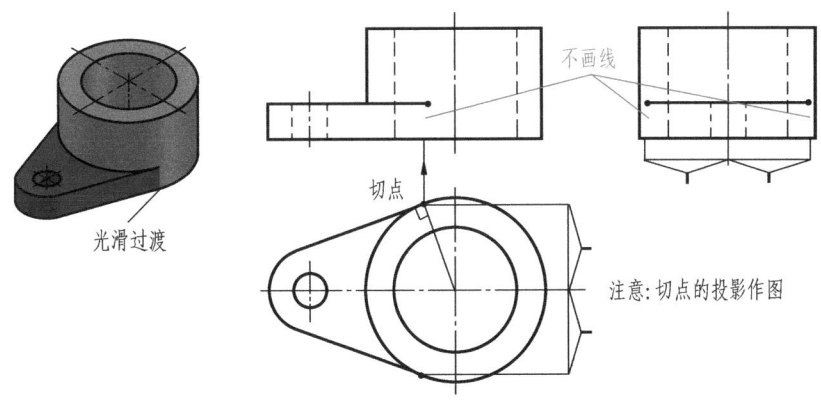

图 5-4 相切的画法

相切的其他情况如下：

1) 如图 5-5a 所示为圆柱与半球面相切，表面光滑过渡，因此切线投影不必画出。

2) 如图 5-5b 所示为两个圆柱面相切，当两个圆柱面的公共切平面垂直于投影面时（垂直切向投影），应该画出两个圆柱面的分界线（公切面的投影），而径向投影则不画分隔线。

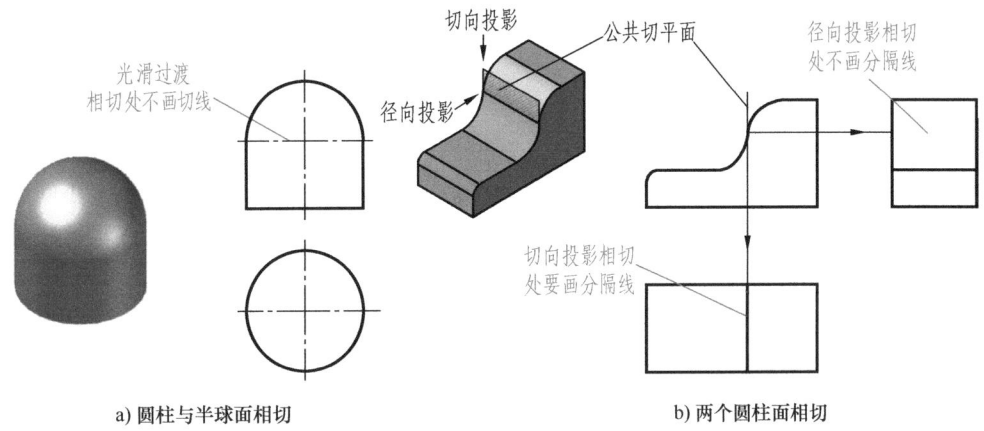

a) 圆柱与半球面相切   b) 两个圆柱面相切

图 5-5 相切的其他情况

（2）相交 当两个形体相交时，相邻表面产生交线。作图时，在相交处画出交线的投影线，如图 5-6 所示。

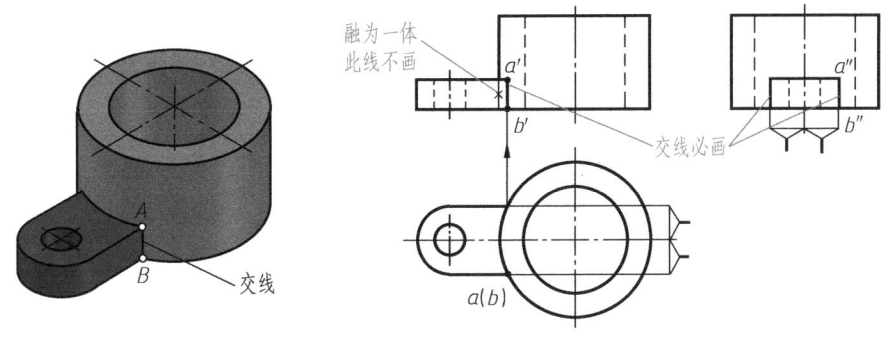

图 5-6 相交的画法

相交的其他情况如下：图 5-7 所示几何体的实际交线构成封闭曲线，其画法与前述相贯线绘制方法相同。注意不管是几何体相交还是穿孔，圆柱上相交处的轮廓线（图 5-7a）及穿孔被切除（图 5-7b）已不存在的轮廓线，绘图时不能画出。

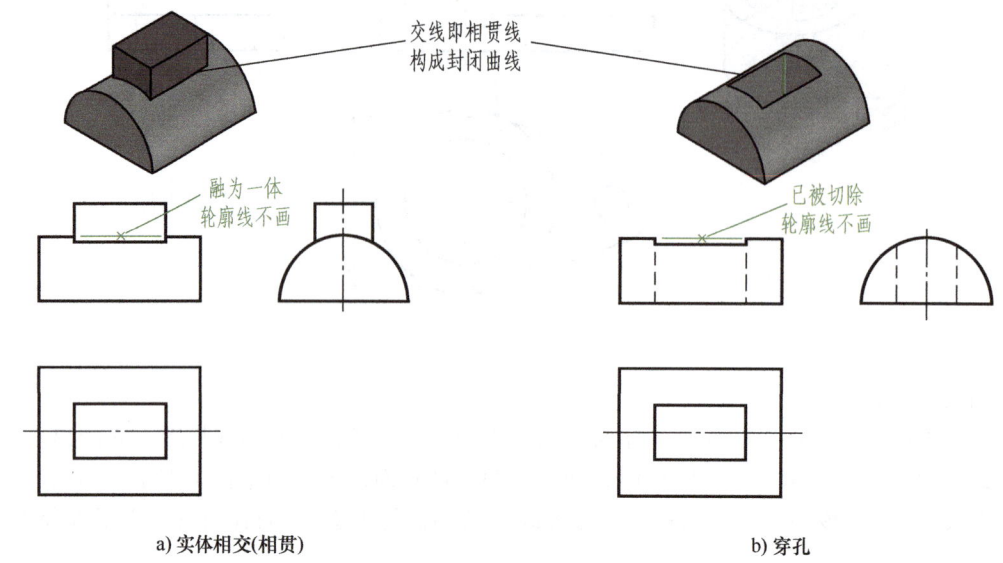

图 5-7　实体相交于穿孔

5.1.3　交流学习

一、团队讨论

就像组合体是由多个基本体组合而成的一样，复杂问题也可以被分解为多个小问题。请大家分享在学习和工作中面对复杂问题时，如何将大问题分解为小问题，并逐步解决的？

二、学习成果交流

1）请描述组合体的组合形式与表面连接学习的过程，并展示学习成果。
2）在交流学习的过程中，发现、分析、解决了哪些问题？

三、交流学习记录表（表 5-1）

表 5-1　交流学习记录表

知识点	要求	学习问题记录	解决措施与效果
组合体组合形式	1. 掌握叠加型组合体的结构特点 2. 掌握切割型组合体的结构特点 3. 掌握综合型组合体的结构特点		
组合体表面连接关系	1. 理解并掌握共面连接的结构特点与视图画法 2. 理解并掌握相切连接的结构特点与视图画法 3. 理解并掌握相交连接的结构特点与视图画法		
经验积累与存在问题			
经验积累		存在问题	
签审	（评价委员会意见）		年　月　日
	（指导教师意见）		年　月　日

5.1.4 巩固练习

1）如图 5-8 所示，回答组合体表面的连接形式，并补画交线。

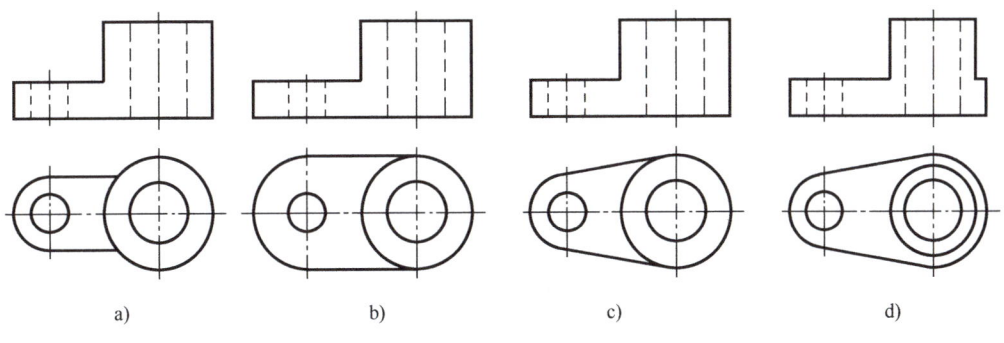

图 5-8　补画交线（一）

2）如图 5-9 所示，根据实体图回答问题，并补画组合体连接部分的交线。

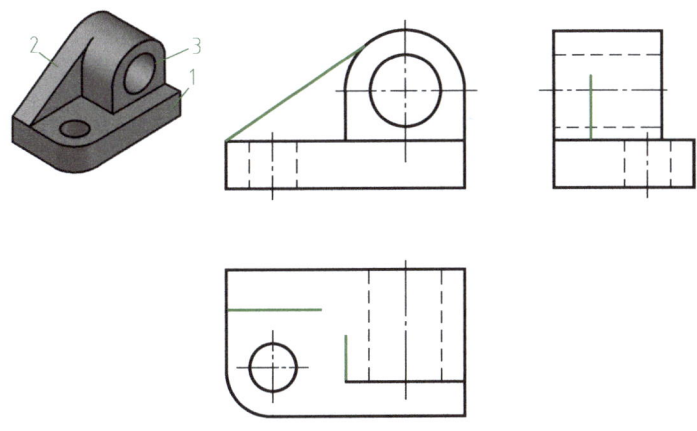

图 5-9　补画交线（二）

① 第 1 部分和第 2 部分_____。该两部分的后平面_____。

② 第 2 部分和第 3 部分_____。

③ 第 3 部分和第 1 部分_____。共面的是它们的_____。

 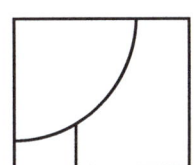 

3）如图 5-10 所示，根据实体图、主视图和俯视图，补画左视图。

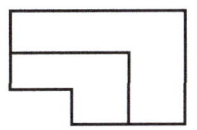

图 5-10　补画左视图

5.1.5 考核评价

1. 学习效能评价

团队与个人进行学习效能评价，并完成表 5-2 的填写。

表 5-2　组合体的组合形式与表面连接关系的学习效能评价表

序号	项目	内容	程度	差评原因
1	知识学习	能理解和应用组合体的组合形式与结构特点	□优 □良 □中 □差	
2		能理解和应用组合体表面的连接形式与作图方法	□优 □良 □中 □差	

（续）

序号	项目	内容	程度	差评原因
3	技能学习	能正确绘制组合体相切表面连接的交线投影	□优 □良 □中 □差	
4		能正确绘制组合体相交表面连接的交线投影	□优 □良 □中 □差	
5		能正确绘制组合体相贯表面连接的交线投影	□优 □良 □中 □差	
签审		（评价委员会意见）		年　月　日
		（指导教师意见）		年　月　日

2. 综合能力评价

团队内部与团队之间进行综合评价，并完成附录综合能力评价表的填写。

5.1.6　拓展任务

1）如图 5-11 所示，回答组合体表面的连接形式，并补画交线。

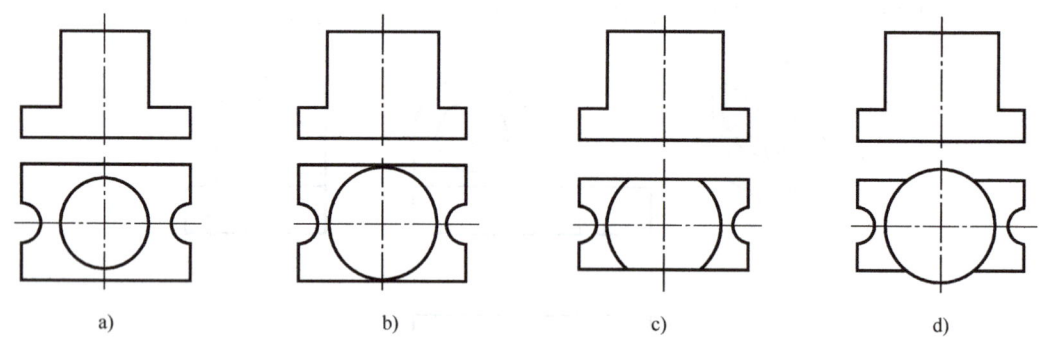

图 5-11　补画交线（三）

2）如图 5-12 所示，根据实体图补画三视图中的缺线。

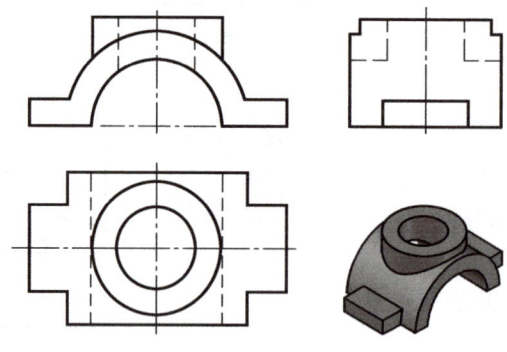

图 5-12　补画三视图中的缺线

5.2　组合体三视图

5.2.1　学习描述

通过对组合体的形体结构分析、组合体主视图与绘图（设计）基准的选择原则、叠加型和切割型组合体的三视图的绘制步骤与方法、叠加型和切割型组合体三视图的尺寸标注等知识与技能的学习与应用，学生应达成如下学习目标：

1）能正确分析和应用组合体形体结构分析。

2) 能严格遵循和应用组合体主视图与绘图（设计）基准的选择原则。
3) 能根据不同结构的组合体，正确、合理的选择和拟订三视图绘制的步骤与方法。
4) 能正确快捷地完成叠加型组合体三视图的绘制、尺寸标注与识读。
5) 能正确快捷地完成切割型组合体三视图的绘制、尺寸标注与识读。

5.2.2 基础知识

一、组合体三视图绘制的技术准备

1. 组合体的形体分析

（1）叠加型组合体

1) 运用形体分析法将组合体分解为若干基本体，分析它们的形体特征、组合形式、组合位置。

2) 判断形体间相邻表面的连接关系（共面、相切或相交）以及连接后形成的交线（面）的位置和可见性分析。

（2）切割型组合体

1) 被切割的组合体的形体分析。

2) 各切割面的位置和方向分析，以及切割后形成的截交线（面）的形状、位置和方向分析。

2. 主视图的选择

（1）工作位置原则　根据组合体在机器、机构中的工作位置选择主视图。

（2）加工位置原则　根据组合体在主要加工工序中所处的加工位置选择主视图。

（3）形状特征或位置特征的原则　主视图要尽可能多的反映组合体的形状特征或位置特征。

3. 组合体三视图绘图基准（设计基准）**的选择**

（1）叠加型组合体　优先在组合基础件上选择长、宽、高方向的绘图基准（设计基准）。以圆筒为基础件的组合体绘图基准选择如图 5-13a 所示。

（2）切割型组合体　优先在被切割的基本几何体上选择长、宽、高方向的绘图基准。以长方体为基本体的切割型组合体绘图基准选择如图 5-13b 所示。

（3）形体结构对称的组合体　优先选择 X、Y、Z 轴三个方向的对称中心线（面）作为绘图基准。左、右对称和前、后对称组合体绘图基准选择如图 5-13c 所示。

（4）回转组合体　如圆柱、圆锥等，应选择轴线作为设计基准，长度方向（轴向）的设计可在回转体的端面或阶台面中选择，如图 5-13d 所示。

（5）组合体的设计基准　一般情况也是尺寸标注的尺寸基准和加工时的定位基准。

二、叠加型组合体三视图绘制与识读

1. 叠加型组合体三视图的绘图步骤

1) 绘制基础件的三视图：完成组合的基础件（与其他组合件均有连接关系的基本几何体）三视图绘制。

2) 其他组合件的三视图绘制：以组合基础件为基准，分别按照其他组合件的形体结构、组合位置、组合形式绘制它们各自的三视图。

3) 根据叠加组合的位置、方向，判断组合后形成交线（面）的可见性，清理、轮廓描深，完成叠加类组合体三视图的绘制。

2. 叠加型组合体三视图的绘图操作

（1）形体分析　如图 5-14a、b 所示的支座分别由下面的长方体底板（带孔）、后面的

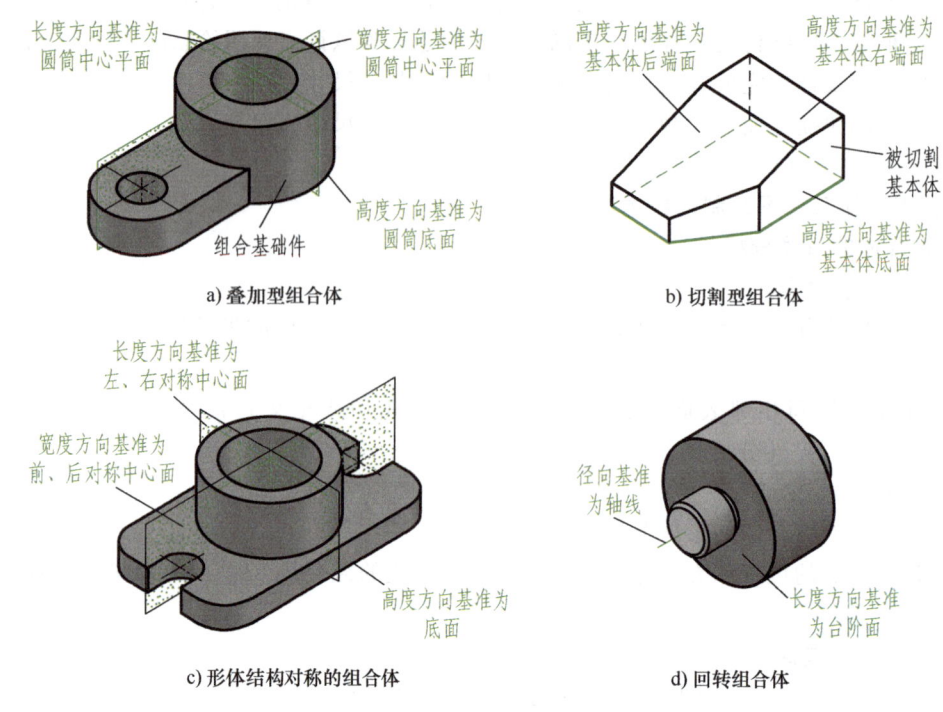

图 5-13 绘图基准（设计基准）的选择

支承板（带孔）和中间部位的三棱柱肋板构成。从组合体的特征分析，选择底板作为支座三视图绘制的基础件。

（2）支座的主视图选择　如图 5-14a 所示，主视图能同时满足三个选择原则。

（3）绘图基准选择　由于支座为左、右结构对称，故选择其对称中心面作为长度方向的基准。由于支承板与底座的后端面共面，故选择底座后端面作为宽度方向的基准。高度方向的基准则选择座板的底面。

（4）支座三视图的绘制与识读　对于初学者，建议将叠加型组合体的三视图从组合基础件开始，按照组合位置、顺序以及组合方式逐个完成组合件的三视图绘制，其作图步骤与方法如图 5-14c～f 所示。

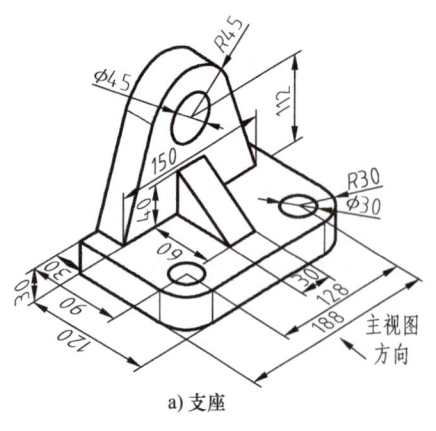
a) 支座

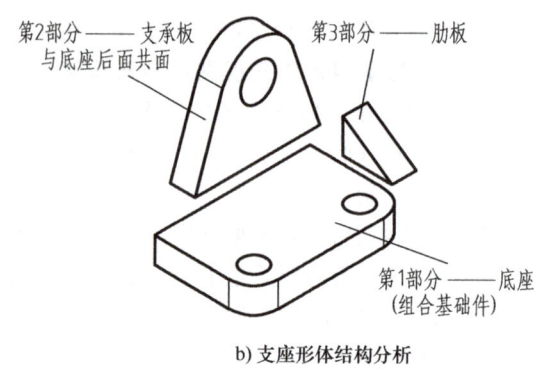
b) 支座形体结构分析

图 5-14 支座三视图绘制

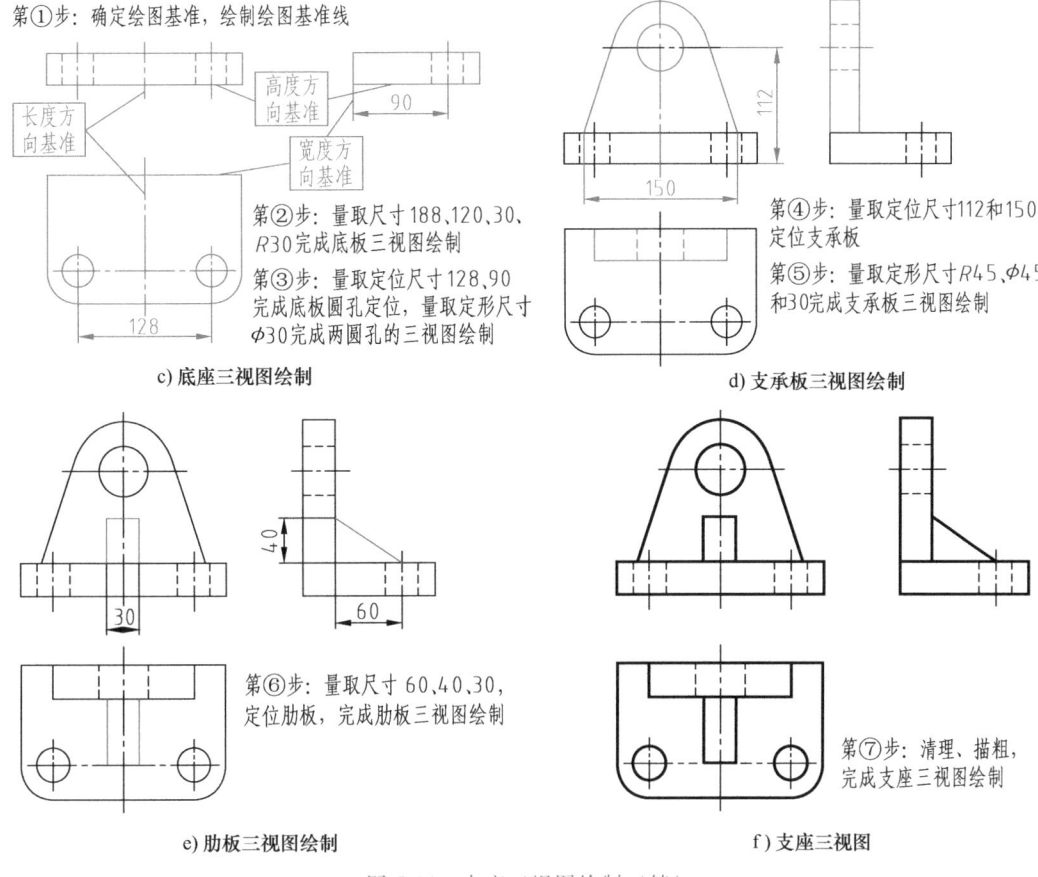

图 5-14 支座三视图绘制（续）

三、切割型组合体三视图绘制与识读

1. 切割型组合体三视图的绘制步骤

1) 完成被切割的基本几何体的三视图绘制。

2) 根据各切割面的形状、位置和方向，运用特殊位置平面（投影面垂直面、投影面平行面）的投影特性，完成切割后所形成的截交线（面）的三视图绘制。

3) 进行截交线（面）的可见性判别，清洁、整理、轮廓描深，完成切割型组合体三视图的绘制。

2. 切割型组合体三视图的绘图操作

1) 对切割后投影不能反映组合体实形的视图，应从具有积聚性的视图开始绘制，确定切割面的位置和方向，然后根据投影规律，绘制其他视图。

2) 对于切割后能通过积聚性反映组合体形状特征的视图，就从具有形状特征的视图开始绘制，再根据投影规律绘制其他视图。

如图 5-15a 所示为切割形成的积块，积块的三视图的作图步骤与方法如图 5-15b～g 所示。

四、组合体的尺寸标注

1. 组合体尺寸标注的基本要求

组合体尺寸标注的基本要求是正确、完整（定位和定形尺寸齐全）和清晰。

（1）正确　要求组合体的尺寸标注基准与长、宽、高三个方向的绘图基准重合，以保

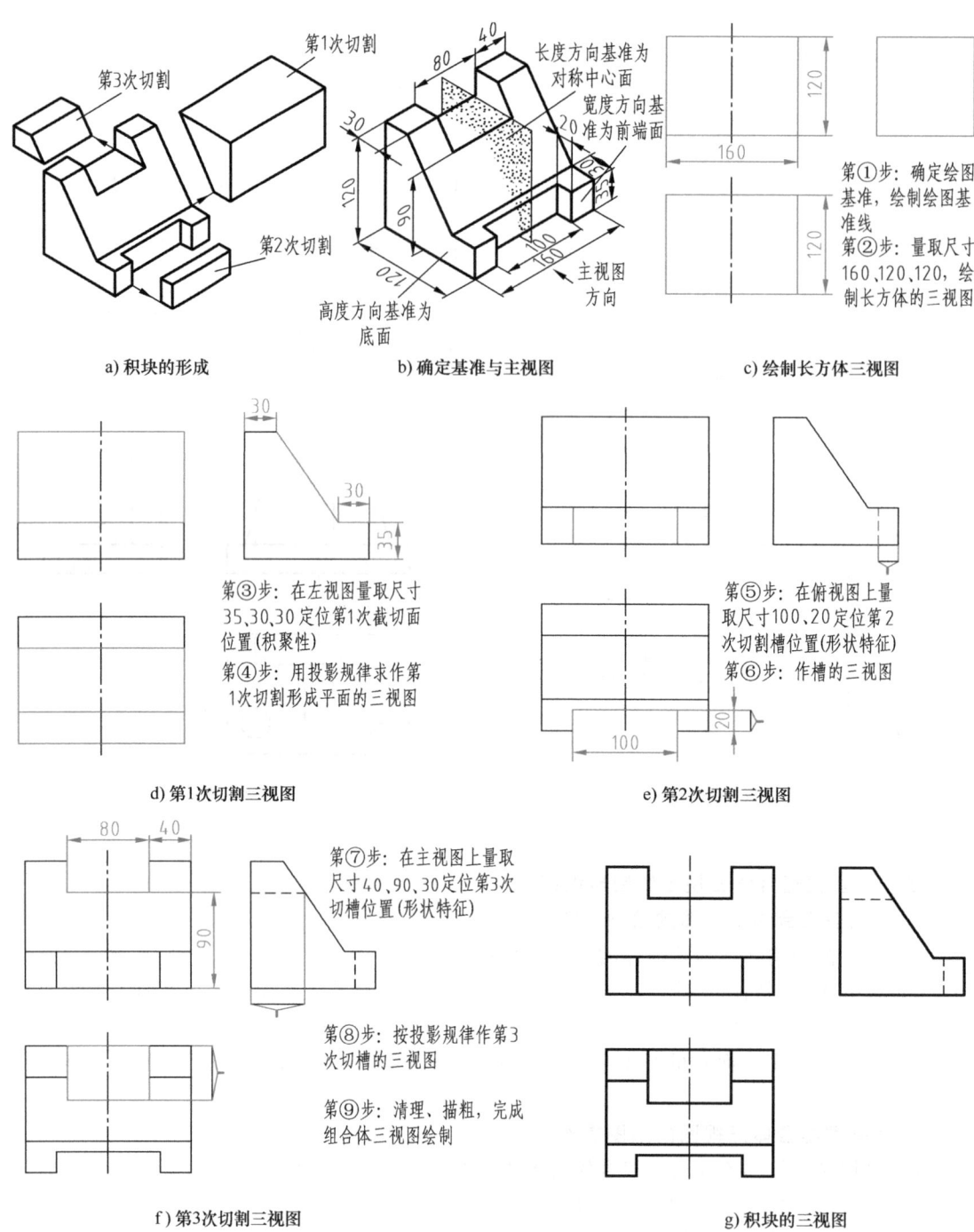

图 5-15 积块三视图绘制

证各组成体和表面之间位置准确。同时要求所注尺寸符合国家标准的规定。

（2）完整　要求组合体尺寸标注保证尺寸齐全，既不遗漏、也不重合。

1）定位尺寸是组合体中从绘图（设计）基准出发的用以确定组合型体（叠加型组合体）和切割面（切割型组合体）基本位置的长、宽、高方向、径向尺寸及角度大小的尺寸。

2）定形尺寸是组合体中用以确定各基体的形状和大小的尺寸。

3）总体尺寸是用以确定组合体长、宽、高三个方向的总长、总宽、总高的尺寸。

（3）清晰 为了便于读图和查找相关尺寸，尺寸的布置要求整齐、清晰。其要求如下。

1）突出特征：定形尺寸要求尽量标注在其形状特征视图上，如直径、半径尺寸的标注。

2）相对集中：形体某一部分的定形及相关尺寸，尽可能标注在一个视图上，便于读图与查找，如俯视图尺寸标注。

3）布局整齐：尺寸应尽量标注在两个视图之间，以便于对照和查找。同一方向的尺寸，应使小尺寸在内、大尺寸在外，且间隔均匀一致。应将尺寸标注在可见轮廓上（尽量避免在虚线上标注尺寸）。尽量避免尺寸线、尺寸界线交叉。

2. 常见简单形体结构的尺寸标注

（1）基本体截切后的尺寸标注 切割型组合体截平面（线）的位置标注必须正确，定位尺寸标注完成后，不必再在截交线（面）上标注尺寸，如图 5-16 所示。当切平面（线）的位置确定后带"×"的尺寸为多余尺寸，不必标注。

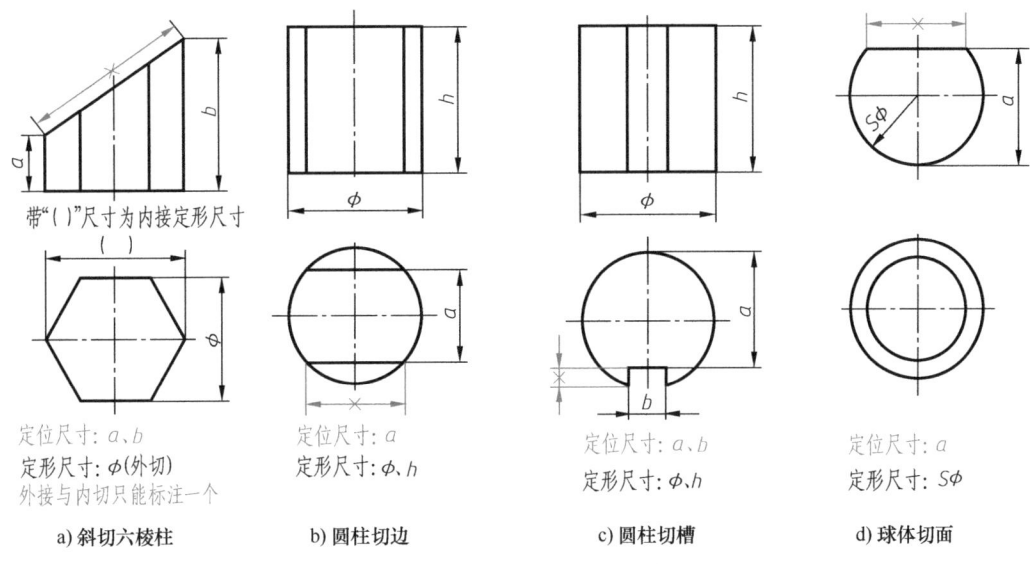

图 5-16 基本体截切后的尺寸标注

（2）常见简单形体结构的尺寸标注 在进行尺寸标注时，先正确分析和确定绘图基准（设计基准），然后分析、确定各表面之间的位置关系。在定位尺寸标注好后，再完成定形尺寸的标注。常见简单形体结构的尺寸标注，如图 5-17 所示。

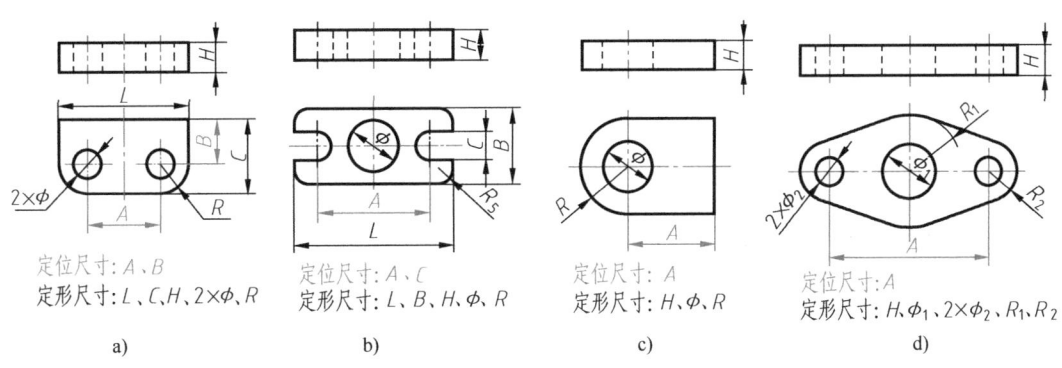

图 5-17 常见简单形体结构的尺寸标注

图 5-17 常见简单形体结构的尺寸标注（续）

3. 叠加型组合体的尺寸标注

进行叠加型组合体尺寸标注时，先确定绘图（设计）基准，然后完成定位尺寸的标注，再根据叠加顺序逐步完成各基本体的定形尺寸的标注，这样就不容易出现漏标和错标的现象。

支座的尺寸标注如图 5-18 所示。

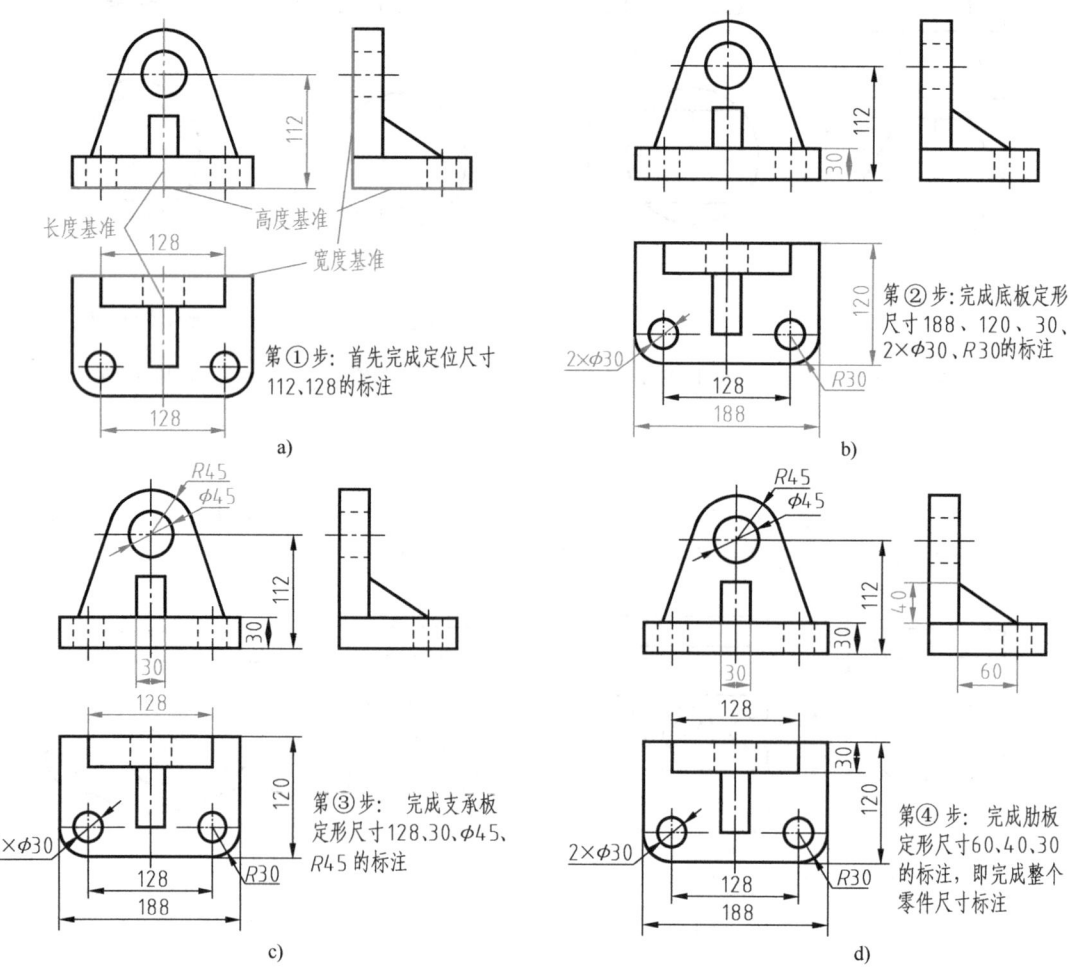

图 5-18 支座的尺寸标注

4. 切割型组合体的尺寸标注

一般情况，切割型组合体应先完成切割基本体的定形尺寸标注，然后根据切割的顺序和位置，逐步完成每一次切割形成的面（线）的定位尺寸和定形尺寸的标注。积块的尺寸标注如图 5-19 所示。

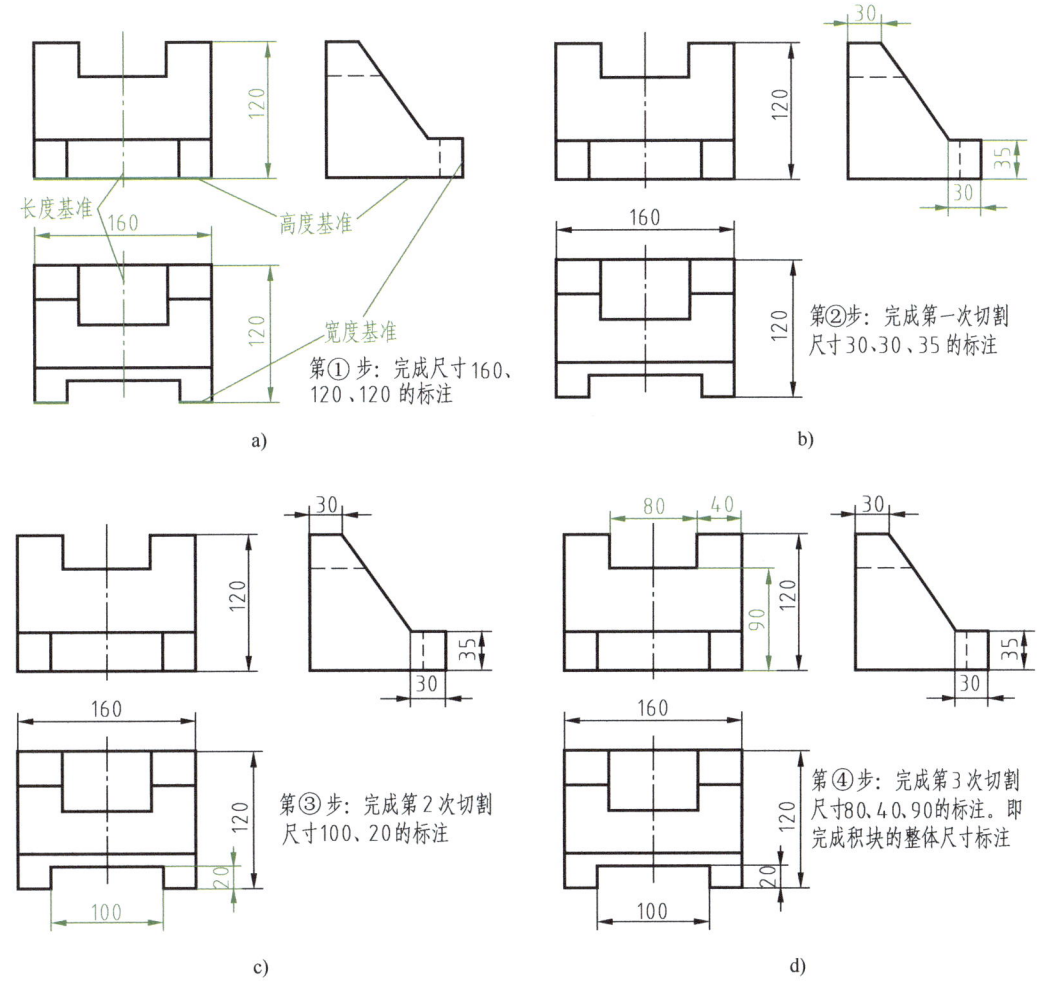

图 5-19 积块的尺寸标注

5.2.3 交流学习

一、团队讨论

根据两个视图画第三视图的过程，体现了"换个角度看问题"的思维方式，摆脱思维定式，通过大胆想象、小心求证、积极探索解决问题的新方法，对实践结果进行验证，从灵机一动到豁然开朗再到举一反三，培养开放性创新意识、大胆尝试的探索精神、小心求证的严谨态度。

请大家思考：在组合体三视图的绘制过程中，运用了哪些新方法、新创意？

二、学习成果交流

1）请描述组合体三视图的画法学习的过程，并展示学习成果。

2）在交流学习的过程中，发现、分析、解决了哪些问题？

三、交流学习记录表（表 5-3）

表 5-3　交流学习记录表

知识点	要求	学习问题记录	解决措施与效果
体组合的形体分析	1. 是否掌握了叠加型组合体的形体分析方法 2. 是否掌握了切割型组合体的形体分析方法 3. 是否掌握了综合型组合体的形体分析方法		
主视图与绘图基准选择	1. 是否掌握了组合体主视图的选择原则与方法 2. 是否掌握了组合体三视图绘制基准的选择原则与方法		
组合体三视图绘制	1. 叠加型组合体三视图绘制的步骤与方法是否准确 2. 切割型组合体三视图绘制的步骤与方法是否准确		
组合体尺寸标注	1. 是否掌握了组合体尺寸基准选择的原则与方法 2. 是否掌握了叠加型组合体尺寸标注的方法 3. 是否掌握了切割型组合体尺寸标注的方法		
经验积累与存在问题			
	经验积累	存在问题	
签审	（评价委员会意见）	年　　月　　日	
	（指导教师意见）	年　　月　　日	

5.2.4　巩固练习

一、组合体三视图的绘制练习

完成图 5-20 所示的综合型组合体的三视图绘制。

（1）形体分析　如图 5-20a 所示的基座为综合型组合体，由五个部分组成，各组成部分的形体结构和组合位置如图 5-20b 所示。

（2）主视图与绘图基准选择　主视图的选择遵循工作位置、加工位置与形状特征原则。绘图基准的选择如图 5-20c 所示。

（3）绘图与识读的步骤与方法　如图 5-20d~i 所示。

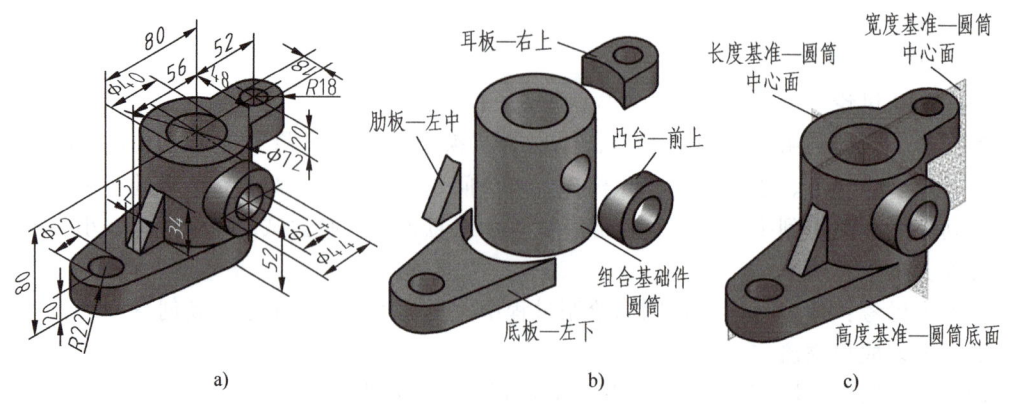

图 5-20　基座的三视图绘制

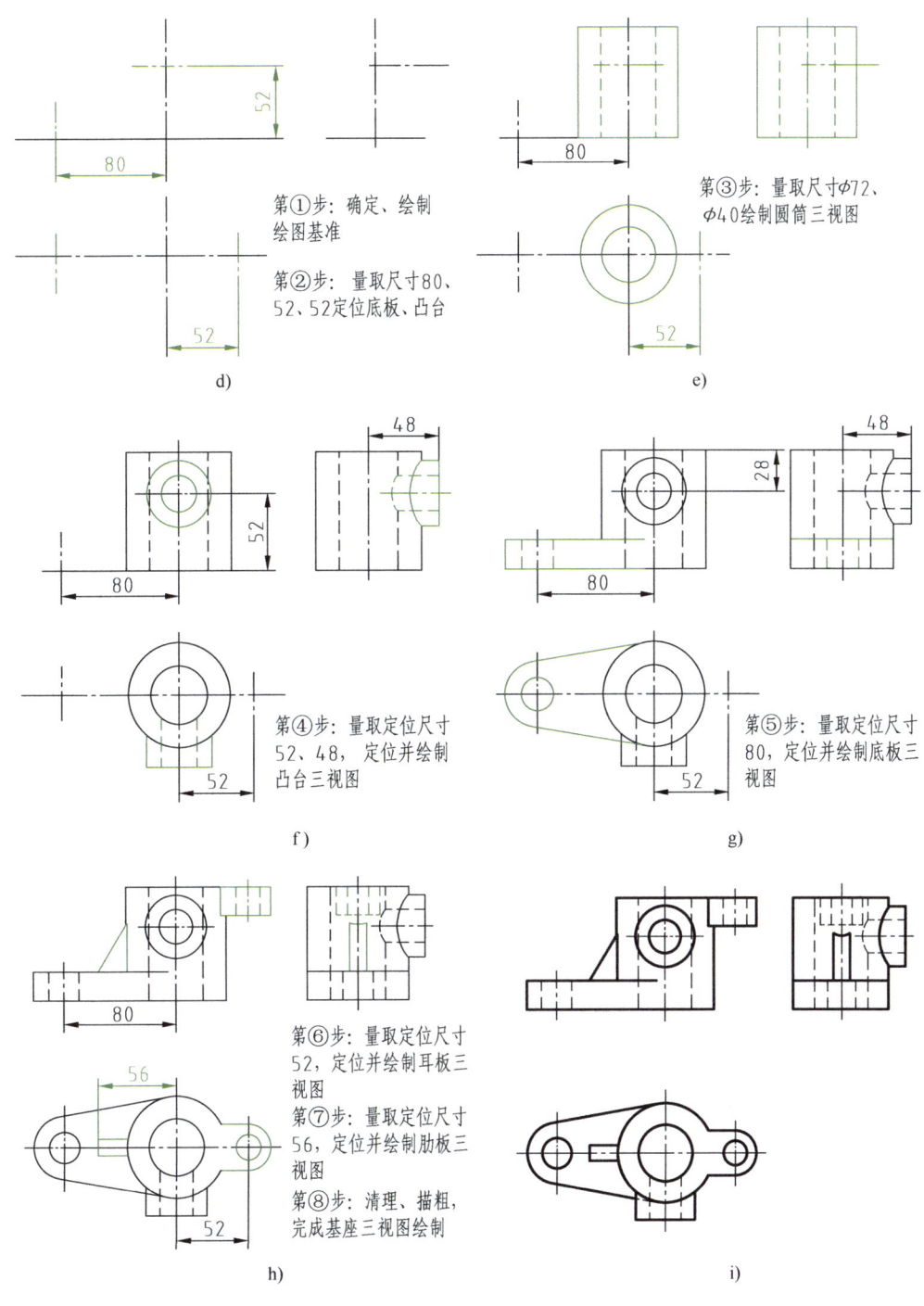

图 5-20 基座的三视图绘制（续）

二、组合体三视图的尺寸标注练习

在基座的三视图上完成尺寸标注的练习。

1）尺寸基准选择：尺寸基准与绘图基准重合，如图 5-21a 所示。

2）定位尺寸的标注如图 5-21a 所示。

3）各组成部分的定形尺寸标注如图 5-21b~d 所示。

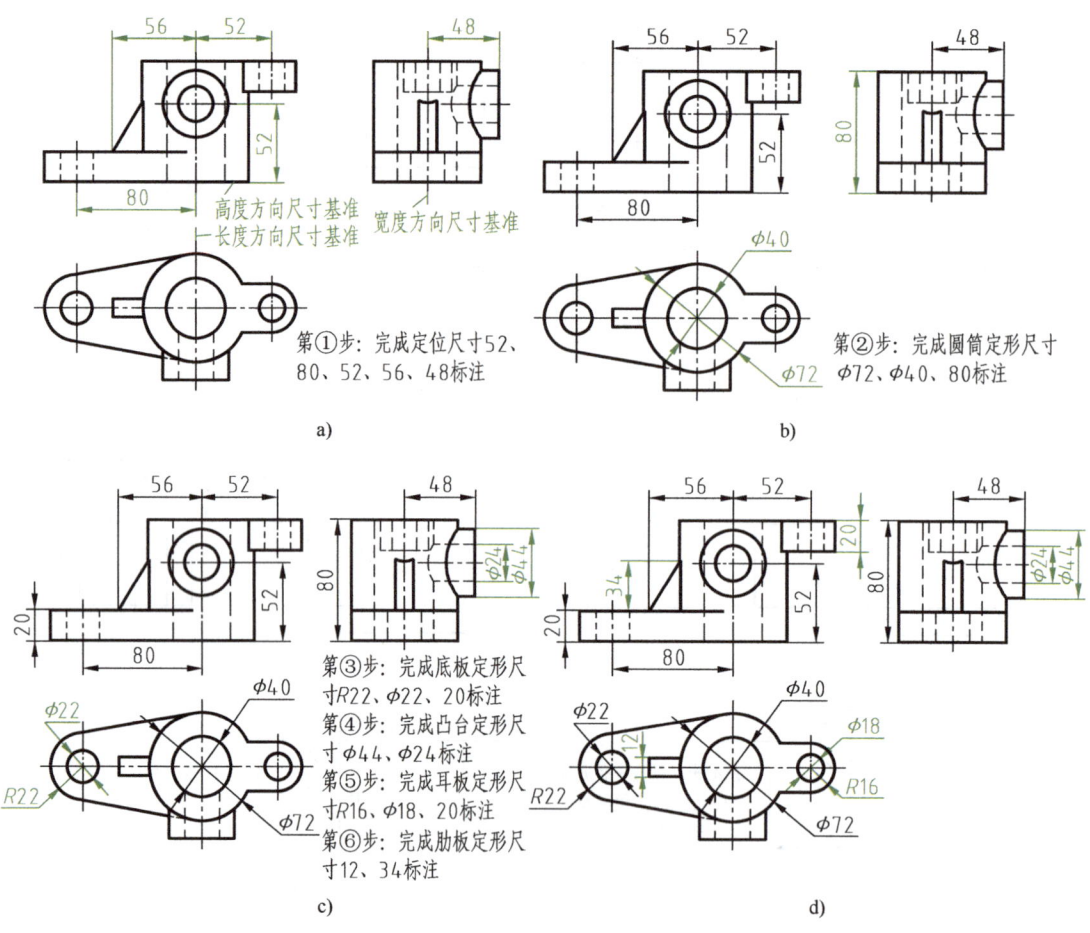

图 5-21 基座的尺寸标注

5.2.5 考核评价

1. 学习效能评价

团队与个人进行学习效能评价，并完成表 5-4 的填写。

表 5-4 组合体三视图的画法的学习效能评价表

序号	项目	内容	程度	差评原因
1	知识学习	能正确理解和应用组合体形体分析的方法	□优 □良 □中 □差	
2		能理解、遵循和应用组合体主视图选择的原则与方法	□优 □良 □中 □差	
3		能理解、遵循和应用组合体绘图（设计）基准选择的原则与方法	□优 □良 □中 □差	
4		能正确拟订和选择叠加型组合体三视图绘制的步骤与方法	□优 □良 □中 □差	
5		能正确拟订和选择切割型组合体三视图绘制的步骤与方法	□优 □良 □中 □差	
6		能理解、遵循和应用组合体尺寸基准选择的原则与方法	□优 □良 □中 □差	

（续）

序号	项目	内容	程度	差评原因
7	技能学习	能正确绘制与识读叠加型组合体的三视图和尺寸标注	□优 □良 □中 □差	
8		能正确绘制与识读切割型组合体的三视图和尺寸标注	□优 □良 □中 □差	
9		能正确绘制与识读综合型组合体的三视图和尺寸标注	□优 □良 □中 □差	
签审		（评价委员会意见）		年　月　日
		（指导教师意见）		年　月　日

2. 综合能力评价

团队内部与团队之间进行综合评价，并完成附录综合能力评价表的填写。

5.2.6　拓展任务

1）完成图 5-22 所示的叠加型组合体的三视图绘制与尺寸标注。

2）完成图 5-23 所示的切割型组合体的三视图绘制与尺寸标注。

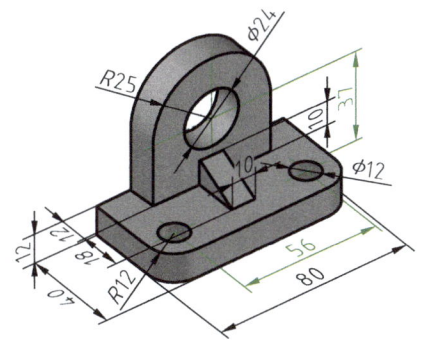

图 5-22　叠加型组合体的三视图绘制与尺寸标注

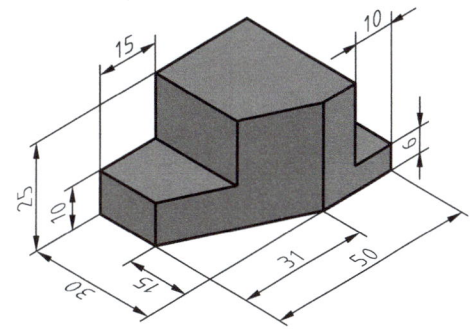

图 5-23　切割型组合体的三视图绘制与尺寸标注

5.3　识读组合体三视图

绘图是将空间形体按照正投影的方法绘制成平面图形的过程

读图是通过形体分析、空间想象等方法，通过绘制好的视图（平面二维图形），正确地构思出三维空间模型的过程。

5.3.1　学习描述

通过使用形体分析法、线面分析法、顺序切割法识读组合体视图的学习，学生应达成如下学习目标：

1）能理解和应用组合体视图识读的基本要领与方法。

2）能正确使用形体分析法识读叠加型组合体的视图。

3）能将线面分析法与顺序切割法结合，正确识读切割型组合体视图。

5.3.2　基础知识

一、识读视图的基本要领

1. 多个视图联系识读

一个视图只能反映物体一个投射方向的结构特征，如某基本体的形状特征，或相互连接的形体的位置特征。

因此，一般仅凭一个或两个视图是不能正确表达物体的空间形状和大小的。各投射方向的视图依据投影规律是互为位置特征和形状特征的，识读组合体的空间形状必须将其形状特征视图、位置特征视图以及形状和位置的尺寸相结合。

图 5-24 所示的四组图形中的俯视图均相同，因此识读组合体视图时需要与形状不同的主视图结合才能判断、确定及区分组合体的不同形状。

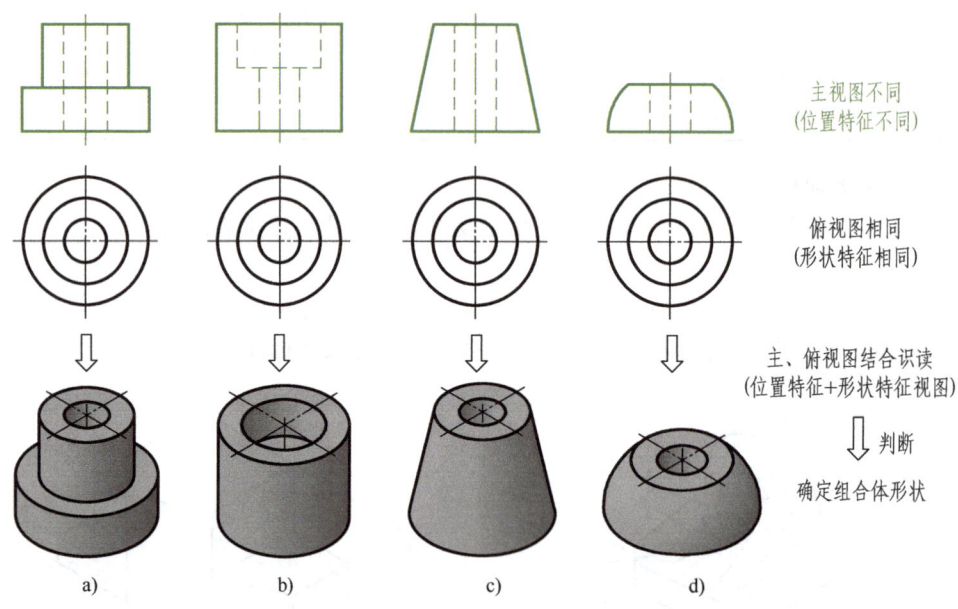

图 5-24　两个视图结合判断确定组合体的形状

如图 5-25 所示，主、俯视图相同，因此识读组合体视图时需要与形状不同的左视图结合，才能判断、确定及区分组合体的整体形状。

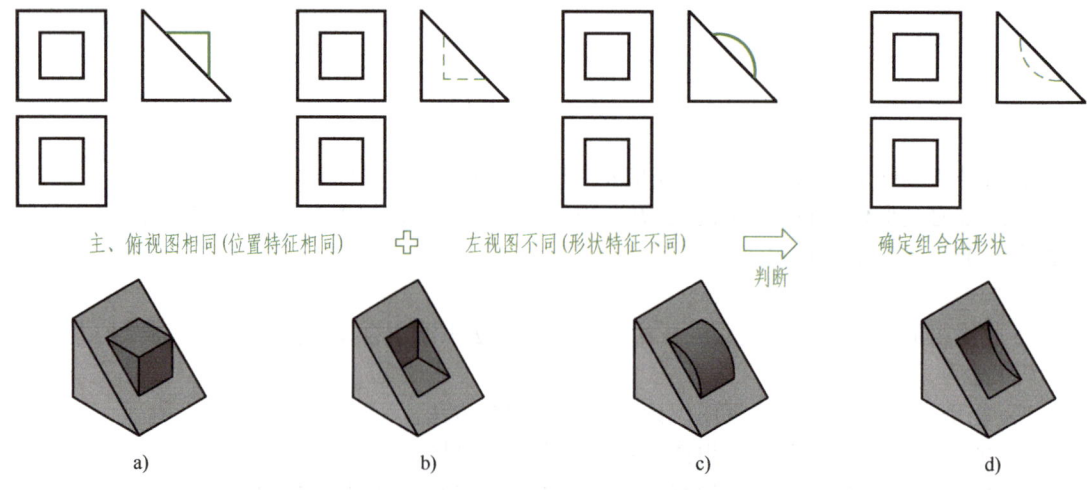

图 5-25　多个视图结合判断确定组合体形状

2. 明确识读线框和图线

1）视图上封闭的线框通常是物体上的某一个面（平面或曲面）的投影。

2）相邻线框或大线框中有小线框，表示为物体上两个不同表面的投影，两个表面可能相交，也可能平行（上下、前后、左右平行），如图 5-26a 所示。

3）视图中每一条线段都可能是物体表面具有积聚性的投影，如平面积聚成直线、曲面积聚成曲线，或是曲面转向轮廓线的投影（如圆柱、圆锥的素线或球面的圆弧转向轮廓线），如图 5-26b 所示。

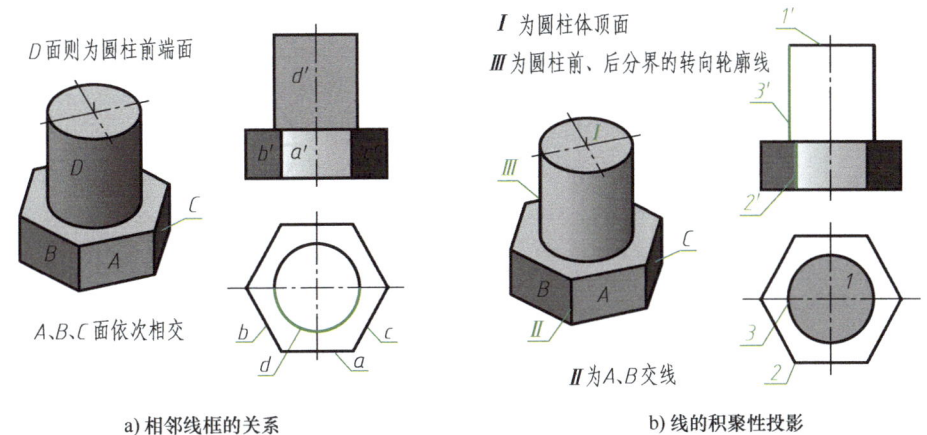

a) 相邻线框的关系　　　　b) 线的积聚性投影

图 5-26　线框和图线的含义

3. 要善于构思物体的形状

如图 5-27a 所示，已知物体的三个外轮廓，构思出物体的形状。

（1）主、俯视图结合构思　主视图可能是长方体的投影，也可能是圆柱的投影。主视图是长方形、俯视图是圆的物体——必定是圆柱，如图 5-27b 所示。

（2）俯、左视图结合构思　左视图是三角形，可能是圆锥、四棱锥及其他形体的投影，结合主、俯视图分析，该物体是圆柱被对称于圆柱的两相交侧垂面切出，而且侧垂面要沿直径线灌顶切下才能保证主视图形状和高度不变，并与底面最前和最后的象限点相交（主视图两交点重合），以保证俯视和左视图形状不变，如图 5-27c 所示。

（3）注意　主视图应添加切割后两个半椭圆的重叠投影，俯视图应添加两个截面交线的投影，如图 5-27d 所示。

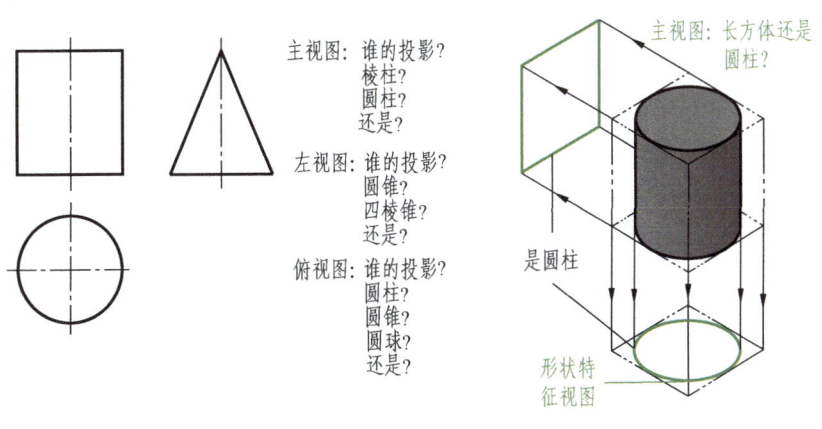

a) 物体结构形状构思案例　　　　b) 主、俯视图结合构思

图 5-27　构思的物体形状

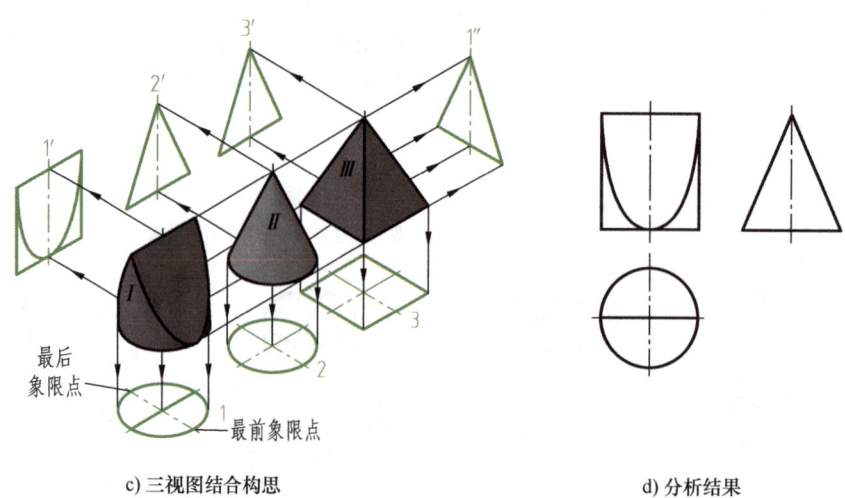

c) 三视图结合构思　　　　　　　　d) 分析结果

图 5-27　构思的物体形状（续）

二、识读组合体三视图的基本方法

1. 叠加型组合体的识读——形体分析法

（1）形体分析法的原理　识读视图与绘制视图的方法一样，主要是运用形体分析法，在反映形状特征比较明显的视图上，将组合体分为若干个基本体，依次找到各基本体的形状特征视图、位置特征视图，最后综合想象组合体的整体形状。

（2）形体分析法的步骤　叠加型组合体三视图识读，需要从组合的基本体开始，运用形体分析法按照以下步骤完成：

1）在位置特征明显的视图上根据线框分析叠加组成部分的数量。

2）从各组成部分的形状特征视图开始，运用投影规律结合对应的位置特征视图及其长、宽、高等尺寸信息，想象出各组成部分的形状。

3）结合起来想象整体。

（3）形体分析法应用　如图 5-28a 所示是支座的主视图和俯视图，运用形体分析法识读支座的空间结构。支座的空间结构想象如图 5-28b～e 所示。

2. 切割型组合体的识读——线面分析法结合顺序切割法

（1）顺序切割　以被切割的基本体为基础，运用投影面垂直的积聚性确定切割位置和尺寸，按照切割顺序（工艺顺序）逐一切割，最后获得与三视图形体结构相同的立体机件的过程。

（2）线面分析法结合顺序切割法识读的步骤

1）使用线面分析法与投影规律分析视图中对应投影关系的线、面的位置和方向关系，以便定位切割面的位置、方向和大小。

2）分析判断被切割基本体的形状，划分出形成各面的切割次数、切割顺序和进行对应编号。

3）根据切割顺序编号，从特殊位置平面（投影面垂直面或投影面平行面）开始进行投影分析，运用投影规律以及各切割形成面的形状特征和位置特征，逐次想象从基体上被切割部分的空间形状，以及基本体被切割的位置和被切割后形成的空间形状。

完成所有特殊位置部分的切割的构思后，再分析确定非特殊位置切割后的面的位置，然

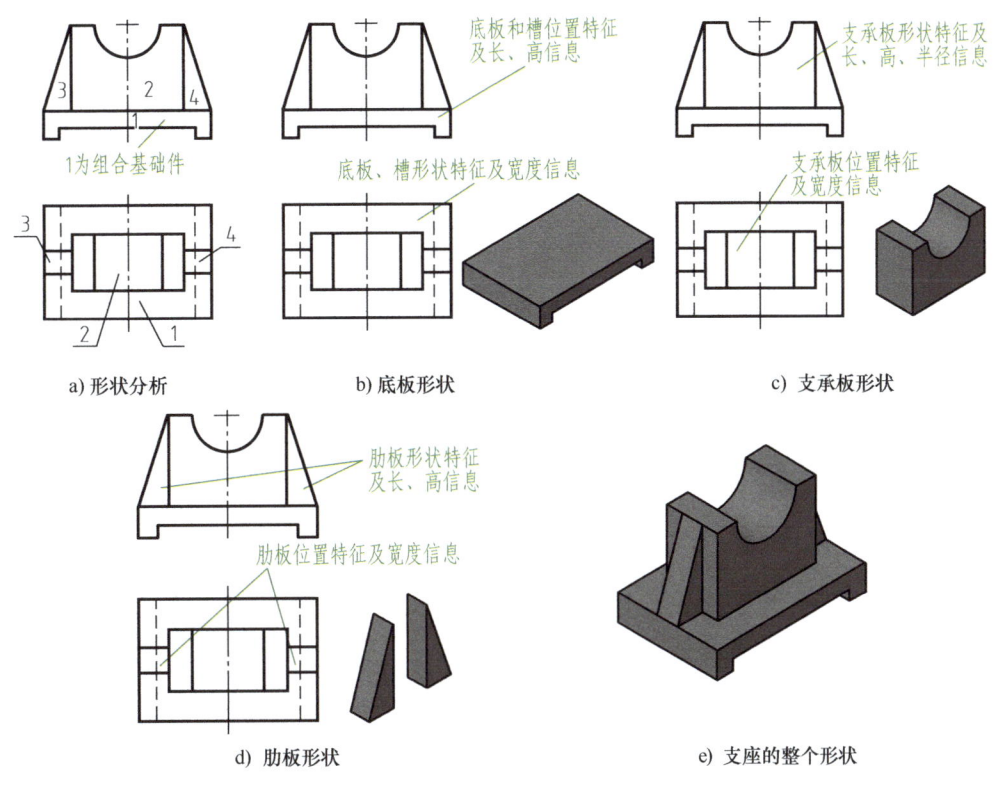

图 5-28 形体分析法应用

后对基本体进行相应切割构思即可。

4）结合对各次切割后形成的切割面空间位置和方向的想象结果，构思出整个切割型组合体的空间结构和形状。

切割顺序就是对基本体（坯件）进行切削加工的工艺顺序，切割结果就是材料被加工后获得的零件形体。

（3）线面分析法结合顺序切割法的应用

如图 5-29a 所示是积块的三视图。使用线面分析结合顺序切割法构建其空间形状的过程如图 5-29b~e 所示。

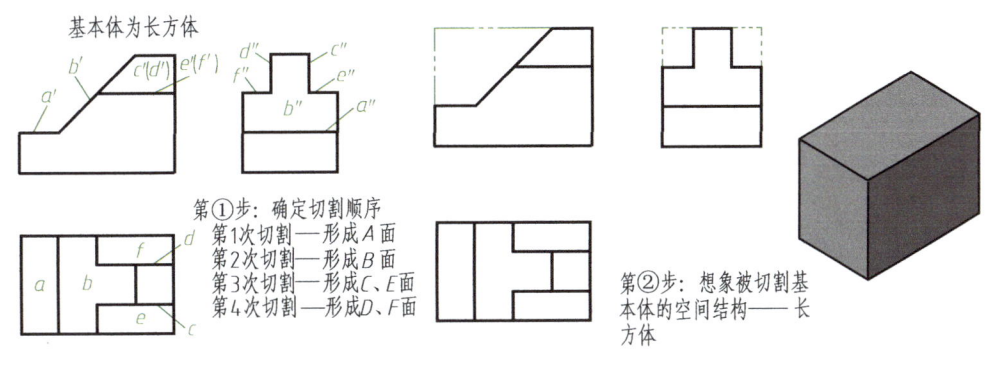

图 5-29 线面分析法结合顺序切割法的应用

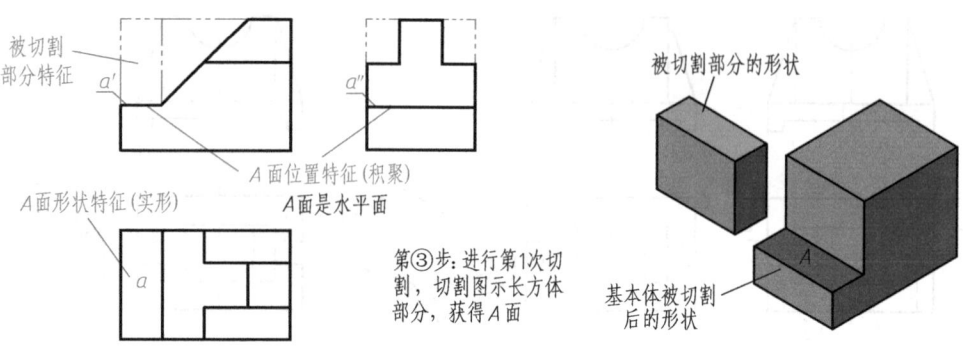

c) 第1次切割形成A面

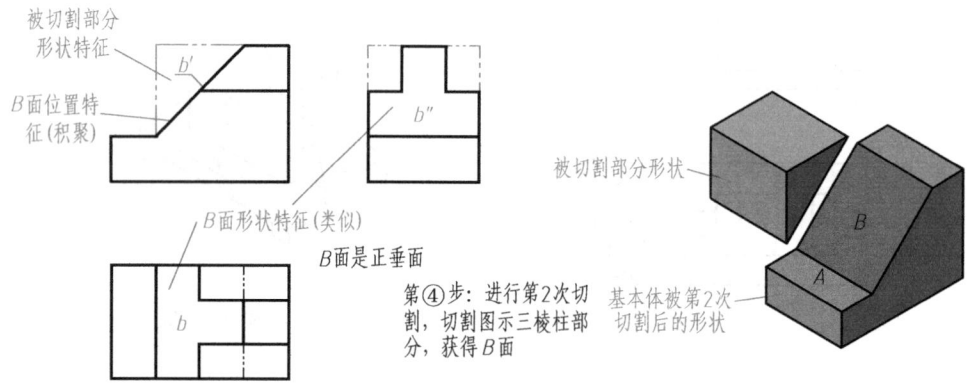

d) 第2次切割形成B面

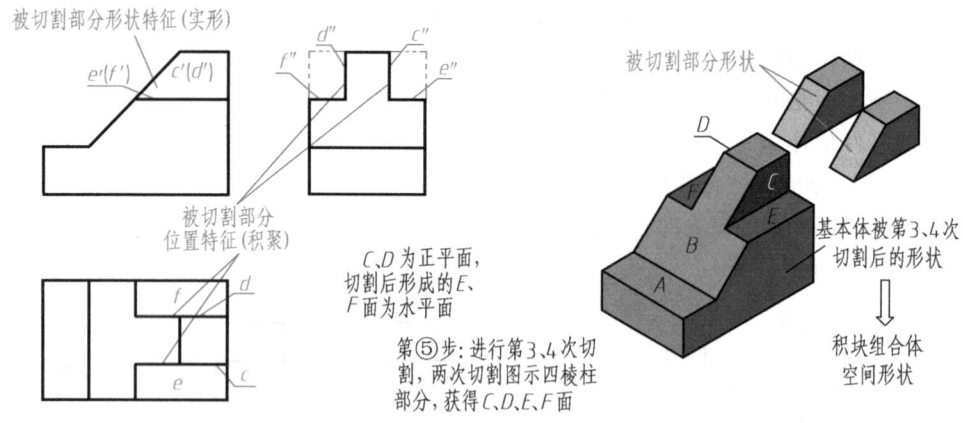

e) 第3、4次切割后形成的空间形状

图 5-29 线面分析法结合顺序切割法的应用（续）

5.3.3 交流学习

一、团队讨论

组合体是在三维空间中由多个基本体（如立方体、圆柱、圆球等）组合而成的物体。在学习组合体三视图绘制和识读的过程中，不仅可以提高空间想象能力和几何图形分析能力，还能培养创新思维和团队合作精神。

请大家思考：在学习的过程中，有哪些方面体现了团队合作精神？

二、学习成果交流

1）请描述识读组合体三视图学习的过程，并展示学习成果。

2）在交流学习的过程中，发现、分析、解决了哪些问题？

三、交流学习记录表（表 5-5）

表 5-5 交流学习记录表

知识点	要求	学习问题记录	解决措施与效果
识读视图的要领	识读视图的要领和方法是否理解、应用的准确		
形体分析法	1）形体分析法的原理与步骤是否理解、应用的准确 2）形体分析法识读叠加型组合体三视图是否准确		
线面分析法结合顺序切割法	1）线面分析法的原理与作用是否理解、应用的准确 2）顺序切割法的原理与步骤是否理解、应用的准确 3）二者结合识读切割型组合体三视图是否理解、应用的准确		
经验积累与存在问题			
经验积累			存在问题
签审	（评价委员会意见）		年　　月　　日
	（指导教师意见）		年　　月　　日

5.3.4 巩固练习

1）用形体分析法完成图 5-30 所示的综合型组合体支座的三视图识读。

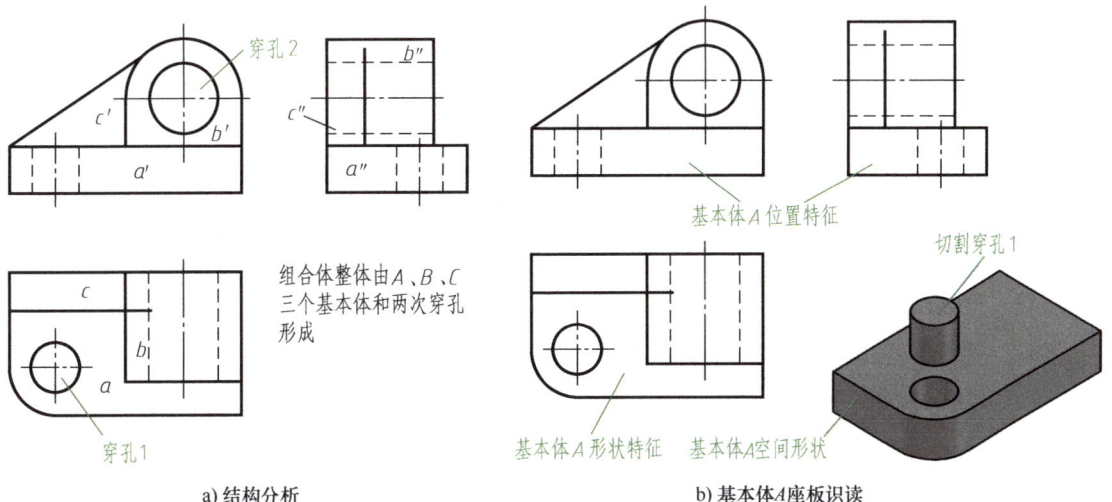

a) 结构分析　　　　　　　　b) 基本体 A 座板识读

图 5-30 综合型组合体支座的三视图识读

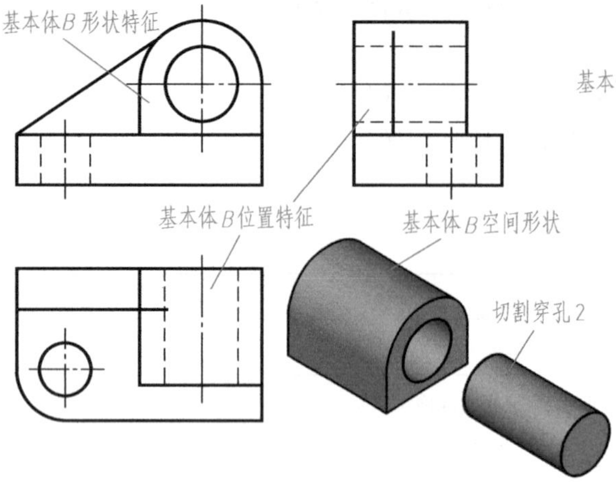

机械识图

c) 基本体B支座识读

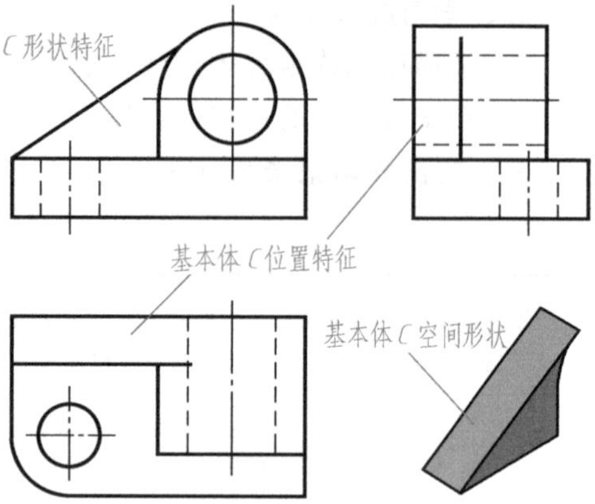

d) 基本体C支承板识读

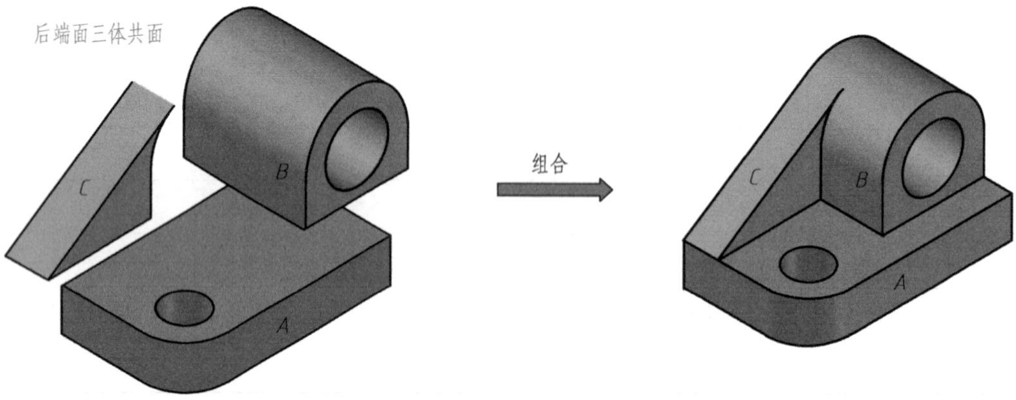

e) 定位组合

f) 实体零件

图 5-30 综合型组合体支座的三视图识读（续）

2）用线面分析法结合顺序切割法完成图 5-31 所示的切割型组合体模块的三视图识读。

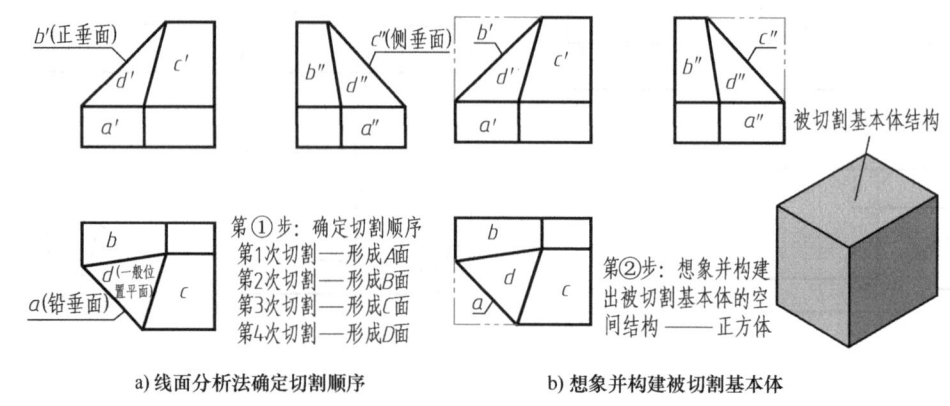

a) 线面分析法确定切割顺序

b) 想象并构建被切割基本体

图 5-31 切割型组合体模块的三视图识读

单元5 组合体视图

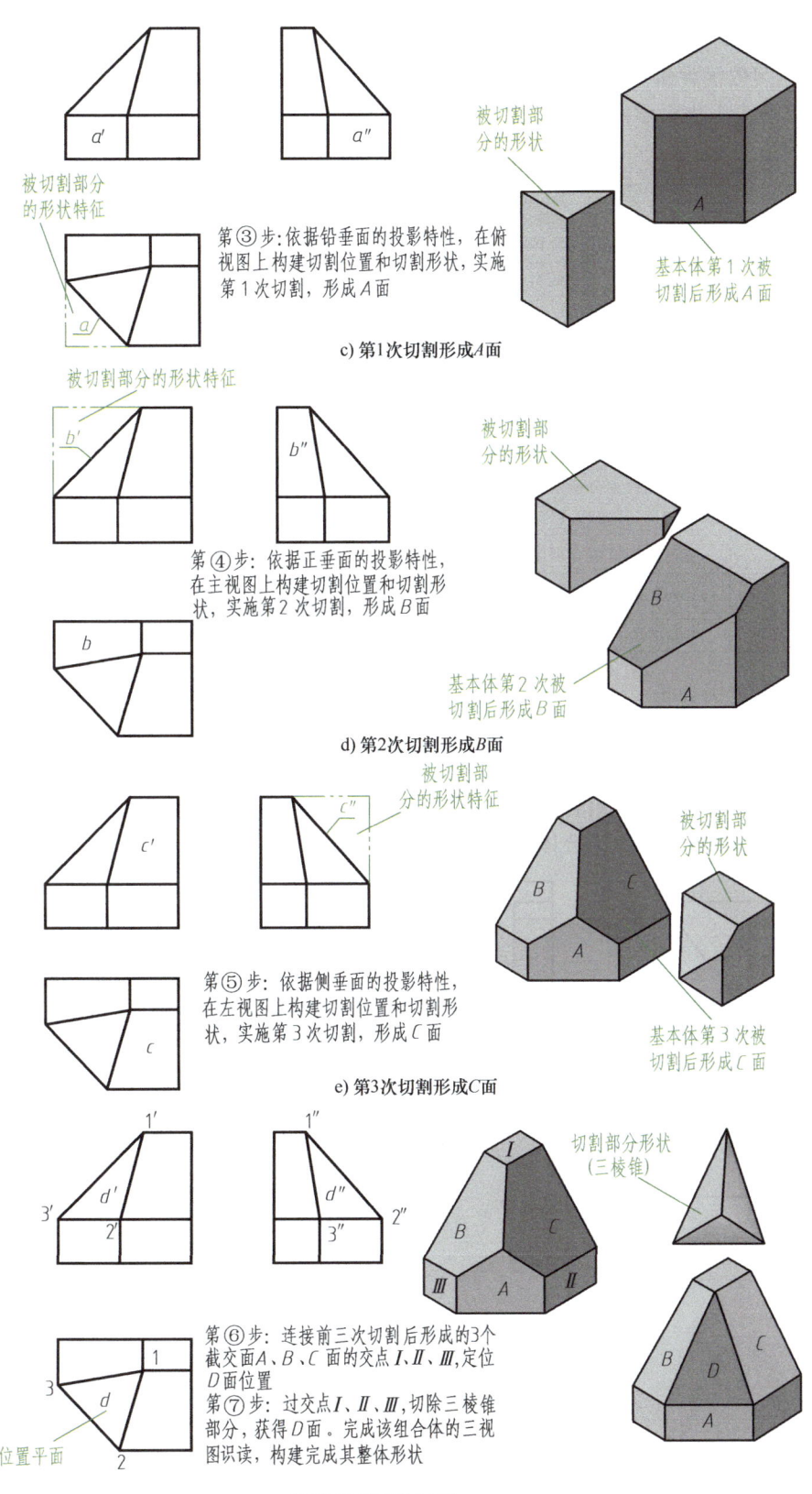

c) 第1次切割形成A面

d) 第2次切割形成B面

e) 第3次切割形成C面

f) 第4次切割形成D面

图 5-31 切割型组合体模块的三视图识读（续）

5.3.5 考核评价

1. 学习效能评价

团队与个人进行学习效能评价,并完成表 5-6 的填写。

表 5-6 识读组合体三视图的学习效能评价表

序号	项目	内容	程度	差评原因
1	知识学习	能理解和应用组合体视图识读的基本要领与方法	□优 □良 □中 □差	
2		能理解和应用形体分析法识读叠加型组合体三视图的步骤与方法	□优 □良 □中 □差	
3		能理解和应用线面分析法结合顺序切割法识读切割型组合体三视图的步骤与方法	□优 □良 □中 □差	
4	技能学习	能使用形体分析法正确识读叠加型组合体三视图,并建构其空间模型	□优 □良 □中 □差	
5		能使用线面分析法结合顺序切割法识读切割型组合体三视图,并建构其空间模型	□优 □良 □中 □差	
6		能正确识读综合型组合体三视图,并建构其空间模型	□优 □良 □中 □差	
签审		(评价委员会意见)	年 月 日	
		(指导教师意见)	年 月 日	

2. 综合能力评价

团队内部与团队之间进行综合评价,并完成附录综合能力评价表的填写。

5.3.6 拓展任务

1)完成图 5-32 所示组合体的三视图识读。

2)完成图 5-33 所示组合体的三视图识读。

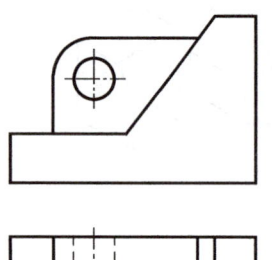
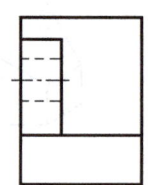
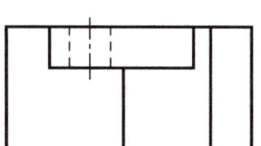
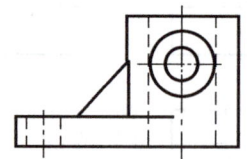
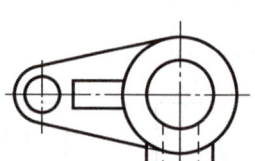

图 5-32 识读三视图(一)　　　　图 5-33 识读三视图(二)

单元6　机械图样的基本表达与技术要求

工程图样中，要求能使用正确、合理、简便的方法来充分零件的外部和内部结构，以便于机构、机器的零件的加工、装配、调试与维修。

通过对视图、剖视图、断面图、局部放大图与简化画法等知识与技能的学习与应用，学生应达成如下学习目标：

1) 能正确熟练地使用视图来识读零件的外部结构形状。
2) 能正确熟练使用剖视来识读零件的内部结构形状。
3) 正确地理解与识读零件的技术要求。

6.1　视图及其应用

6.1.1　学习描述

通过对基本视图、向视图、局部视图、斜视图的零件表达方法等知识和技能的学习与应用，学生应达成如下学习目标：

1) 能正确理解和应用基本视图的原理，学会表达与识读零件外部结构形状的方法。
2) 能正确理解和应用向视图来表达和识读零件的外部结构形状的方法。
3) 能正确理解和应用局部视图来表达和识读零件外部结构形状的方法。
4) 能正确熟练地使用斜视图来表达和识读零件外部结构形状的方法。

6.1.2　基础知识

根据有关标准和规定，通过正投影法绘制出物体的图形称为视图。视图主要用于表达机件的外部结构和形状。视图通常包括基本视图、向视图、局部视图和斜视图。

一、基本视图

将机件向基本投影面投射所得的视图称为基本视图。

1. 基本视图的形成

如图6-1所示为六个基本视图获得的过程及由空间模型向平面模型转化的过程。

2. 六个基本视图的投影规律与方位关系

六个基本视图仍然遵循"长对正、高平齐、宽相等"的投影规律。零件投影后的方位关系与三视图比较是符合"外廓对称、方位对称、判别中间（结构）可见性"的规律，如图6-2所示。

在实际绘制视图时，根据物体的形状特征，以表达清楚其外部结构为原则，灵活选择视图，不必将六个视图全部画出。

二、向视图

向视图是根据实际情况可以自由配置的。它主要是用来表达机件在某方向的外部形状的，可以根据需要灵活移位画出的视图。

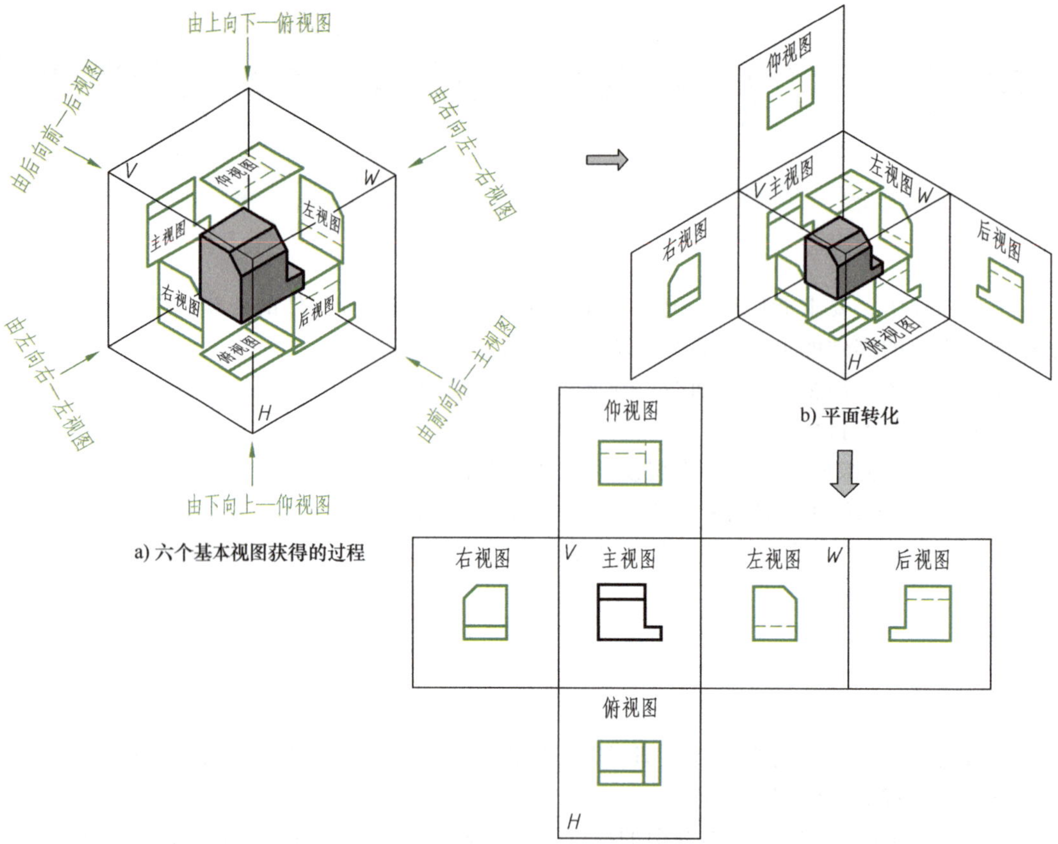

机械识图

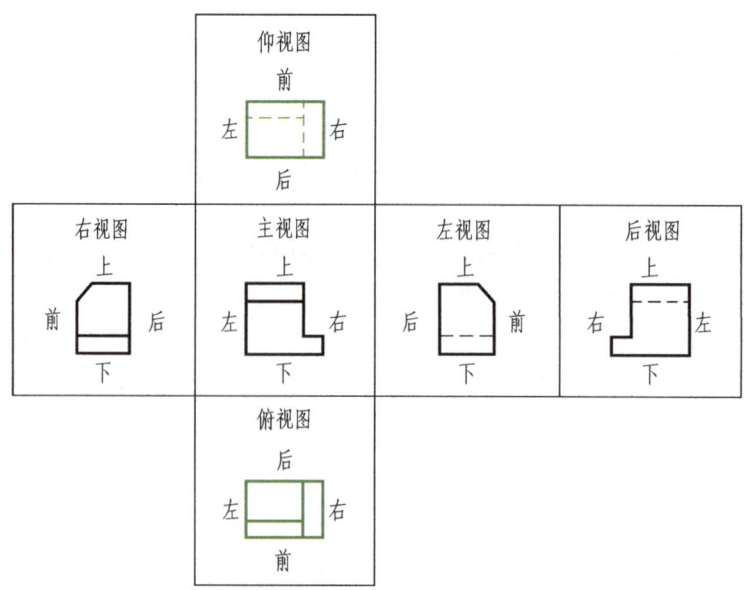

a) 六个基本视图获得的过程

b) 平面转化

c) 展开图

图 6-1　基本视图的形成

图 6-2　六个基本视图的方位关系

向视图的标注如图 6-3 所示。图中使用如"$\underset{\leftarrow}{A}$""$\underset{\leftarrow}{B}$"及"$C\uparrow$"的符号指明了向视图的投影位置和投射方向，完成向视图绘制后在图形上方标注视图名称"X"（"X"为向视图名称，用大写拉丁字母表示）。

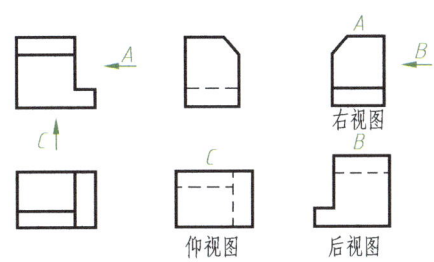

图 6-3　向视图的标注

三、局部视图

（1）局部视图的配置与画法　局部视图是将机件的某一部分向基本投影面投射所获得的视图。

如图 6-4a 所示为组合体的直观图。在完成组合体主视图（位置特征视图）和俯视图后（形状特征视图），仍然有左、右两边的凸起需要表达形状特征，如果此时画出其左视图和右视图，就会显得非常繁杂。因此可采用 A、B 两个局部视图来表这两个凸起的外部形状特征，如图 6-4b 所示。

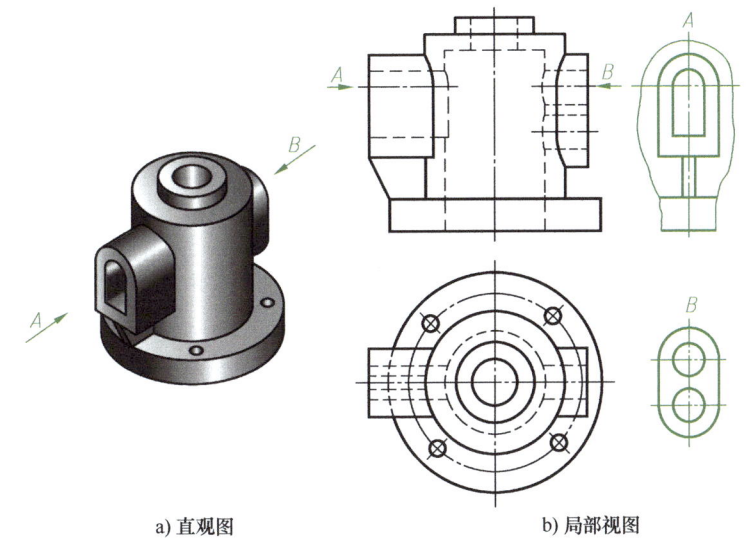

a) 直观图　　　　　　b) 局部视图

图 6-4　局部视图

（2）局部视图的标注

1）局部视图按基本视图配置时，若中间没有其他图形隔开时，可不标注。如图 6-4b 中的局部视图 A 和相应箭头均可不必标注。

2）局部视图也可按照向视图一样进行灵活配置。如图 6-4b 中的"$\underset{\leftarrow}{B}$"局部视图 B 的标注。

3）局部视图的边界通常使用波浪线或双折线来表示。如图 6-4b 中的局部视图 A。

四、斜视图

斜视图是将机件向不平行于基本投影面的平面投射所获得的视图。

当机件上具有不平行于任何基本投影面的倾斜部分时，可增加一个与基本投影面垂直的辅助投影面（图 6-5a），然后将机件的倾斜部分平行于辅助投影面投射，就获得一个反映机件倾斜部分的实形的视图，即斜视图。

画斜视图时应注意的事项如下：

1）斜视图常用于表达机件上的倾斜结构。画出倾斜结构的实形后，机件的其余部分不必画出，此时可在适当位置用波浪线或双折线断开即可，如图 6-5b 所示。

2)斜视图的配置和标注一般遵照向视图相应的规定,必要时允许将斜视图旋转配置。此时仍按向视图标注,且加注旋转符号,如图 6-5c 所示。旋转符号为半径等于字体高度的半圆弧,表示斜视图名称的大写拉丁字母应靠近旋转符号的箭头端,也允许将旋转角度标注在字母之后。

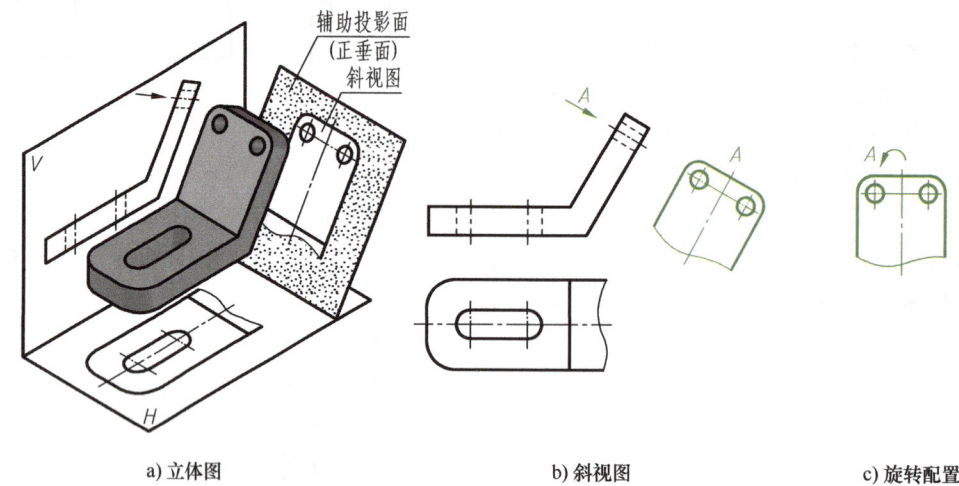

a) 立体图　　　　　　　　b) 斜视图　　　　　　　　c) 旋转配置

图 6-5　斜视图的形成与表达

五、视图综合应用

如图 6-6a 所示的压杆采用了两种表达方式。请正确识读并注意两种(图 6-6b、c)表达方式的异同。

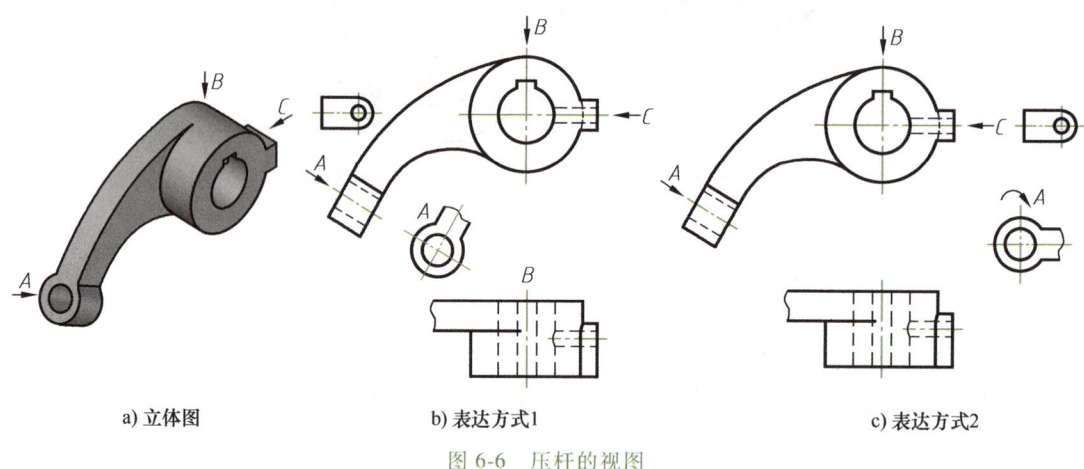

a) 立体图　　　　　　　　b) 表达方式1　　　　　　　　c) 表达方式2

图 6-6　压杆的视图

6.1.3　交流学习

一、团队讨论

在日常生活与学习中,经常会出现丢三落四的情况。

请大家讨论:机械制图教材与练习册丢失的现象说明了什么?

二、学习成果交流

1)请描述视图及其应用学习的过程,并展示学习成果。

2)在交流学习的过程中,发现、分析、解决了哪些问题?

三、交流学习记录表（表6-1）

表 6-1　交流学习记录表

知识点	要求	学习问题记录	解决措施与效果
基本视图	对基本视图的形成与投影特性的理解与应用是否准确		
向视图与局部视图	1. 向视图的配置、标注与画法是否正确 2. 局部视图的配置、标注及画法是否正确		
斜视图	1. 斜视图的配置、标注及画法是否理解清晰 2. 对斜视图的注意事项是否理解清晰		
经验积累与存在问题			
经验积累		存在问题	
签审	（评价委员会意见）	年　月　日	
	（指导教师意见）	年　月　日	

6.1.4　巩固练习

通过演示、讲述、绘图完成以下学习任务：

1) 选定物体，以教室模拟六个基本投影面，演示并讲述基本视图的形成与投影特性。

2) 依据图 6-7a 所示直观图，作出机件的向视图（图 6-7b）并进行标注。

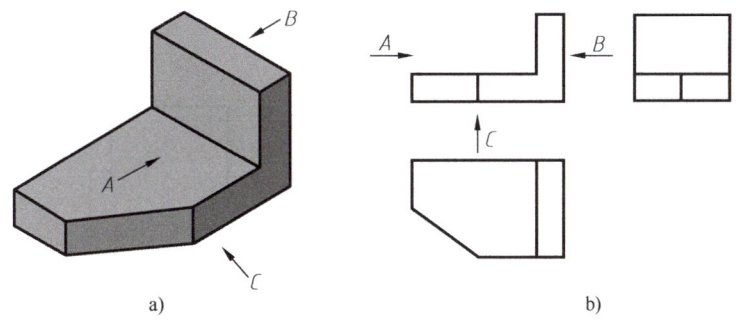

图 6-7　作向视图

3) 参照直观图，作机件的斜视图和局部视图，尺寸在图中量取，如图 6-8 所示。

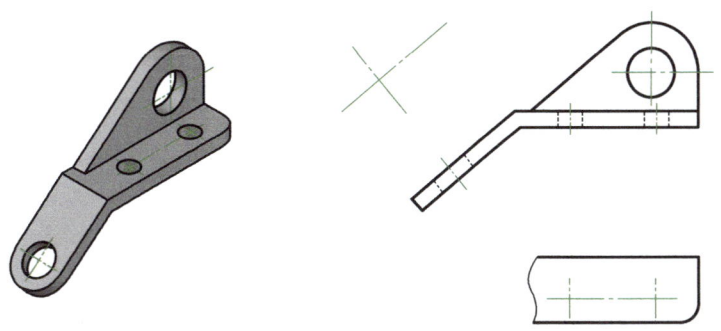

图 6-8　作斜视图和局部视图

6.1.5 考核评价

1. 学习效能评价

团队与个人进行学习效能评价，并完成表 6-2 的填写。

表 6-2 视图及其应用的学习效能评价表

序号	项目	内容	程度	差评原因
1	知识学习	能理解基本视图的形成与投影特性	□优 □良 □中 □差	
2		能使用向视图的表达方式与配置，识读零件外部结构	□优 □良 □中 □差	
3		能使用局部视图的表达方式与配置，识读零件外部结构	□优 □良 □中 □差	
4		能使用斜视图的表达方式与配置，识读零件外部结构	□优 □良 □中 □差	
5	技能学习	能连续、顺畅地进行学习与成果的展示与描述	□优 □良 □中 □差	
6		能正确熟练地完成机件向视图的绘制与识读	□优 □良 □中 □差	
7		能正确熟练地完成机件局部视图与斜视图的绘制与识读	□优 □良 □中 □差	
签审		（评价委员会意见）	年　月　日	
		（指导教师意见）	年　月　日	

2. 综合能力评价

团队内部与团队之间进行综合评价，并完成附录综合能力评价表的填写。

6.1.6 拓展任务

1）完成图 6-9 所示零件的局部视图与斜视图的绘制与标注（不标注尺寸）。

2）在指定位置绘制完成图 6-10 所示零件的局部视图。注意根据相贯线的形状判断局部视图的形状特征。

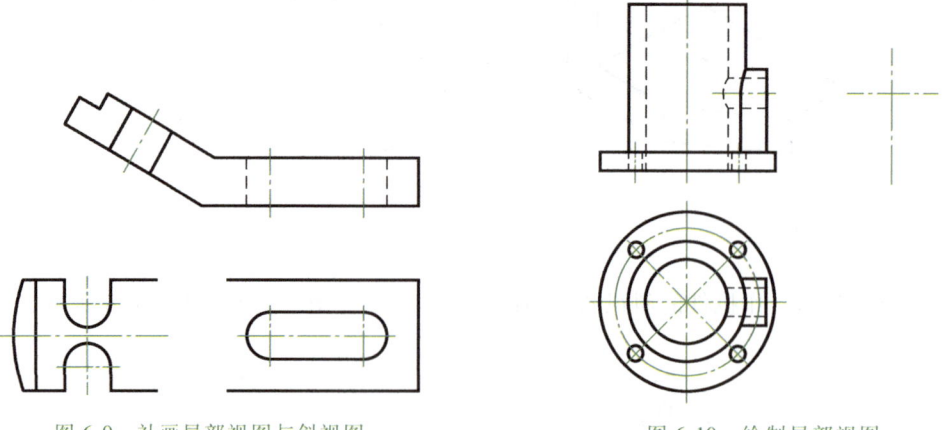

图 6-9　补画局部视图与斜视图　　　图 6-10　绘制局部视图

6.2　剖视图及其应用

6.2.1　学习描述

通过视图技术的学习与应用完成了零件外部形状的表达。为了清晰地表达零件的内部结构形状，接下来将进入剖视图的学习与应用。

通过用剖视图的知识与技能的学习及应用，学生应达成如下学习目标：
1）能理解剖视图的形成原理与作用。
2）能根据零件的形状特点，灵活选择并完成表达其内部结构的全剖视图、半剖视图及局部剖视图的绘制与识读。
3）能正确使用几个相互平行的剖切平面剖切来表达零件的内部结构，同时完成其剖视图的绘制与识读。
4）能正确使用几个相交的剖切平面剖切来表达零件的内部结构，同时完成其剖视图的绘制与识读。
5）能根据零件的内部形状特点，灵活地选择剖视图，正确熟练地使用手工绘图工具完成其剖视图的绘制。

6.2.2 基础知识

视图主要用来表达机件的外部形状。图 6-11a 所示支座的内部结构比较复杂，视图上会出现较多虚线而使图形不清晰，不便于读图和标注尺寸。为了清晰地表达其内部结构，常采用剖视图画法。剖视图画法要遵循国家标准《技术制图　图样画法　剖视图和断面图》（GB/T 17452—1998）、《机械制图　图样画法　剖视图和断面图》（GB/T 4458.6—2002）的规定。

一、剖视图的形成、画法及标注

1. 剖视图的形成

假想用剖切面剖开机件，将处在观察者与剖切面之间的部分移去，将其余部分向投影面投射所得的图形称为剖视图，简称剖视。剖视图的形成过程如图 6-11b、c 所示，图 6-11d 中的主视图即为机件的剖视图。

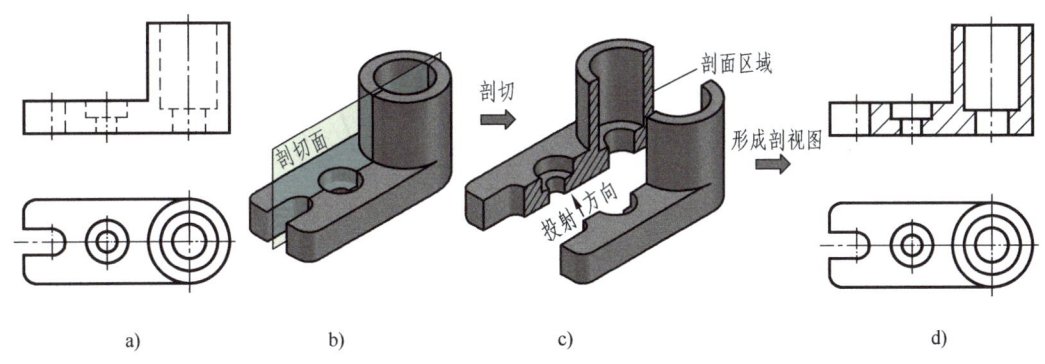

图 6-11　剖视图的形成

2. 剖切符号

机件被假想剖切后，在剖视图中，剖切面与机件接触部分称为剖面区域。为使具有材料实体的切断面（即剖面区域）与其余部分（含剖切面后面的可见轮廓线及原中空部分）明显地区别开来，应在剖面区域内画出剖面符号，如图 6-11d 主视图所示。国家标准规定了各种材料类别的剖面符号，见表 6-3。

在机械设计与制造中，金属材料使用最为广泛，为此，国家标准规定用简明易画的平行细实线作为剖面符号，即剖面线。绘制剖面线时，同一机械图样中同一零件的剖面线应方向相同、间隔相等。剖面线的间隔应按剖面区域的大小确定。剖面线的方向一般与主要轮廓或剖面区域的对称线成 45°角，如图 6-12 所示。

表 6-3　剖面符号（GB/T 4457.5—2013）

材料名称	剖面符号	材料名称	剖面符号
金属材料 （已有规定剖面符号者除外）		木质胶合板 （不分层数）	
非金属材料 （已有规定剖面符号者除外）		基础周围的泥土	
转子、电枢、变压器和 电抗器等的叠钢片		混凝土	
线圈绕组元件		钢筋混凝土	
型砂、填砂、粉末冶金、砂轮、 陶瓷刀片、硬质合金刀片等		砖	
玻璃及供观察 用的其他透明材料		格网 （筛网、过滤网等）	
木材	纵剖面		液体	
	横剖面			

注：1. 剖面符号仅表示材料的类型，材料的名称和代号另行注明。
　　2. 叠钢片的剖面线方向应与束装中叠钢片的方向一致。
　　3. 液面用细实线绘制。

 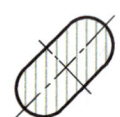  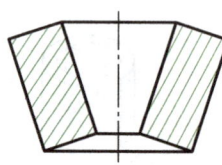 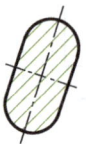

图 6-12　剖面线的方向

3. 剖视图画法的注意事项

1）剖切机件的剖切面必须垂直或平行于某个投影面。

2）机件的一个视图画成剖视图后，其他视图的完整性不应受其影响，如图 6-11d 中的主视图画成剖视图后，俯视图一般仍应完整画出。

3）剖切面后面的可见结构一般应全部画出。切记相交面的交线和面与面之间的连接面的投影不要漏画，如图 6-13 所示。

4）一般情况下，尽量避免用细虚线表示机件上的不可见结构。

4. 剖视图的标注

（1）剖视图的标注要素　为便于读图，剖视图应进行标注，以标明剖切位置及指示视图间的投影关系。剖视图的标注有以下三个要素：

1）剖切位置：剖切位置如图 6-14a~c 所示用粗实线的短线段表示剖切面起讫和转折位置，如图 6-14d 中的 ⌐ 和 ⌐。

2）投射方向：将箭头画在剖切位置线外侧指明投射方向，如图 6-14d 中 A ⌐。

单元6 机械图样的基本表达与技术要求

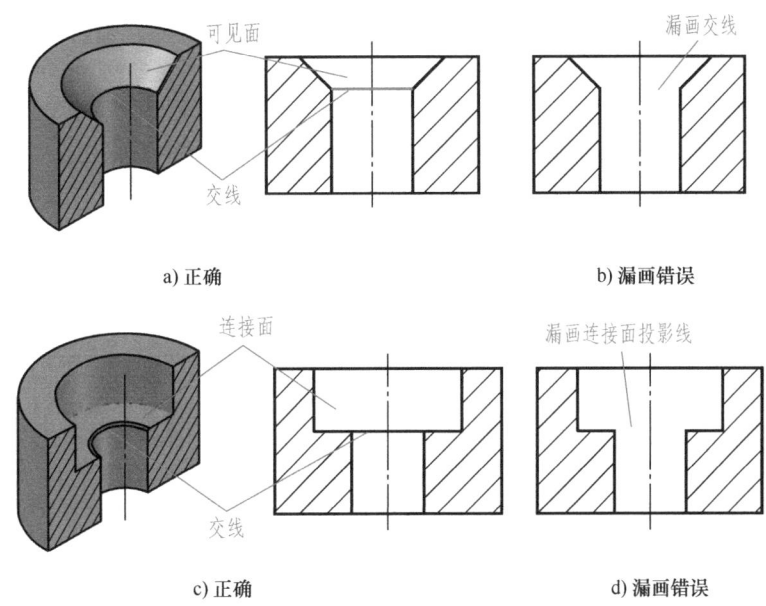

a) 正确　　　　　　　　　　　　b) 漏画错误

c) 正确　　　　　　　　　　　　d) 漏画错误

图 6-13　剖视图画法中的常见错误

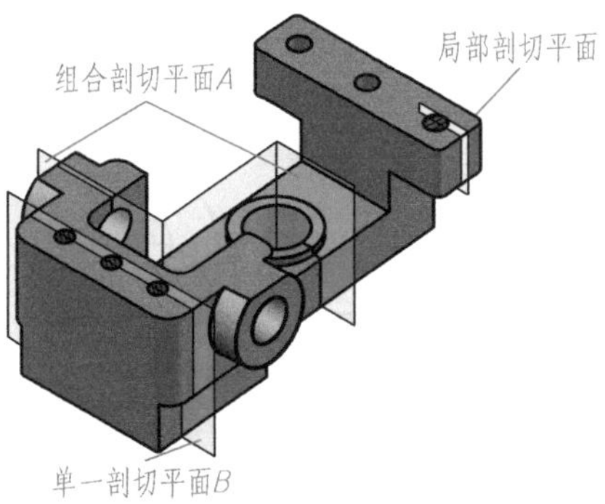

a) 剖切位置确定 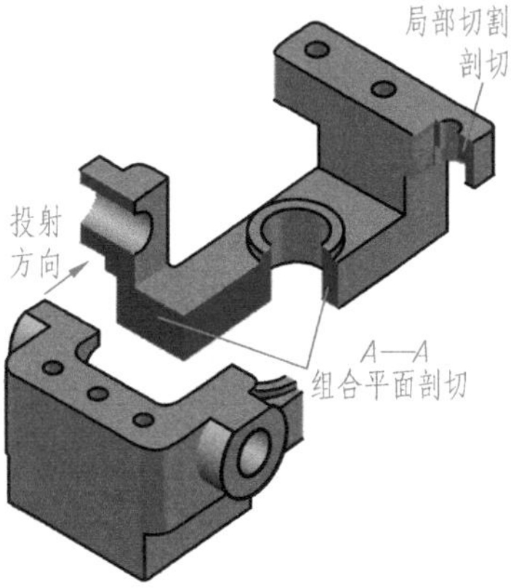　　　　　　　　b) 组合与局部剖切

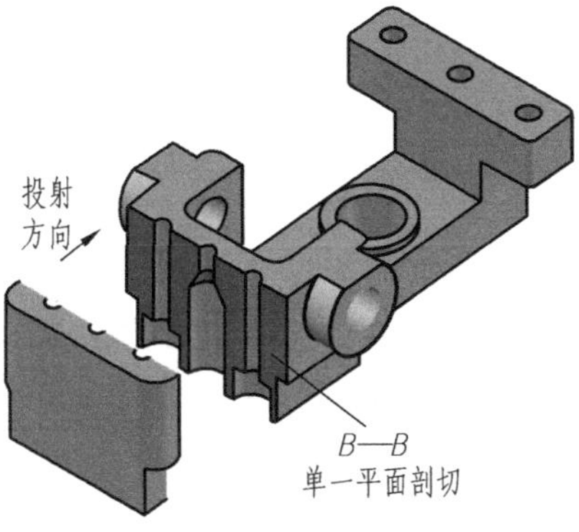

c) 单一平面剖切 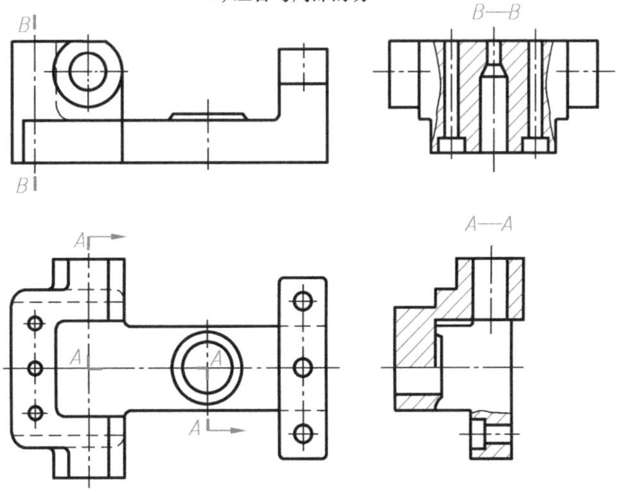　　　　　　　　d) 机件剖视图的标注

图 6-14　机件剖视图的配置和标注

3）对应关系：将大写拉丁字母注写在剖切面起讫和转折位置旁边，并在对应的剖视图上方注写相同的字母名称，如图 6-14d 中的 B⌐、A⌐ 及 A—A。

（2）剖视图的标注方法　剖视图的标注方法可分为三种情况，即全标、不标和省标。

1）全标：上述三要素全部标出，这是基本规定，如图 6-14d 中的 A—A 和 B—B。

2）不标：上述三要素均不必标注。但是，必须同时满足三个条件方可不标，即：单一剖切平面通过机件的对称平面或基本对称平面剖切；剖视图按投影关系配置；剖视图与相应视图间没有其他图形隔开。图 6-11d 所示同时满足了这三个不标条件，故未加任何标注。

3）省标：仅满足不标条件中的后两个条件，则可省略表示投射方向的箭头，如图 6-14 中的 B—B。

5. 剖视图的配置

剖视图应首先考虑配置在基本视图的方位上，如图 6-14d 中的 B—B；当难以按基本视图的方位配置时，也可按投影关系配置在相应位置上，如图 6-14d 中的 A—A；必要时才考虑配置在其他适当位置上。

二、剖视图的作图与识读

根据剖切范围的大小，剖视图可分为全剖视图、半剖视图和局部剖视图。

1. 全剖视图

用剖切面完全地剖开机件所得的剖视图称为全剖视图。全剖视图一般适用于外形比较简单、内部结构较复杂的机件，如图 6-15 所示。

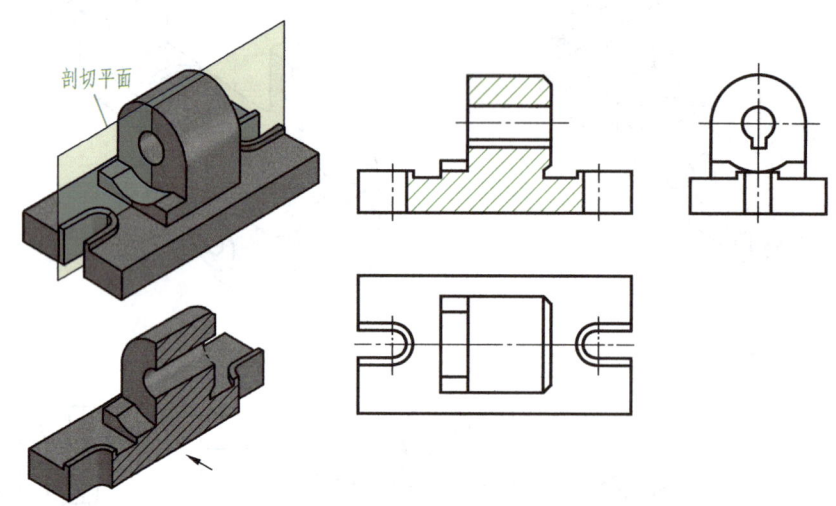

图 6-15　全剖视图

2. 半剖视图

（1）半剖视图应用场合　当机件具有对称平面时，以对称平面为界，用剖切面剖开机件的一半所得的剖视图称为半剖视图。图 6-16 所示的机件左右对称，前后也对称，所以主视图和俯视图均采用剖切右半部分的方法来表达。当机件的形状接近对称且不对称部分已另有图形表达清楚时，也可以画成半剖视图，如图 6-17 所示。

（2）半剖视图应用特点　既表达了机件的内部形状，又保留了外部形状，所以常用于表达内、外形状都比较复杂的对称机件。

（3）画半剖视图时应注意事项（图 6-16）

1）半个视图与半剖视图的分界线用细点画线表示，而不能画成粗实线。

2）内部结构已在半剖视图表达，另一半不再画出细虚线。

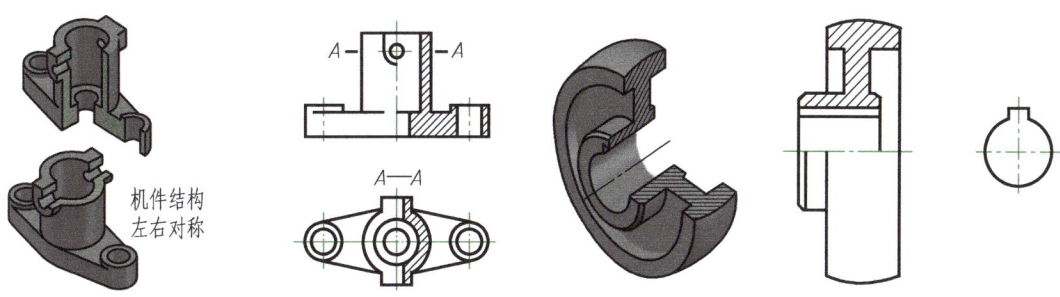

图 6-16　结构对称半剖视图　　　　　　　图 6-17　接近对称半剖视图

3. 局部剖视图

用剖切面局部地剖开机件所得的剖视图称为局部剖视图。如图 6-18 所示，虽然该机件上下、前后都对称，但由于主视图中的方孔轮廓线与对称中心线重合，所以不宜采用半剖视图，这时应采用局部剖视图。这样，既可表达中间方孔内部的轮廓线，又保留了机件的部分外形。

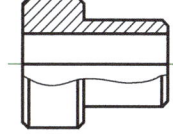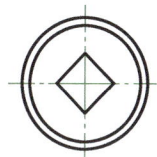

图 6-18　局部剖视图

局部剖视图作图时应注意以下几点：

1）局部剖视图可用波浪线分界，波浪线应画在机件的实体上，不能超出实体轮廓线；也不能画在机件的中空处，如图 6-19 所示。

局部剖视图也可用双折线分界，如图 6-20 所示。

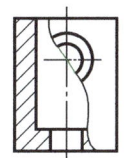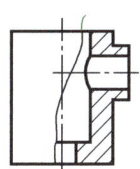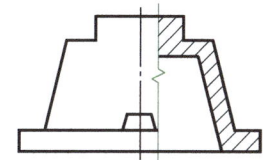

图 6-19　局部剖视图的错误画法　　　　　图 6-20　局部剖视图中的双折线分界

2）一个视图中，局部剖视图的数量不宜过多，在不影响外形表达的情况下，可在较大范围内画成局部剖视图，以减少局部剖视图的数量。如图 6-21 所示的机件，主视图采用两个局部剖视图，俯视图采用一个局部剖视图来表达内部结构。

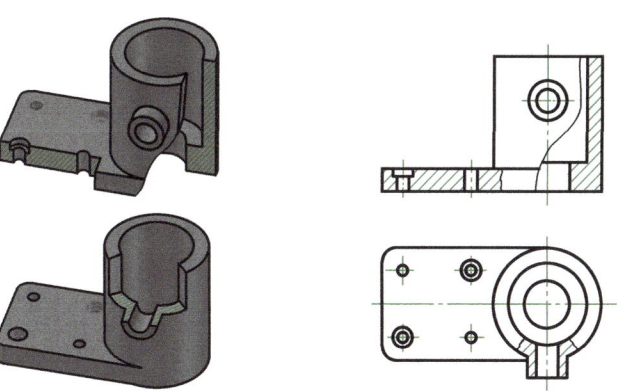

图 6-21　局部剖视图的数量尽量少

3）波浪线不应画在轮廓线的延长线上，也不能用轮廓线代替，或与图样上的其他图线重合。

注意：局部剖视图在保证表达清楚内部结构的情况下，尽量保留外部形状的表达图形。

三、剖切平面的种类

由于机件内部结构、形状的多样性和复杂性，常需选用不同数量和位置的剖切面来剖开机件，才能把机件的内部形状表达清楚。国家标准规定，根据机件的结构特点，可选择以下剖切面：单一剖切平面、几个平行的剖切平面、几个相交的剖切平面（交线垂直于某一投影面）。

1. 单一剖切平面

单一剖切平面可以是平行于基本投影面的剖切平面，如前所述的全剖视图、半剖视图和局部剖视图所举图例大多是用这种剖切面剖开机件而得到的剖视图。单一剖切平面也可以是不平行于基本投影面的斜剖切平面，如图 6-22 中的 $B—B$。这种剖视图一般应与倾斜部分保持投影关系，但也可配置在其他位置。为了画图和读图方便，可把视图旋转放正，但必须按规定标注。

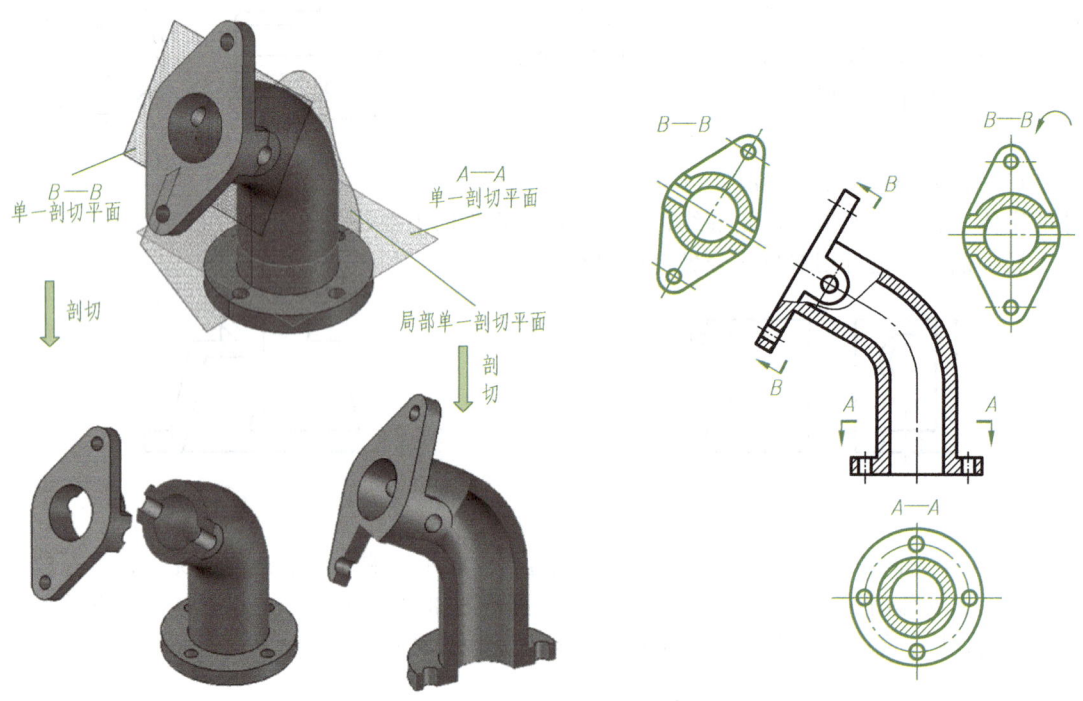

图 6-22　单一剖切平面的应用

2. 几个平行的剖切平面

利用几个平行的剖切平面剖切，可以表达位于几个平行平面上的机件内部结构。如图 6-23a 所示的轴承挂架左右对称，如果用单一剖切平面在机件的对称平面处剖开，则上部两个小圆孔不能剖到；若采用两个平行的剖切平面将机件剖开，可同时将机件上、下部分的内部结构表达清楚，如图 6-23d 中的 $A—A$。

用几个平行的剖切面平画剖视图时应注意以下几点：

1）因为剖切平面是假想的，所以不应画出剖切平面转折处的投影，如图 6-23b 所示。

2）剖视图中不应出现不完整结构要素，如图 6-23c 所示。但当两个要素在图形上具有公共对称中心线或轴线时，可各画一半，此时应以对称中心线或轴线为界，如图 6-24 所示。

单元6 机械图样的基本表达与技术要求

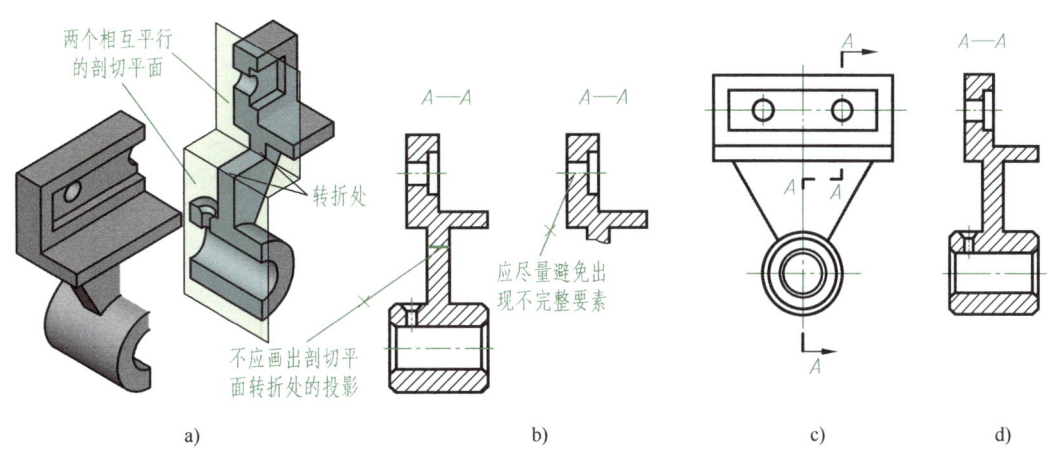

图 6-23 两个平行剖切平面剖视图的画法

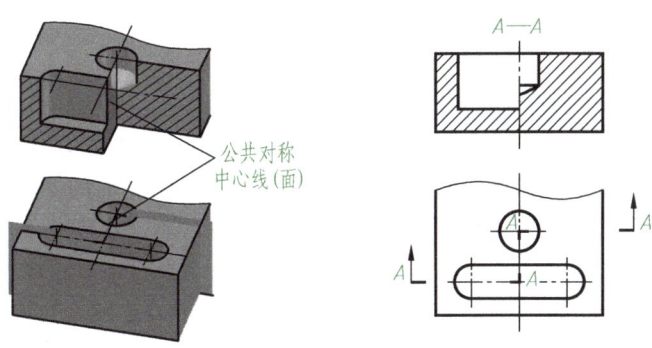

图 6-24 具有公共对称中心线（面）的剖视图

3）必须在相应视图上用剖切符号表示剖切位置，在剖切平面的起讫和转折处注写相同的字母。

3. 几个相交的剖切平面

图 6-25 为一圆盘状机件，若采用单一剖切平面只能表达肋板的形状，不能反映135°方向小孔的形状。为了在主视图上同时表达机件的这些结构，必须用两个相交的剖切平面剖开机件。

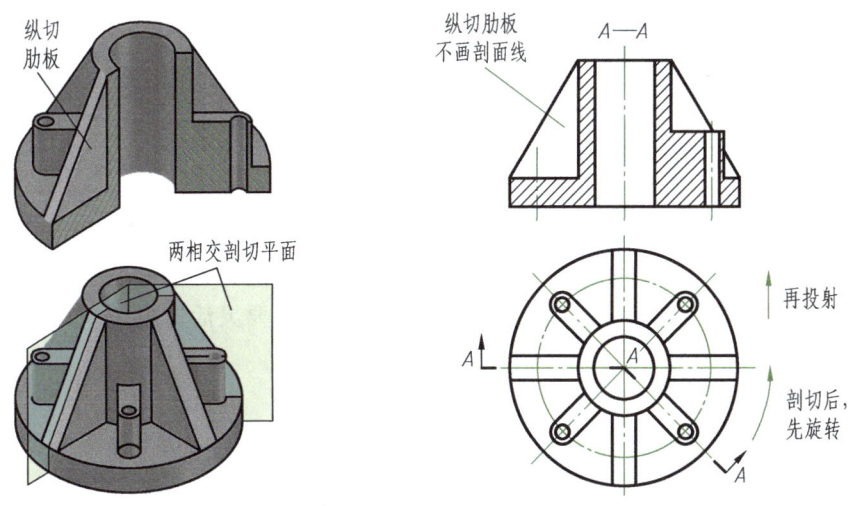

图 6-25 两个相交剖切平面剖视图的画法

145

图 6-26 所示机件为用三个相交的剖切面剖开机件来表达内部结构的实例。

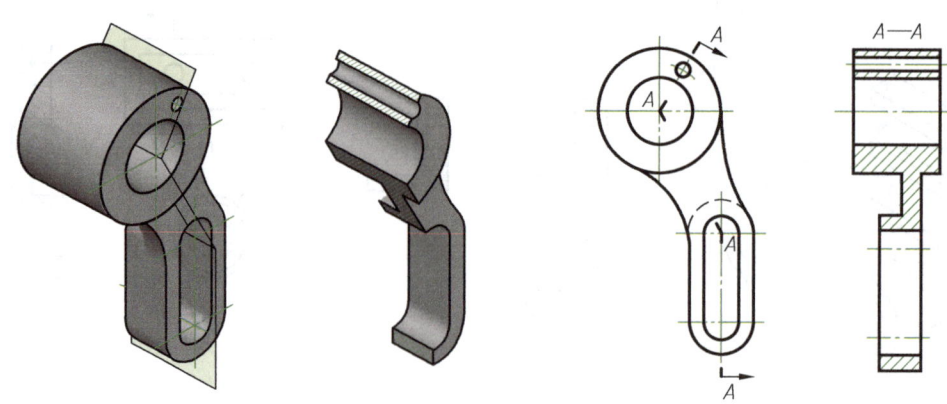

图 6-26　三个相交剖切面剖视图

采用几个相交的剖切平面画剖视图时应注意以下几点：
1）相邻两剖切平面的交线应垂直于某一投影面。
2）用几个相交的剖切平面剖开机件时，应先剖切后旋转，使剖开的结构及其有关部分旋转至与某一选定的投影面平行后再投射。此时旋转部分的某些结构与原图形不再保持投影关系，如图 6-27 所示中机件倾斜部分的剖视图。在剖切平面后面的其他结构一般仍应按原位置投射，如图 6-27 中剖切平面后面的小圆孔。

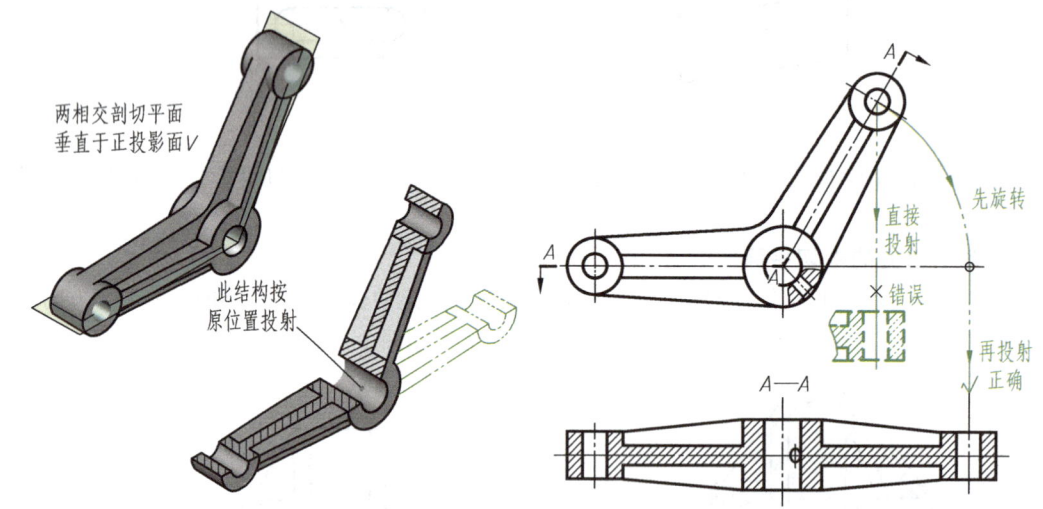

图 6-27　相交剖切平面剖视图注意事项

3）采用相交剖切平面剖切后，应对剖视图进行标注。剖切符号的起讫及转折处用相同字母标出，但当转折处空间狭小又不致引起误解时，转折处允许省略字母。

上述三种剖切平面可以根据机件内部形状特征的表达需要灵活选用。

6.2.3　交流学习

一、团队讨论

剖视图主要用于表达机件内部的结构形状，它是假想的用一剖切平面（平面或者曲面）剖开机件，并将处在观察者和剖切平面之间的部分移除，而将其余部分向投影面上进行投射所得到的视图。当我们处理任何事情时，都应当对事物进行剖析，并寻求解决方法，剖析的方法可以是全面剖析、分析整体,也可以就某一突出问题进行局部剖析,也可以利用事物的相似性,采用对比半剖析的方式进行分析。这些剖析的过程跟剖视图的意义具有异曲同工之妙,都是为了更好的看清事物的本质或者说看清楚隐藏在事物外表下的内部结构,从而更加准确的将事物表达出来,进而全面掌握。

请大家分享个人或团队在面对复杂问题时,如何运用逐层剖析的方法识别问题的关键要素,理清问题的层次结构,以及这一过程中遇到的挑战和应对的解决方案。

二、学习成果交流

1)请描述剖视图及其应用学习的过程,并展示学习成果。
2)在交流学习的过程中,发现、分析、解决了哪些问题?

三、交流学习记录表(表6-4)

表 6-4 交流学习记录表

知识点	要求	学习问题记录	解决措施与效果
剖视图的形成	1)是否正确理解剖视图的形成原理与作用 2)是否正确理解了剖视图的画法及注意事项		
全剖视图	全剖视图的绘制与标注是否正确		
半剖视图	半剖视图的绘制与标注是否正确		
局部剖视图	局部剖视图的绘制与标注是否正确		
单一剖切平面	单一剖切平面剖视图的绘制与标注是否正确		
几个平行剖切平面	几个平行剖切平面剖视图的绘制方法与标注是否正确		
几个相交剖切平面	几个相交剖切平面剖视图的绘制方法与标注是否正确		
经验积累与存在问题			
经验积累		存在问题	
签审	(评价委员会意见)	年 月 日	
	(指导教师意见)	年 月 日	

6.2.4 巩固练习

一、剖视图剖切位置选择演示

选择不同结构形状的机件,灵活选择剖切面的位置,并进行演示和讲解。

二、剖视图的绘制、配置与标注

1)如图 6-28 所示,根据立体图将主视图画成全剖视图。
2)如图 6-29 所示,在指定位置将主视图改画成半剖视图。
3)如图 6-30 所示,将主视图改画成局部剖视图。
4)如图 6-31 所示,根据立体图,用几个平行剖切平面剖切,将主视图改画成全剖视图。
5)如图 6-32 所示,根据立体图,用几何相交剖切平面剖切,将主视图改画成全剖视图。

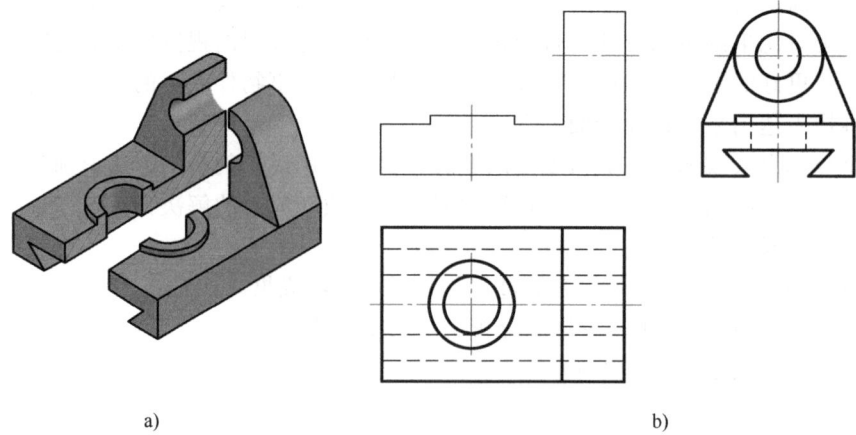

图 6-28　画全剖视图（一）

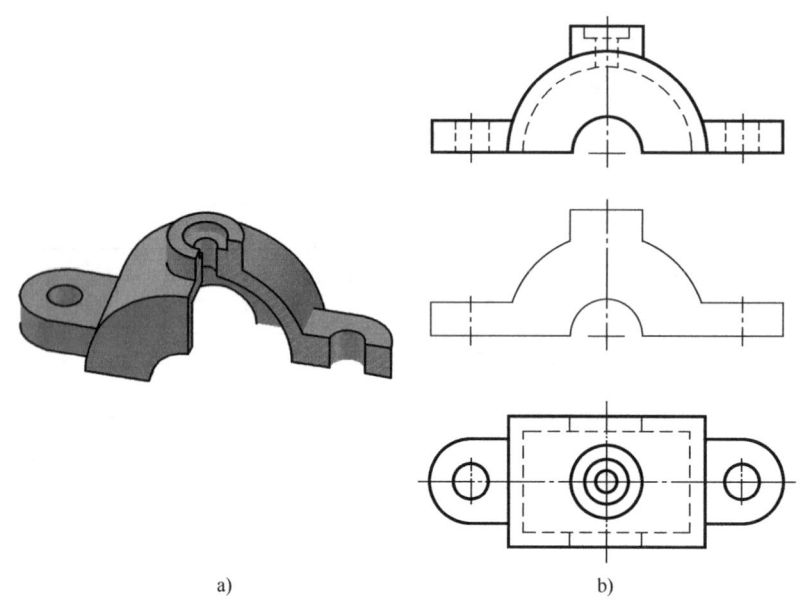

图 6-29　画半剖视图

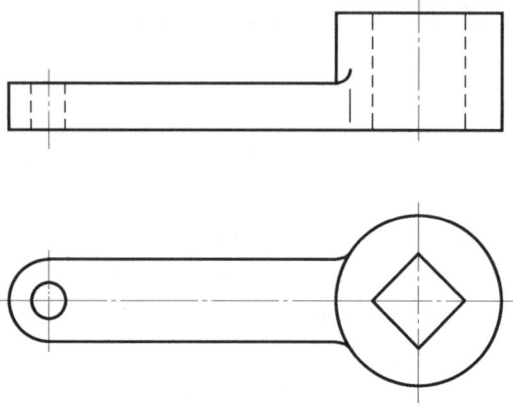

图 6-30　画局部剖视图

单元6 机械图样的基本表达与技术要求

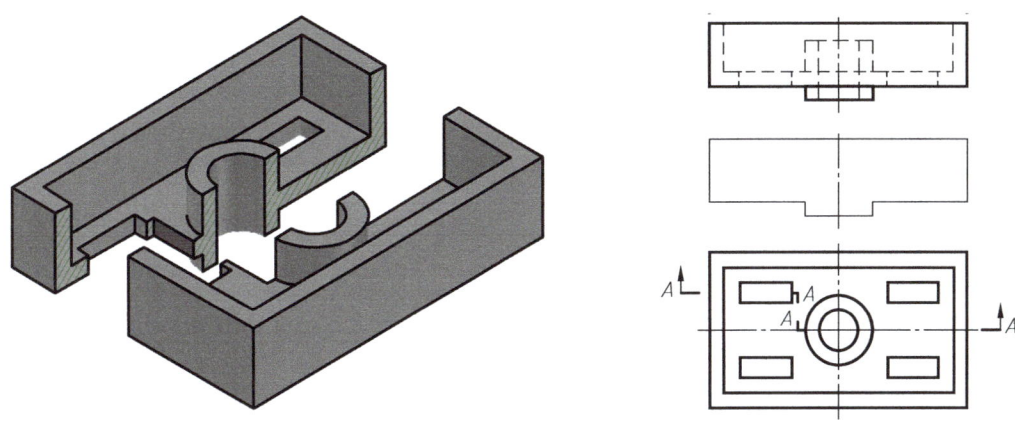

图 6-31 画全剖视图（二）

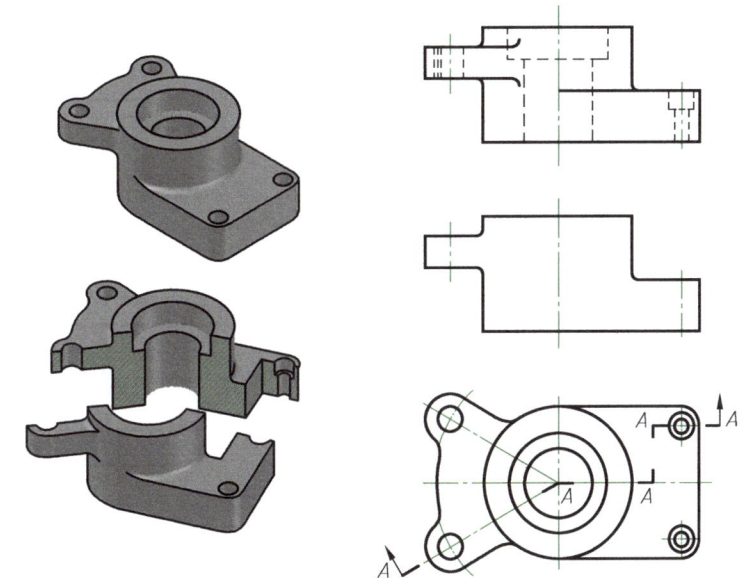

图 6-32 画全剖视图（三）

6.2.5 考核评价

1. 学习效能评价

团队与个人进行学习效能评价，并完成表 6-5 的填写。

表 6-5 剖视图及其应用的学习效能评价表

序号	项目	内容	程度	差评原因
1	知识学习	能理解剖视图形成的原理与作用	□优 □良 □中 □差	
2		能理解与应用全剖视图的绘制与识读方法	□优 □良 □中 □差	
3		能理解与应用半剖视图的绘制与识读方法	□优 □良 □中 □差	
4		能理解与应用局部剖视图的绘制与识读方法	□优 □良 □中 □差	
5		能理解几个平行剖切平面剖视图的绘制与识读方法	□优 □良 □中 □差	
6		能理解几个相交剖切平面剖视图的绘制与识读方法	□优 □良 □中 □差	

(续)

序号	项目	内容	程度	差评原因
7	技能学习	能正确、快捷地绘制与识读全剖视图	□优 □良 □中 □差	
8		能正确、快捷地绘制与识读半剖视图	□优 □良 □中 □差	
9		能正确、快捷地绘制与识读局部剖视图	□优 □良 □中 □差	
签审		（评价委员会意见）	年　月　日	
		（指导教师意见）	年　月　日	

2. 综合能力评价

团队内部与团队之间进行综合评价，并完成附录综合能力评价表的填写。

6.2.6 拓展任务

1）补画下列视图中的漏线，如图6-33、图6-34所示。

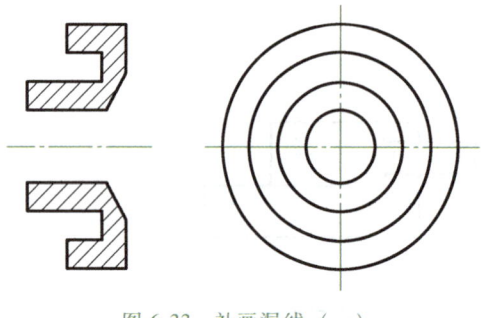

图6-33　补画漏线（一）

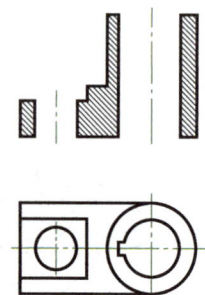

图6-34　补画漏线（二）

2）如图6-35所示，根据俯视图选择正确主视图，在正确的主视图括号内打√。

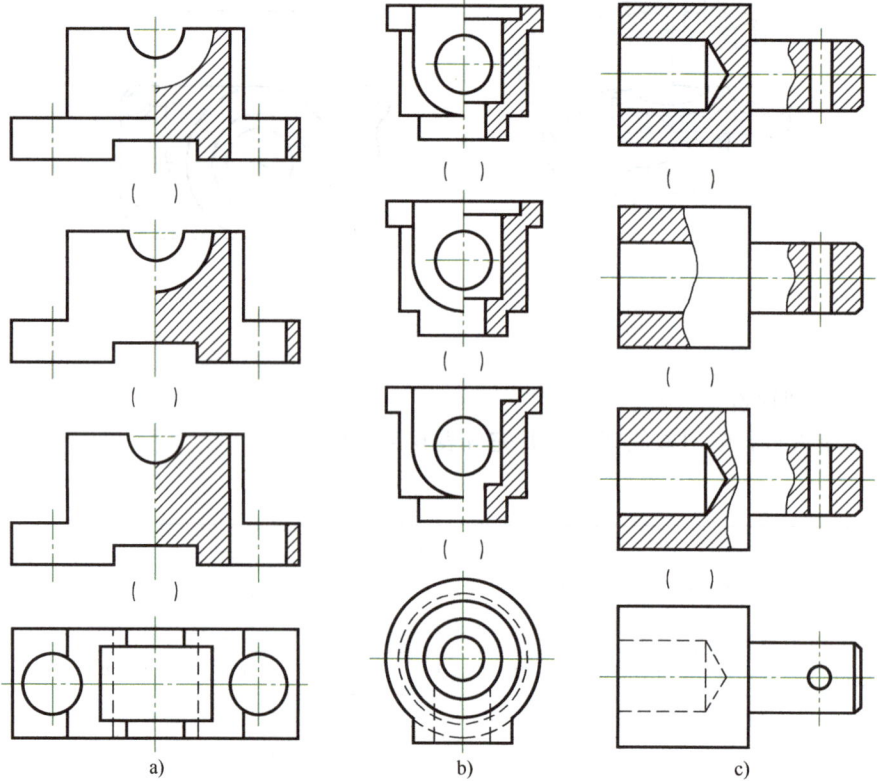

图6-35　根据俯视图选择正确主视图

6.3 断面图、局部放大图与简化画法

6.3.1 学习描述

通过断面图、局部放大图与简化画法知识与技能的学习与应用,学生应达成如下学习目标:

1) 能灵活运用断面图来表达与识读机件断面的结构形状。
2) 能灵活运用局部放大图来正确表达与识读机件细微部位的结构形状。
3) 能灵活运用简化画法来正确表达与识读机件重复部分的结构形状。

6.3.2 基础知识

一、断面图

1. 断面图的形成与作用

断面图是用假想剖切平面将机件某处切断,仅用以表达该处断面形状的图形。

如图 6-36a 所示,为了表达清楚键槽与横孔的形状,分别在两处使用了垂直于轴线的两个假想剖切平面将轴的两个部位切断,获得了键槽和横孔的形状,断面图与剖视图的区别如图 6-36b、c 所示。

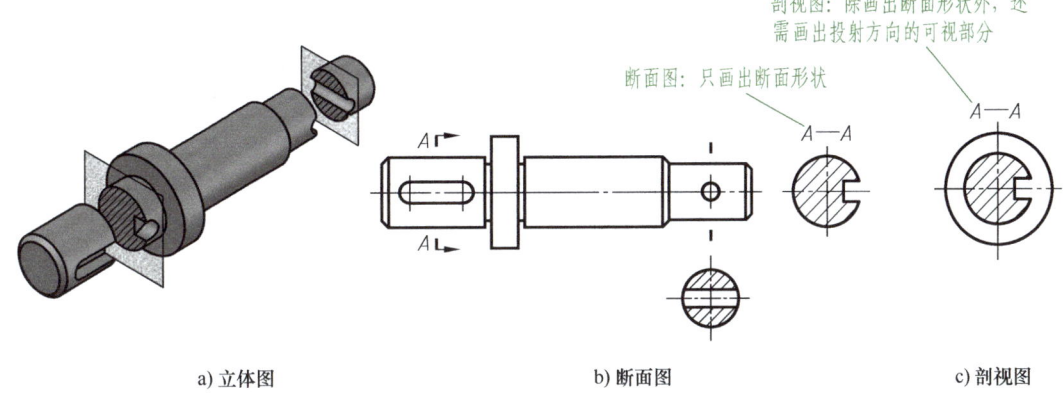

a) 立体图　　　　　　　　b) 断面图　　　　　　　　c) 剖视图

图 6-36　断面图的形成与作用

2. 移出断面图的特殊画法

画在视图之外的断面图称为移出断面图。

如图 6-37 所示,为两个相交剖切平面剖切形成的移出断面图。

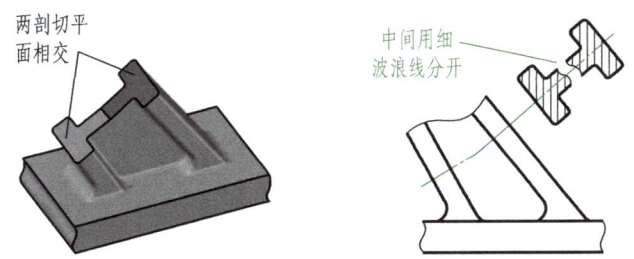

图 6-37　两个相交剖切平面剖切形成的移出断面图

当断面图通过回转表面的孔或凹坑的轴线(图 6-38a)或通过非圆孔(图 6-38b)形成完全分离的断面时,则要求按照剖视图绘制。

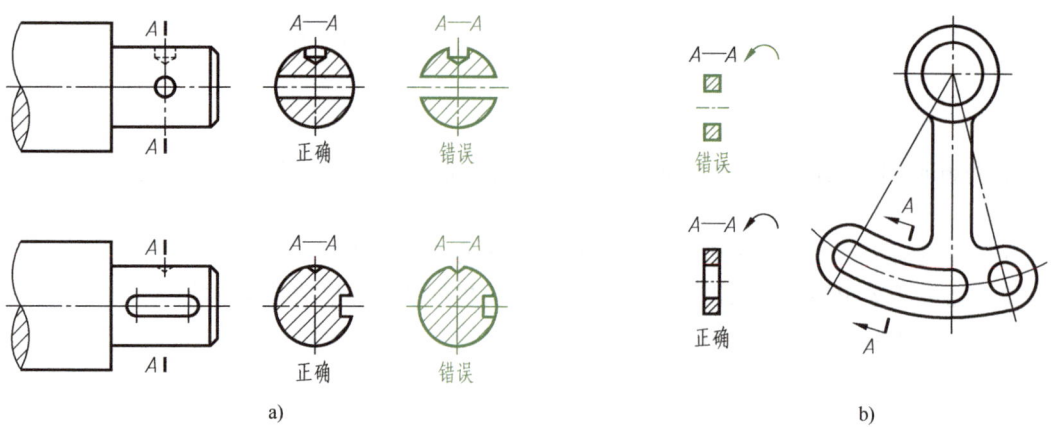

图 6-38 移出断面图的特殊画法

3. 移出断面图的配置与标注

移出断面图的配置与标注，见表 6-6。

表 6-6 移出断面图的配置与标注

配置	对称移出断面图	不对称移出断面图
配置与剖切线（面）或剖切符号对齐	不必标注剖切符号和字母	不必标注字母
按照投影关系配置	不必标注箭头	
配置在其他位置	不必标注箭头	必须标注剖切符号（含箭头）和字母

4. 重合断面图（图6-39）

二、局部放大图（GB/T 4458.1—2002）

当按一定比例画出机件的视图时，其上的细小结构常常会表达不清，且难以标注尺寸，此时可局部地另行画出这些结构的放大图，如图6-40所示。这种将机件的部分结构用大于原图形的比例画出的图形称为局部放大图。局部放大图可画成视图，也可画成剖视图或断面图，与被放大部分的原表示方法无关。

局部放大图应尽量配置在被放大部位的附近。绘制局部放大图时，除螺纹牙型、齿轮和链轮的齿形外，应用细实线圈出被放大部位。当同一机件上有几处被放大时，应用罗马数字编号，并在局部放大图上方标注出相应的罗马数字和所采用的比例。

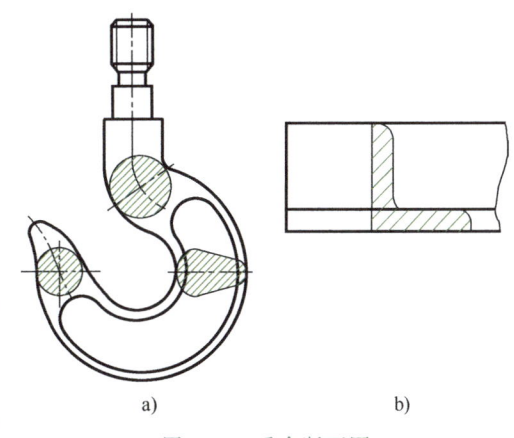

图6-39　重合断面图

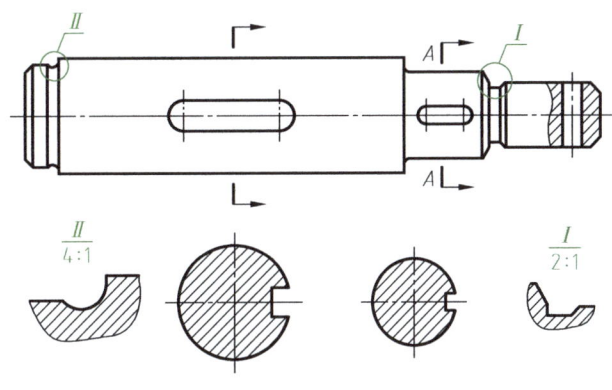

图6-40　局部放大图

三、简化画法（GB/T 16675.1—2012、GB/T 4458.1—2002）

1）对称机件的视图可只画1/2或1/4，并在对称中心线的两端画两条与其垂直的平行细实线，如图6-41所示。这种简化画法（用细点画线代替波浪线作为断裂边界线）是局部视图的一种特殊画法。

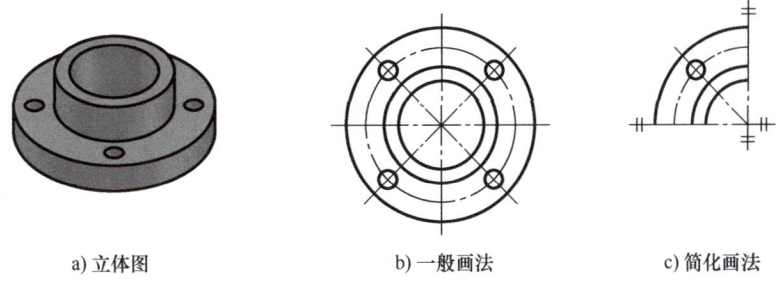

a) 立体图　　　　b) 一般画法　　　　c) 简化画法

图6-41　盘类零件的简化画法

对于同时具有对称与不对称结构的机件视图的简化画法，如图6-42所示。

2）在不致引起误解时，图形中用细实线绘制的过渡线和用粗实线绘制的相贯线，可以

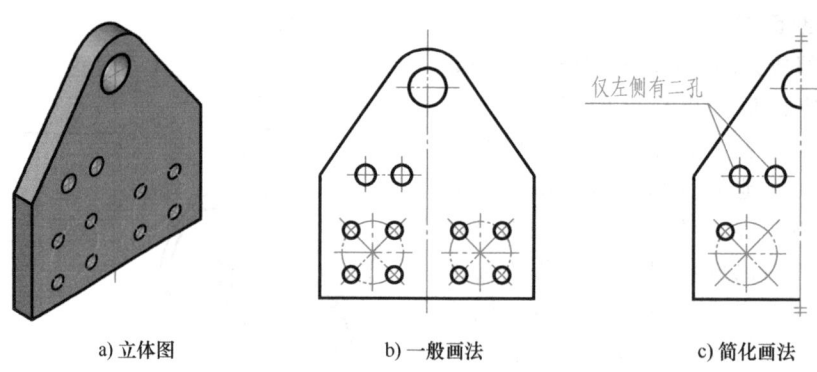

图 6-42　同时具有对称与不对称结构的机件视图的简化画法

用圆弧或直线代替非圆曲线（图 6-43a~c），也可以用模糊画法表示相贯线（图 6-43d）。

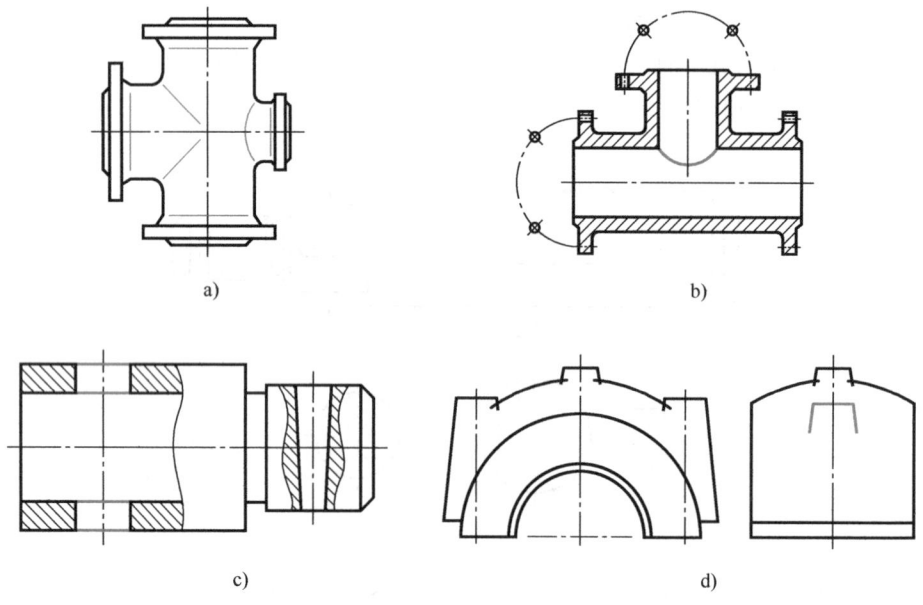

图 6-43　过渡线和相贯线的简化画法

3）当机件上有较小结构及斜度等已在一个图形中表达清楚时，在其他图形中可简化表示或省略。图 6-44a 所示中的主视图省略了平面斜切圆柱面后截交线的投影，图 6-44b 所示中的俯视图简化了锥孔的投影。

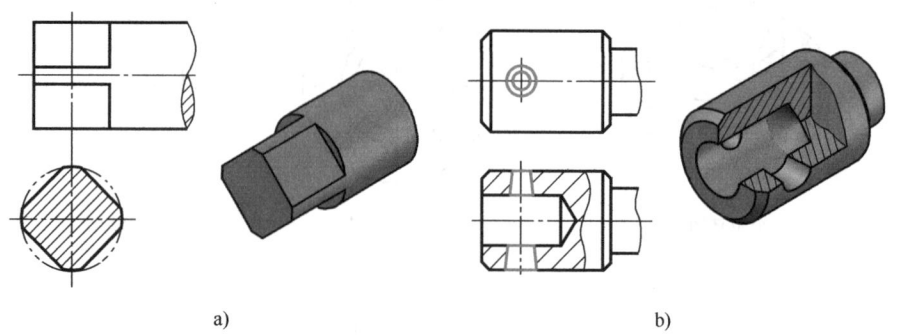

图 6-44　机件上较小结构的简化画法

4)机件中与投影面倾斜角度不大于30°的圆或圆弧,手工绘图时,可用圆或圆弧代替其投影,如图6-45所示。

5)当不能充分表达回转体零件表面上的平面时,可用平面符号(相交的两条细实线)表示,如图6-46所示。

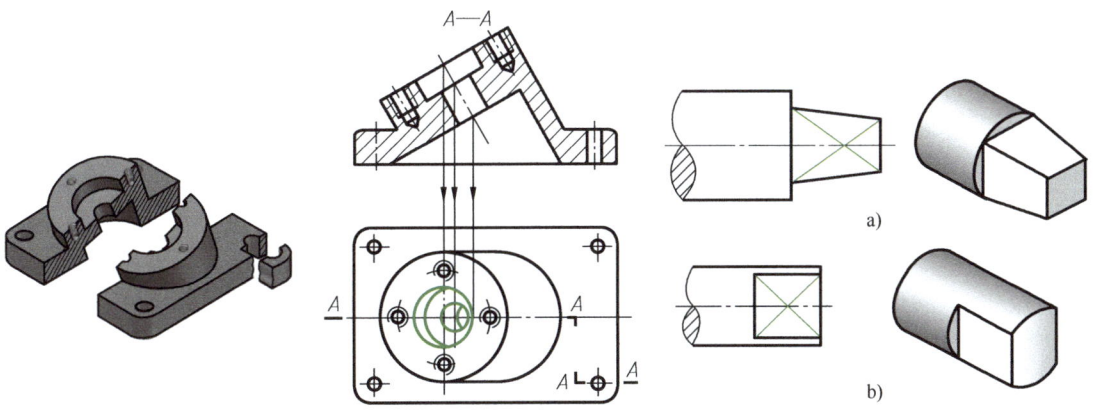

图6-45 与投影面倾斜角度不大于30°的圆或圆弧的画法　　图6-46 平面符号

6)对于机件的肋、轮辐及薄壁等,如按纵向剖切,这些结构都不画剖面符号,而用粗实线将它们与其邻接部分分开(图6-47a)。当零件回转体上均匀分布的肋、轮辐及孔等结构不处于剖切平面上时,可将这些结构旋转到剖切平面上画出(图6-47b)。

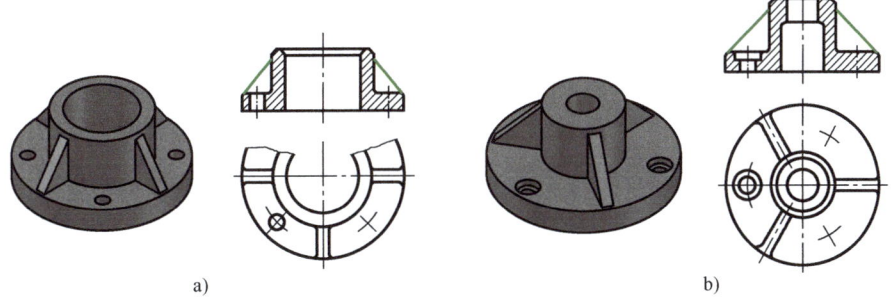

图6-47 机件的肋、轮辐及孔等结构的画法

7)当机件具有若干直径相同且按规律分布的孔(圆孔、螺纹孔及沉孔)时,可以仅画出一个或几个,其余只需表示出其中心位置即可(图6-48)。

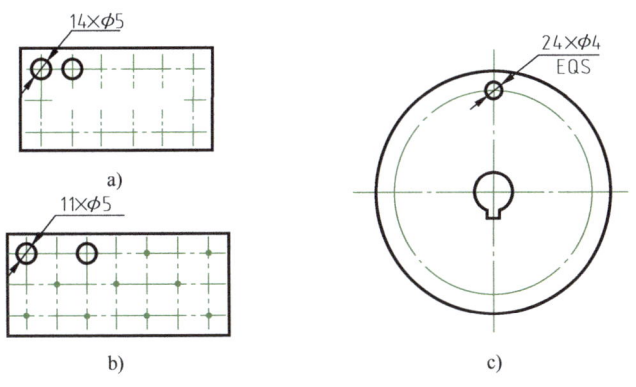

图6-48 按规律分布的等直径孔

8)当机件具有相同结构（齿、槽等）并按一定规律分布时，应尽可能减少相同结构的重复绘制，只需画出几个完整的结构，其余可用细实线连接（图6-49）。

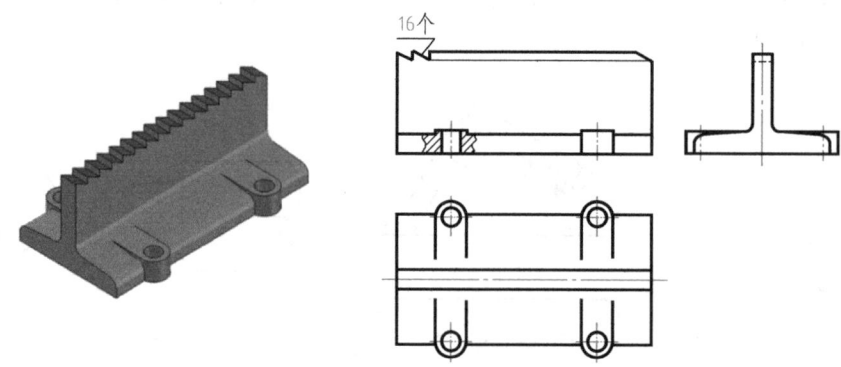

图6-49 相同结构的简化画法

9)较长机件（轴、型材、连杆等）沿长度方向的形状一致或按一定规律变化时，可断开后缩短绘制，但仍按机件的设计要求标注尺寸（图6-50）。

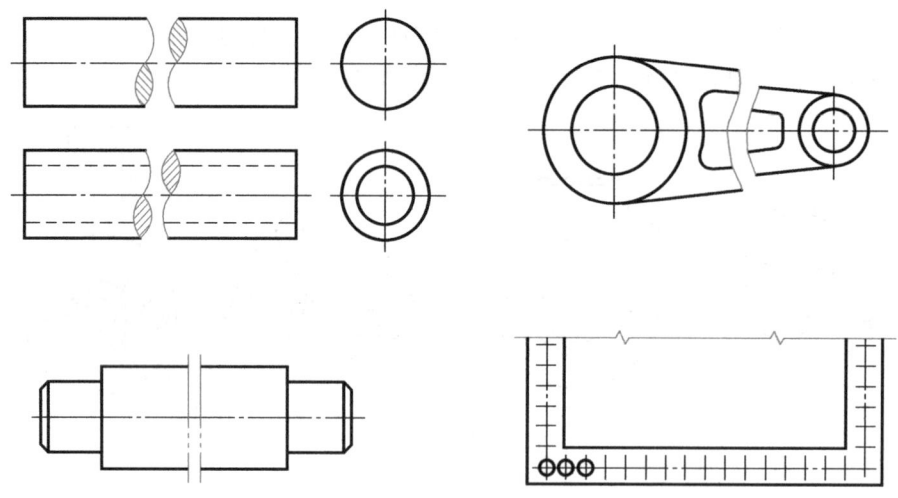

图6-50 较长机件的简化画法

6.3.3 交流学习

一、团队讨论

进入21世纪以来，我国科学技术发展突飞猛进，取得了一系列全球技术领先的重大科研成果，研制了一大批的大国重器，如中国高铁、嫦娥系列月球探测器及蛟龙号载人潜水艇等，这些大国重器在国民经济中发挥着巨大的作用。

请大家讨论：机械识图相关知识与技能对上述科研成果有什么帮助，作为学生应该怎么贡献自己的一份力量？

二、学习成果交流

1）请描述断面图、局部放大图及简化画法学习的过程，并展示学习成果。

2）在交流学习的过程中，发现、分析、解决了哪些问题？

三、交流学习记录表（表6-7）

表6-7　交流学习记录表

知识点	要求	学习问题记录	解决措施与效果
断面图	对断面图的形成、作用、配置与标注方法的理解是否准确		
局部放大图	对局部放大图的作用、配置及标注方法的理解是否准确		
简化画法	对各种不同结构机件的简化画法与标注方法的理解是否准确		
经验积累与存在问题			
经验积累		存在问题	
签审	（评价委员会意见）		年　　月　　日
	（指导教师意见）		年　　月　　日

6.3.4　巩固练习

1）绘制图6-51所示轴的断面图，键槽深度为宽度的1/2。

2）按照4∶1的比例作图6-51所示的退刀槽的局部放大视图。配置在适当位置。

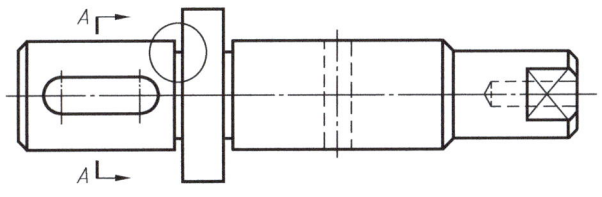

图6-51　断面图

3）图中量取尺寸，用圆和圆弧的简化画法作图6-51所示轴的零件图（自备图纸，作图比例2∶1）。

6.3.5　考核评价

1. 学习效能评价

团队与个人进行学习效能评价，并完成表6-8的填写。

表6-8　断面图、局部放大图与简化画法的学习效能评价表

序号	项目	内容	程度	差评原因
1	知识学习	能理解和应用移出断面图的绘制与标注方法	□优　□良　□中　□差	
2		能理解和应用重合断面图的绘制与标注方法	□优　□良　□中　□差	
3		能理解和应用局部放大图的作用、绘制与标注方法	□优　□良　□中　□差	
4		能根据机件结构灵活选择简化画法的类型、绘制与标注方法	□优　□良　□中　□差	

（续）

序号	项目	内容	程度	差评原因
5	技能学习	能按要求正确、快捷地绘制与识读机件的断面图	□优 □良 □中 □差	
6		能按要求正确、快捷地绘制与识读机件的局部放大图	□优 □良 □中 □差	
7		能根据机件结构特点选择、绘制与识读简化画法图	□优 □良 □中 □差	
签审		（评价委员会意见）	年 月 日	
		（指导教师意见）	年 月 日	

2. 综合能力评价

团队内部与团队之间进行综合评价，并完成附录综合能力评价表的填写。

6.3.6 拓展任务

1）移出断面图的轮廓线用＿＿＿＿＿＿＿线绘制。重合断面图的轮廓线用＿＿＿＿＿＿＿线绘制。

2）将机件的部分结构用大于原图形比例画出的图形称为＿＿＿＿＿＿＿图。

3）机件中与投影面倾斜角度30°的圆或圆弧的投影可用＿＿＿＿＿＿＿圆或圆弧画出。

4）识读图6-52所示的视图，请选择正确的断面图，在正确的断面图括号内打√。

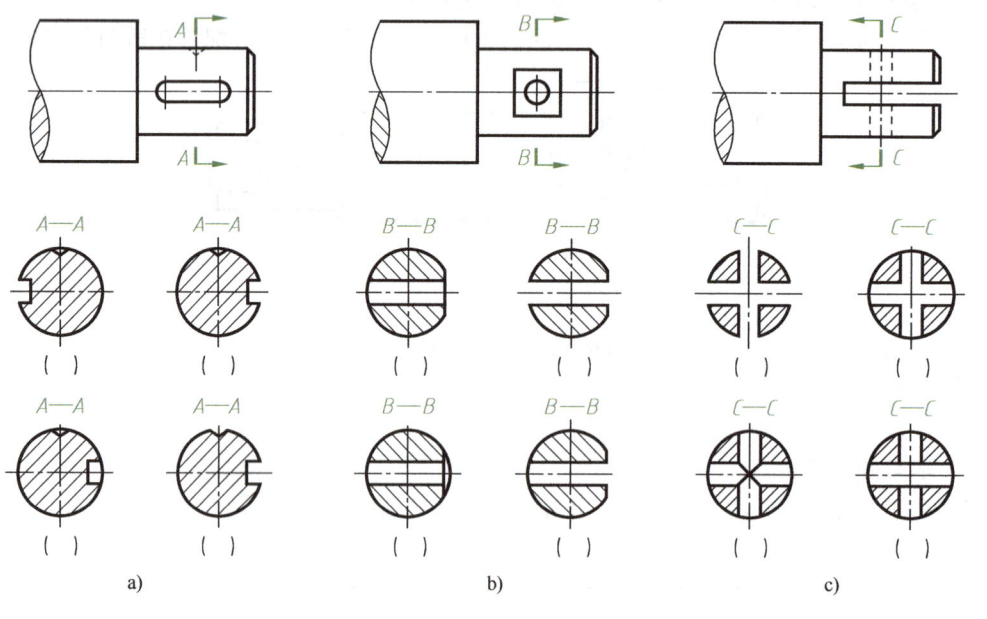

图6-52 识读视图

6.4 零件图中的技术要求

6.4.1 学习描述

使用视图、剖视图清晰地表达出零件内、外结构，只是完成了零件有图未注的"形"

的表达,还必须清晰完整地表达出零件加工时必须达到的技术要求,这才能使零件图形神兼备而具有生命力。

零件图的技术要求包括表面粗糙度、尺寸公差、几何公差以及热处理等。技术要求一般使用符号、代号或标记标注在图形上,或者以简明的文字注写在图样适当的位置。

通过对零件表面粗糙度、尺寸公差、几何公差以及热处理等技术要求等知识及技能的学习与应用,学生应达成如下学习目标:

1) 能正确、熟练地在零件图上表达与识读零件的表面粗糙度要求。
2) 能正确、熟练地在零件图上表达与识读零件的尺寸精度要求。
3) 能正确、熟练地在零件图上表达与识读零件的几何公差要求。

6.4.2 基础知识

一、表面结构图样的表达与识读

零件表面结构是表面粗糙度、表面波纹度、表面缺陷、表面纹理和表面几何形状的总称。表面结构的各项要求在图样上的表示法在《产品几何技术规范(GPS) 技术产品文件中表面结构的表示法》GB/T 131—2006 中均有具体规定。这里简要介绍表面粗糙度的表示与识读。

1. 表面粗糙度的评定参数

零件表面经过机械加工后,在光学放大镜下会显示出许多高低不平的"峰"与"谷"。表面粗糙度就是零件加工表面上具有较小间距和较小峰、谷所组成的微观几何形状特性,如图 6-53a 所示。

零件表面粗糙度与加工方法、切削刃形状和切削参数等因素有密切关系。表面粗糙度值的大小直接影响着零件的表面质量、尺寸精度、配合精度、耐蚀性、耐磨性、密封性,是零件加工中必不可少的技术参数。

零件表面粗糙度轮廓的两个常用评定参数包括:

1) 轮廓算术平均偏差(Ra):在一个取样长度内,纵坐标 $Z(x)$ 绝对值的算数平均值,如图 6-53b 所示。
2) 轮廓最大高度(Rz):在一个取样长度内,最大轮廓峰高与最大轮廓谷深之间的和,如图 6-53b 所示。

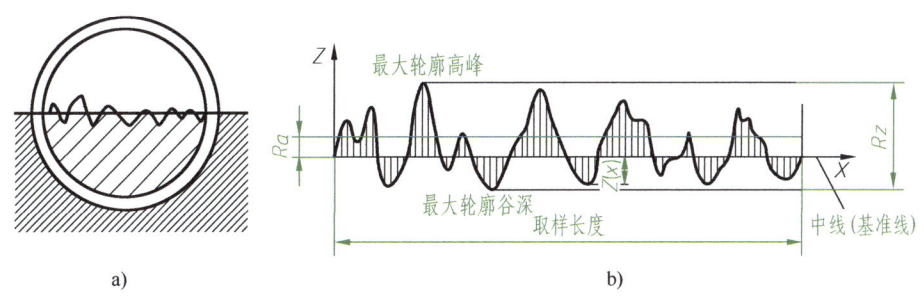

图 6-53 轮廓算数平均偏差 Ra 和轮廓最大高度 Rz

表面粗糙度值的选择应既要满足零件表面功能要求,又要考虑经济合理。一般情况对配合表面、具有运动功能的表面,表面粗糙度值较小。表面粗糙度值越小,加工成本越高。因此在满足使用功能的条件下,尽量选取较大的表面粗糙度值。

2. 表面粗糙度的图形符号（表 6-9）

表 6-9 表面粗糙度的图形符号

符号名称	符号	含义
基本图形符号	符号线宽 d'=0.35mm H_1=5mm H_2=10.5mm 60°	未指定工艺方法的表面，没有补充说明时，不可单独使用
扩展图形符号		用去除材料的方法获得的表面，仅当其含义是"被加工表面"时可单独使用
		不用去除材料的方法获得的表面，也可用于表示保持上道工序留下的表面，不管这种情况是通过去除或不去除材料方法获得的
完整图形符号		以上各种符号的长边加上一横线，以便注写对表面结构的各种要求

注：表示 d'、H_1、H_2 的值是当图样中尺寸数字高度 h 选取 3.5mm 时，按 GB/T 131—2006 的相应规定给定的。表中的是最小值，必要时允许加大。

当图样中某个视图上构成封闭轮廓的各表面有相同结构要求时，在完整图形符号上加上一圆圈，标注在封闭轮廓线上，如图 6-54 所示。

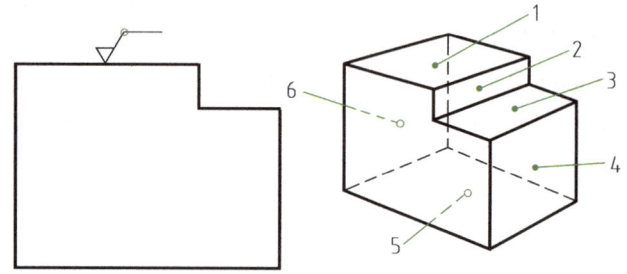

图 6-54 对周边各表面有相同表面结构要求的标注法

3. 表面结构要求在图形符号中的注写位置（图 6-55）

为了明确表明结构要求，除了标注表面结构参数和数值外，必要时还应标注补充要求，包括取样长度、加工工艺、表面纹理方向及加工余量等。

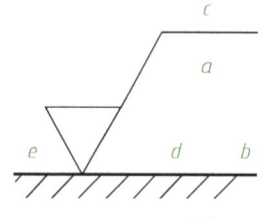

位置 a 注写表面结构的单一要素要求
位置 a 和 b 注写两个或多个表面结构要求
位置 c 注写加工方法，如车、铣、磨等
位置 d 注写表面纹理和方向，如"="、"X"、"M"等
位置 e 注写加工余量

图 6-55 补充要求的注写位置

4. 表面结构要求的注法

表面结构代号在图样中的标注方法如下：

1)表面结构要求每一个表面一般只标注一次,并尽量标注在相应的尺寸及其公差的同一视图上,除非另有说明,否则所标注的表面结构要求是对完工零件表面的要求。

2)表面结构要求的注写和读取方向与尺寸的注写和读取方向一致。表面结构要求可以可标注在轮廓线上,其符号应从材料外指向并接触表面(图6-56)。必要时,表面结构要求也可用带箭头或黑点的指引线引出标注(图6-57)。

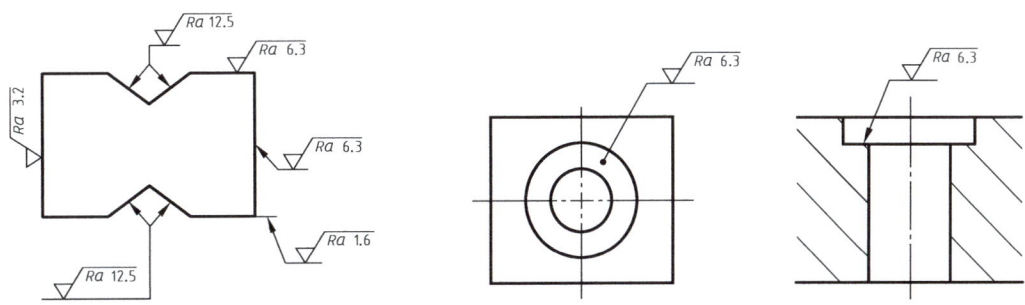

图6-56 表面结构要求标注在轮廓线上　　图6-57 用指引线引出标注表面结构要求

3)在不致引起误解的情况下,表面结构要求可标注在尺寸线上,如图6-58所示。

4)表面结构要求可标注在几何公差框格上方,如图6-59所示。

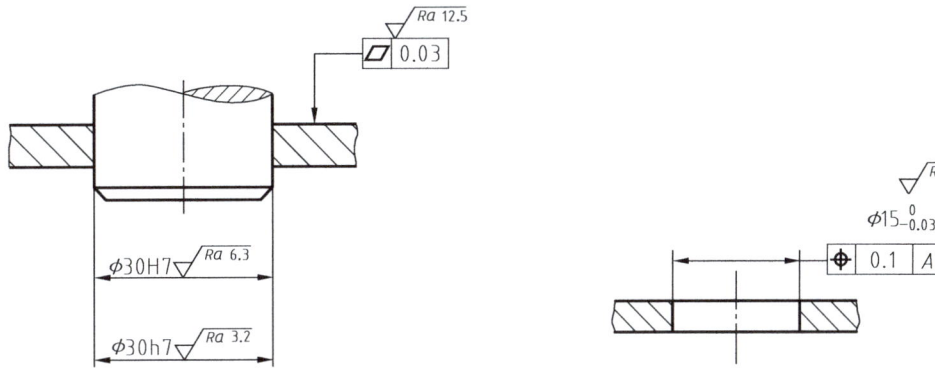

图6-58 表面结构要求标注在尺寸线上　　图6-59 表面结构要求标注在几何公差框格上方

5)圆柱和棱柱的表面结构要求只标注一次,如图6-60所示。如果每一个棱柱表面有不同的表面结构要求,则应分开单独标注,如图6-61所示。

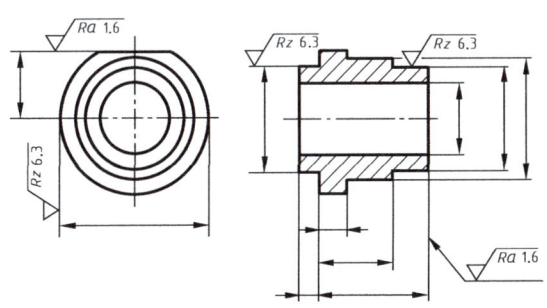

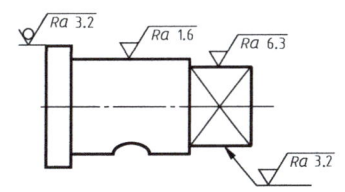

图6-60 表面结构要求标注在圆柱特征的延长线上　　图6-61 圆柱和棱柱表面结构要求的标注

5. 表面结构要求在图样上的简化注法

(1)有相同表面结构要求的简化标注法　如果在工件的多数(包括全部)表面有相同的表面结构要求,则其表面结构要求可统一标注在图样的标题栏附近(不同表面结构要求应直接标注在图形上）。此时表面结构要求符号后面应有：

1）在圆括号内给出无任何其他标注的基本符号，如图 6-62a 所示。

2）在圆括号内给出不同的表面结构要求，如图 6-62b 所示。

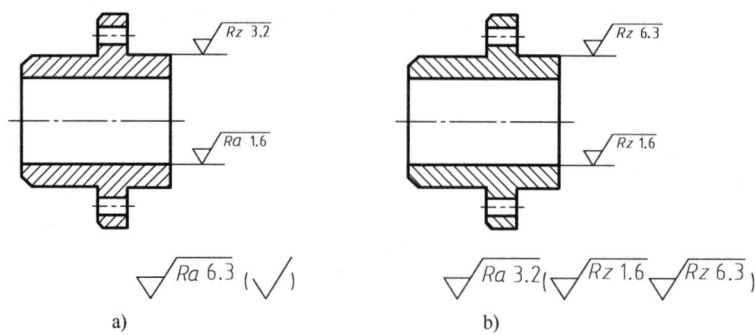

图 6-62　大多数表面具有相同表面结构要求的简化标注

（2）多个表面具有相同表面结构要求的注法

1）用带字母的完整符号的简化标注法，如图 6-63 所示。可用带字母的完整符号，以等式的形式，在图形或标题栏附近，对有相同表面结构要求的表面进行简化标注。

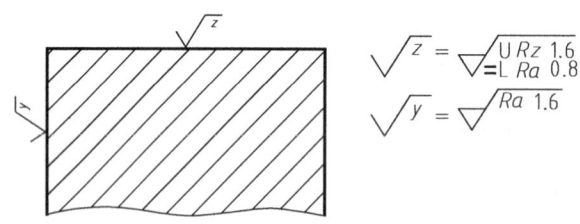

图 6-63　在图纸空间有限时的标注法

2）只用表面结构符号的简化标注，如图 6-64 所示。用表面结构符号以等式的形式给多个表面共同的表面结构要求。

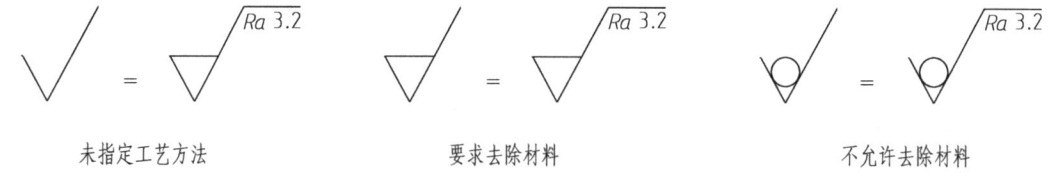

图 6-64　多个表面结构要求的简化标注法

二、极限与配合

在大规模生产时，从一批规格相同的零件中任取一件，不经修配和调整就能顺利装配到机器或部件上，并能保证使用性能要求的性质称为互换性。

零件具有互换性，不仅能给机器或部件的装配、维修带来方便，还能满足生产部门的协作要求，为大批大量和个性化生产创造条件，从而缩短生产周期、提高生产效率、降低生产成本。为满足零件的互换性要求，必须定制和执行统一的标准。

1. 尺寸公差

在制造过程中因为加工、测量等原因，造成零件的完工尺寸总会产生一定的误差，为保证零件的互换性，必须将零件的实际尺寸控制在允许的范围内，这个允许尺寸变动的范围（变动量）称为尺寸公差，如图 6-65 所示。

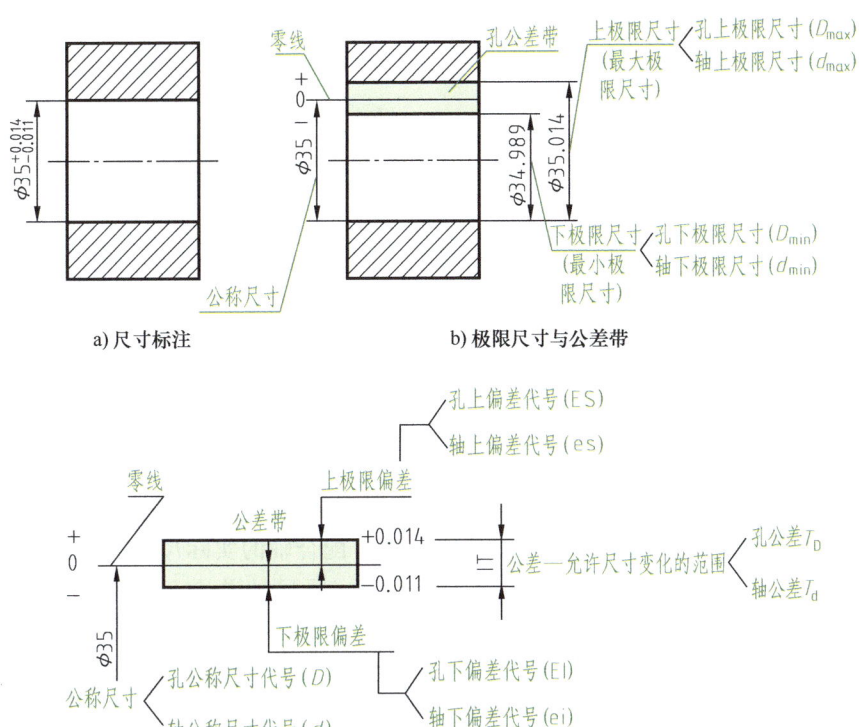

图 6-65 尺寸公差与公差带

（1）公称尺寸（D、d）　由图样规范定义的理想形状要素的尺寸，即公称尺寸，如图 6-65 中的 $\phi 35$。

（2）极限尺寸　尺寸要素的尺寸所允许的极限值，包括上极限尺寸（D_{max}、d_{max}）和下极限尺寸（D_{min}、d_{min}）。

1）上极限尺寸（D_{max}、d_{max}）

上极限尺寸 = 公称尺寸 $D(d)$ + 上极限偏差 ES(es) = 35mm + (+0.014)mm = 35.014mm

2）下极限尺寸（D_{min}、d_{min}）

下极限尺寸 = 公称尺寸 $D(d)$ + 下极限偏差 EI(ei) = 35mm + (-0.011)mm = 34.989mm

（3）极限偏差　极限尺寸减其公称尺寸所获得的代数差。极限偏差为代数值，可以为正（+）值、为负（-）值，也可以为零。

1）上极限偏差 = 上极限尺寸 - 公称尺寸 = 35.014mm - 35mm = +0.014mm

2）下极限偏差 = 下极限尺寸 - 公称尺寸 = 34.989mm - 35mm = -0.011mm

（4）尺寸公差（IT）　上极限尺寸减去下极限尺寸之差，也等于上极限偏差减去下极限偏差。由于公差是绝对值，所以它恒为正值，不能为负值或零。即：

|上极限尺寸 - 下极限尺寸| = |ES - EI|

$$IT = |D_{max}(d_{max}) - D_{min}(d_{min})| = |ES(es) - EI(ei)|$$
$$= |35.014mm - 34.989mm| = |+0.014mm - (-0.011mm)| = 0.025mm$$

1）孔的公差：$T_D = |D_{max} - D_{min}| = |ES - EI|$

2）轴的公差：$T_d = |d_{max} - d_{min}| = |es - ei|$

（5）公差带和零线（图 6-65c）　公差带是公差极限之间的尺寸变动值，即由代表上极限偏差和下极限偏差两条直线所限定的区域。

尺寸公差带图是由代表公称尺寸的直线（零线）、尺寸公差带极限偏差和公差值所组成的图形，如图 6-65c 所示。

2. 配合

（1）配合　配合是指公称尺寸相同的并且相互结合的孔、轴公差带之间的关系。

（2）间隙与过盈

1）间隙（X）：当轴的直径小于孔的直径时，孔和轴的尺寸之差。即配合孔的实际尺寸减去配合轴的实际尺寸的值为正值时即为间隙。

2）过盈（Y）：当轴的直径大于孔的直径时，相配孔和轴的尺寸之差。即配合孔的实际尺寸减去配合轴的实际尺寸的值为负值时即为过盈。

（3）配合性质　根据实际需要，孔与轴的配合分为间隙配合、过盈配合、过渡配合三种配合性质。

1）间隙配合：孔和轴装配时，总是存在间隙的配合。此时，孔的下极限尺寸大于或在极端情况下等于轴的上极限尺寸。孔的实际尺寸大于配合轴的实际尺寸，孔的公差带始终在轴的公差带之上（图 6-66）的配合。此时孔配合的实际尺寸总大于装配轴的实际尺寸时，装配时可自由套合或小外力装配。孔轴装配后能产生自由的相对转动或移动的配合，一般用于可动连接。孔的公差带用"⌧"表示，轴的公差带用"■"表示。

① 最大间隙：$X_{max} = D_{max} - d_{min} = ES - ei$

② 最小间隙：$X_{min} = D_{min} - d_{max} = EI - es$

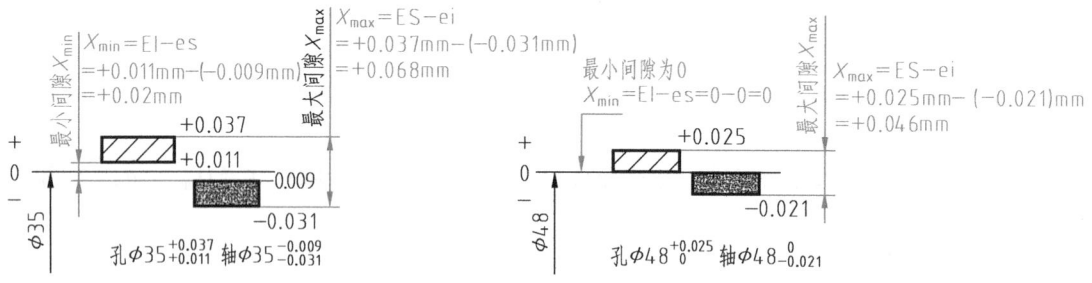

图 6-66　间隙配合

2）过盈配合：孔和轴装配时总是存在过盈的配合。此时，孔的上极限尺寸小于或在极端情况下等于轴的下极限尺寸。孔的实际尺寸小于配合轴的实际尺寸，孔的公差带始终在轴的公差带之下（图 6-67）的配合。此时孔配合的实际尺寸总小于装配轴的实际尺寸时，装配时无法自由套合，必须使用压力或温差装配。孔轴装配后套合非常紧密，一般用于固定连接。

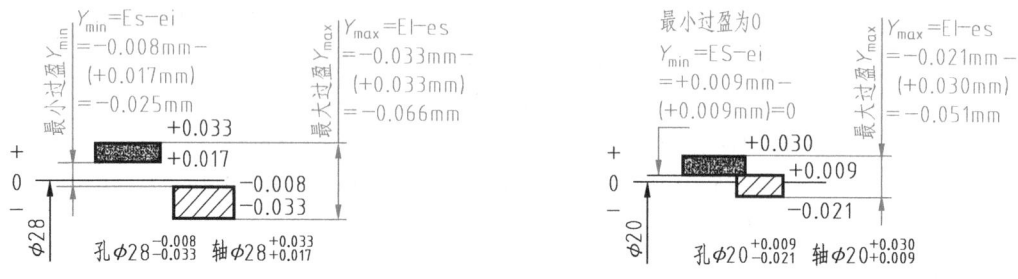

图 6-67　过盈配合

① 最大过盈：$Y_{max} = D_{min} - d_{max} = EI - es$

② 最小过盈：$Y_{min} = D_{max} - d_{min} = ES - ei$

3）过渡配合：孔和轴装配时可能具有间隙或过盈的配合。孔配合的实际尺寸有时小于轴配合的实际尺寸，或有时大于轴的配合尺寸，配合时可能产生间隙或过盈，孔的公差带与轴的公差相互交叠，如图6-68所示。

配合的松紧程度和连接强度介于间隙配合与过盈配合之间。

① 最大间隙：$X_{max} = D_{max} - d_{min} = ES - ei$

② 最大过盈：$Y_{max} = D_{min} - d_{max} = EI - es$

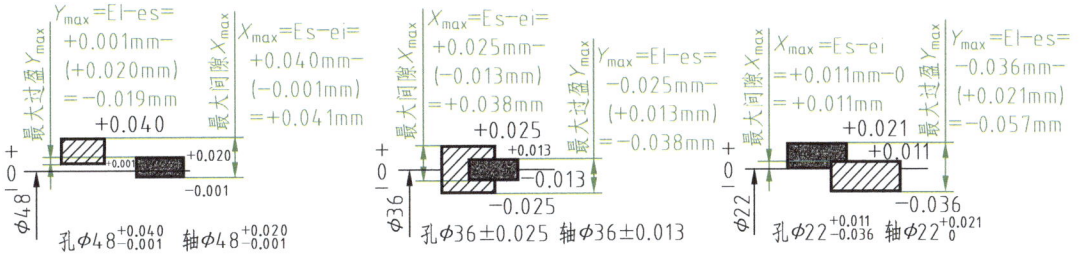

图 6-68 过渡配合

3. 标准公差与基本偏差

为了满足不同配合要求，国家标准规定孔、轴公差带代号由标准公差等级和基本偏差两个要素组成。标准公差确定公差带的大小，基本偏差确定公差带的位置。标准公差与基本偏差如图6-69所示。标准公差数值见表6-10。基本偏差系列如图6-70所示。

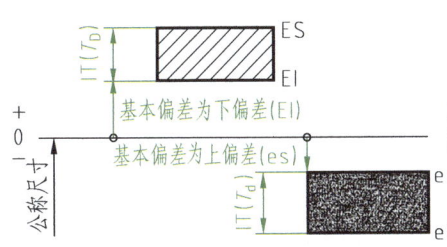

① 当公差带在零线之上时，基本偏差为下极限偏差
② 当公差带在零线之下时，基本偏差为上极限偏差
③ 当公差带对称跨在零线上时，基本偏差或为上极限偏差或为下极限偏差

1）标准公差：代号"IT+数字"国家标准规定了20个等级：
IT01 IT0 IT1 IT2 IT3 IT4 ... IT18 其中IT01~IT11用于配合尺寸
                                    其中IT12~IT18用于非配合尺寸
逐渐减小 ← 公差值 → 逐渐增大
逐渐增高 ← 精度 → 逐渐降低

2）基本偏差：用来确定公差带相对于零线位置的上极限偏差或下极限偏差。国家标准(GB/T 1800.1—2020)分别为孔、轴公差带各规定了28个基本偏差

基本偏差代号 ┬ 孔—大写拉丁字母 (A、B...ZC) ┬ 其中A~H用于间隙配合
            │   └ 其中J~ZC用于过渡和过盈配合
            └ 轴—小写拉丁字母 (a、b...zc) ┬ 其中a~h用于间隙配合
                                          └ 其中j~zc用于过渡和过盈配合

3）标准公差与极限偏差数值换算
① 孔：IT=ES-EI → ES=IT+EI或EI=ES-IT
② 轴：IT=es-ei → es=IT+ei或ei=es-IT

图 6-69 标准公差与基本偏差

表 6-10 标准公差数值 (GB/T 1800—2020)

公称尺寸/mm		标准公差等级																
		IT1	IT2	IT3	IT4	IT5	IT6	IT7	IT8	IT9	IT10	IT11	IT12	IT13	IT14	IT15	IT16	IT17	IT18
大于	至	μm											mm						
—	3	0.8	1.2	2	3	4	6	10	14	25	40	60	0.1	0.14	0.25	0.4	0.6	1	1.4
3	6	1	1.5	2.5	4	5	8	12	18	30	48	75	0.12	0.18	0.3	0.48	0.75	1.2	1.8
6	10	1	1.5	2.5	4	6	9	15	22	36	58	90	0.15	0.22	0.36	0.58	0.9	1.5	2.2

（续）

公称尺寸/mm		标准公差等级																
大于	至	IT1	IT2	IT3	IT4	IT5	IT6	IT7	IT8	IT9	IT10	IT11	IT12	IT13	IT14	IT15	IT16	IT17	IT18
		μm											mm						
10	18	1.2	2	3	5	8	11	18	27	43	70	110	0.18	0.27	0.43	0.7	1.1	1.8	2.7
18	30	1.5	2.5	4	6	9	13	21	33	52	84	130	0.21	0.33	0.52	0.84	1.3	2.1	3.3
30	50	1.5	2.5	4	7	11	16	25	39	62	100	160	0.25	0.39	0.62	1	1.6	2.5	3.9
50	80	2	3	5	8	13	19	30	46	74	120	190	0.3	0.46	0.74	1.2	1.9	3	4.6
80	120	2.5	4	6	10	15	22	35	54	87	140	220	0.35	0.54	0.87	1.4	2.2	3.5	5.4
120	180	3.5	5	8	12	18	25	40	63	100	160	250	0.4	0.63	1	1.6	2.5	4	6.3
180	250	4.5	7	10	14	20	29	46	72	115	185	290	0.46	0.72	1.15	1.85	2.9	4.6	7.2
250	315	6	8	12	16	23	32	52	81	130	210	320	0.52	0.81	1.3	2.1	3.2	5.2	8.1
315	400	7	9	13	18	25	36	57	89	140	230	360	0.57	0.89	1.4	2.3	3.6	5.7	8.9
400	500	8	10	15	20	27	40	63	97	155	250	400	0.63	0.97	1.55	2.5	4	6.3	9.7
500	630	9	11	16	22	32	44	70	110	175	280	440	0.7	1.1	1.75	2.8	4.4	7	11
630	800	10	13	18	25	36	50	80	125	200	320	500	0.8	1.25	2	3.2	5	8	12.5
800	1000	11	15	21	28	40	56	90	140	230	360	560	0.9	1.4	2.3	3.6	5.6	9	14
1000	1250	13	18	24	33	47	66	105	165	260	420	660	1.05	1.65	2.6	4.2	6.6	10.5	16.5
1250	1600	15	21	29	39	55	78	125	195	310	500	780	1.25	1.95	3.1	5	7.8	12.5	19.5
1600	2000	18	25	35	46	65	92	150	230	370	600	920	1.5	2.3	3.7	6	9.2	15	23
2000	2500	22	30	41	55	78	110	175	280	440	700	1100	1.75	2.8	4.4	7	11	17.5	28
2500	3150	26	36	50	68	96	135	210	330	540	860	1350	2.1	3.3	5.4	8.6	13.5	21	33

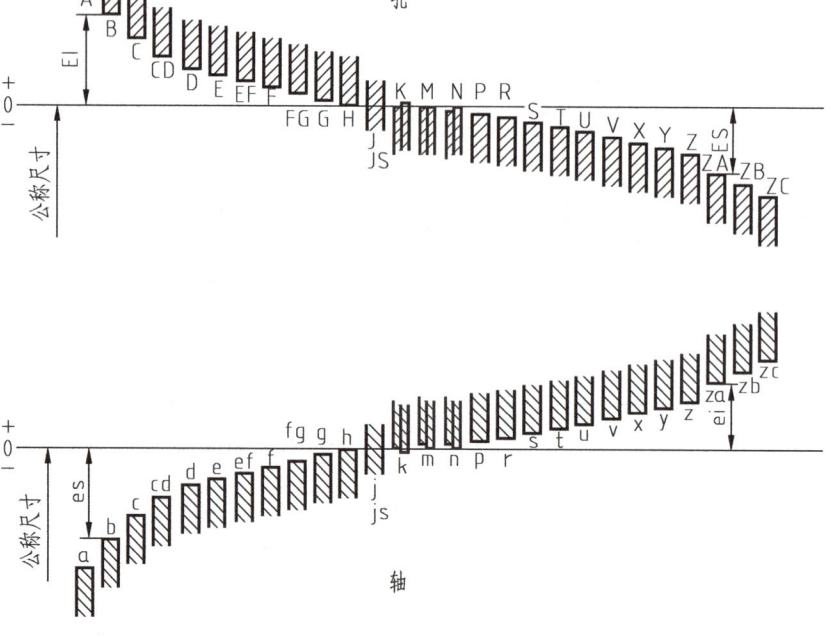

图 6-70　基本偏差系列

孔、轴公差带代号如图 6-71 所示。

图 6-71　孔、轴公差带代号

4. 基准制

制造相互配合的零件时，使其中一种基本偏差固定的零件为配合基准件，通过改变与之配合的零件基本偏差位置来获得不同配合性质的配合制度，称为基准制。

根据生产实际需要，国家标准规定了以下几种配合制度。

（1）基孔制配合（H）　基孔制是基本偏差为一定的孔的公差带，与不同基本偏差轴的公差带形成各种配合性质的配合制度。基孔制的孔为基准孔，其基本偏差代号为 H，基本偏差为下极限偏差（EI=0），如图 6-72 所示。

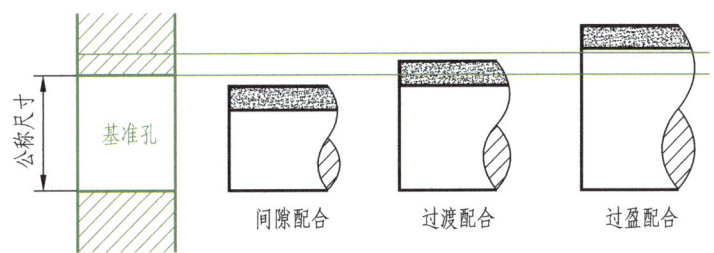

图 6-72　基孔制配合

（2）基轴制配合（h）　基轴制是基本偏差为一定的轴的公差带，与不同基本偏差孔的公差带形成各种配合性质的配合制度。基轴制的轴为基准轴，其基本偏差代号为 h，基本偏差的为上极限偏差（es=0），如图 6-73 所示。

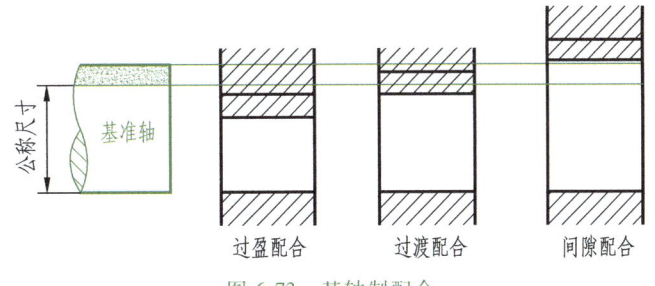

图 6-73　基轴制配合

（3）非基准制配合　除基孔制、基轴制配合之外的其他配合制度。如以标准件为基准件配合制度等。

在基孔制（H）、基轴制（h）和其他基准制中，为降低工艺难度、降低生产成本，优先选用基孔制配合，只有在基孔制配合不能满足使用性能要求时，才采用基轴制配合。当基孔制、基轴制都不能满足使用性能要求时才考虑使用非基准制配合。

5. 优先、常用配合

从经济维度出发，为避免刀具、量具的品种、规格过于繁杂，国家标准 GB/T 1800.1—2020 中对公差带和配合的选择做了进一步的规定，规定孔、轴公差带分为优先、常用（含优先）和一般用途（含优先、常用）三类，并相应规定了基孔制常用配合 45 种，优先配合

16 种（表 6-11）；基轴制常用配合 38 种，优先配合 18 种（表 6-12）。

表 6-11 基孔制常用、优先配合

基准孔	轴公差带代号															
	b	c	d	e	f	g	h	js	k	m	n	p	r	s	t	u	x
	间隙配合							过渡配合			过盈配合						
H6						$\frac{H6}{g5}$	$\frac{H6}{h5}$	$\frac{H6}{js5}$	$\frac{H6}{k5}$	$\frac{H6}{m5}$	$\frac{H6}{n5}$	$\frac{H6}{p5}$					
H7					$\frac{H7}{f6}$	$\frac{H7}{g6}$	$\frac{H7}{h6}$	$\frac{H7}{js6}$	$\frac{H7}{k6}$	$\frac{H7}{m6}$	$\frac{H7}{n6}$	$\frac{H7}{p6}$	$\frac{H7}{r6}$	$\frac{H7}{s6}$	$\frac{H7}{t6}$	$\frac{H7}{u6}$	$\frac{H7}{x6}$
H8				$\frac{H8}{e7}$	$\frac{H8}{f7}$		$\frac{H8}{h7}$	$\frac{H8}{js7}$	$\frac{H8}{k7}$	$\frac{H8}{m7}$				$\frac{H8}{s7}$		$\frac{H8}{u7}$	
			$\frac{H8}{d8}$	$\frac{H8}{e8}$	$\frac{H8}{f8}$		$\frac{H8}{h8}$										
H9			$\frac{H9}{d8}$	$\frac{H9}{e8}$	$\frac{H8}{f8}$		$\frac{H8}{h8}$										
H10	$\frac{H10}{b9}$	$\frac{H10}{c9}$	$\frac{H10}{d9}$	$\frac{H10}{e9}$			$\frac{H10}{h9}$										
H11	$\frac{H11}{b11}$	$\frac{H11}{c11}$	$\frac{H11}{d10}$				$\frac{H11}{h10}$										

注：1. $\frac{H6}{n5}$、$\frac{H7}{p6}$ 在公称尺寸不大于 3mm 和 $\frac{H8}{f7}$ 在不大于 100mm 时，为过渡配合。

2. 标注颜色区域的配合为优先配合。

表 6-12 基轴制常用、优先配合

基准轴	孔公差带代号															
	B	C	D	E	F	G	H	JS	K	M	N	P	R	S	T	U	X
	间隙配合							过渡配合			过盈配合						
h5						$\frac{G6}{h5}$	$\frac{H6}{h5}$	$\frac{JS6}{h5}$	$\frac{K6}{h5}$	$\frac{M6}{h5}$	$\frac{N6}{h5}$	$\frac{P6}{h5}$					
h6					$\frac{F7}{h6}$	$\frac{G7}{h6}$	$\frac{H7}{h6}$	$\frac{JS7}{h6}$	$\frac{K7}{h6}$	$\frac{M7}{h6}$	$\frac{N7}{h6}$	$\frac{P7}{h6}$	$\frac{R7}{h6}$	$\frac{S7}{h6}$	$\frac{T7}{h6}$	$\frac{U7}{h6}$	$\frac{X7}{h6}$
h7				$\frac{E8}{h7}$	$\frac{F8}{h7}$		$\frac{H8}{h7}$										
h8			$\frac{D8}{h8}$	$\frac{E9}{h8}$	$\frac{F9}{h8}$		$\frac{H9}{h8}$										
				$\frac{E8}{h9}$	$\frac{F8}{h9}$		$\frac{H8}{h9}$										
h9			$\frac{D9}{h9}$	$\frac{E9}{h9}$	$\frac{F9}{h9}$		$\frac{H9}{h9}$										
	$\frac{B11}{h9}$	$\frac{C10}{h9}$	$\frac{D10}{h9}$				$\frac{H10}{h9}$										

6. 极限配合的标注与识读

（1）在零件图上孔、轴尺寸公差的标注　在零件图上孔、轴尺寸公差标注主要包含以下三种标注方法，如图 6-74 所示。

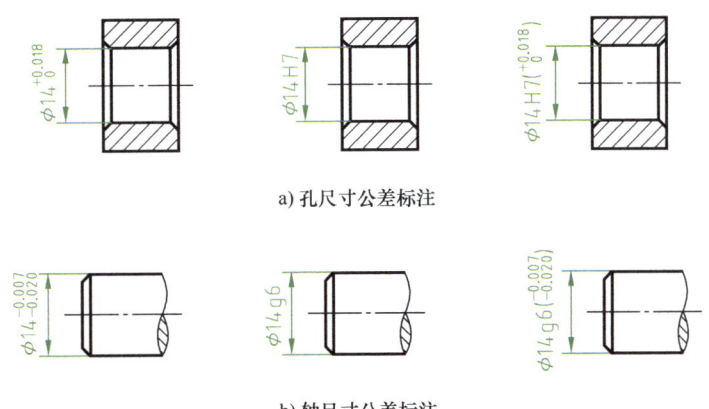

图 6-74　孔、轴尺寸公差标注

（2）孔、轴配合标注　孔、轴配合标注一般可采用以下两种标注方法，如图 6-75 所示。

三、几何公差

1. 几何公差与特征符号

零件在加工过程中，不仅会产生尺寸误差，还会产生几何误差，如平面度误差、直线度误差、平行度误差及垂直度误差等，如图 6-76 所示。几何误差

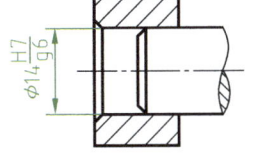
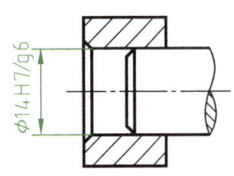

图 6-75　孔、轴配合标注

的出现，将直接影响到零件在机器中的位置精度和使用性能。

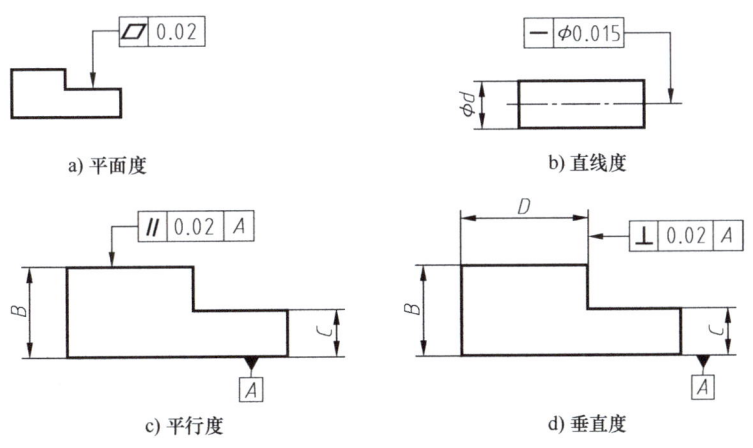

图 6-76　几何公差示例

因此为了保证零件的转配精度和使用性能要求，在图样上出标注出表面粗糙度、尺寸精度要求外，还必须标注出给定的几何公差要求。其在零件图样上的标注必须遵循国家标准 GB/T 1182—2018 要求。零件的几何公差包括形状公差、位置公差、方向公差及跳动公差，见表 6-13。

表 6-13 几何公差分类、几何特征和特征符号

公差类型	几何特征	符号	有无基准	公差类型	几何特征	符号	有无基准
形状公差	直线度	—	无	位置公差	位置度	⊕	有或无
形状公差	平面度	▱	无	位置公差	同心度（用于中心点）	◎	有
形状公差	圆度	○	无	位置公差	同轴度（用于轴线）	◎	有
形状公差	圆柱度	⌭	无	位置公差	对称度	═	有
形状公差	线轮廓度	⌒	无	位置公差	线轮廓度	⌒	有
形状公差	面轮廓度	⌓	无	位置公差	面轮廓度	⌓	有
方向公差	平行度	∥	有	跳动公差	圆跳动	↗	有
方向公差	垂直度	⊥	有	跳动公差	全跳动	⌮	有
方向公差	倾斜度	∠	有	—	—	—	—
方向公差	线轮廓度	⌒	有	—	—	—	—
方向公差	面轮廓度	⌓	有	—	—	—	—

2. 几何公差的标注

（1）几何公差符号 几何公差符号的组成、作用与标注如图 6-77 所示。

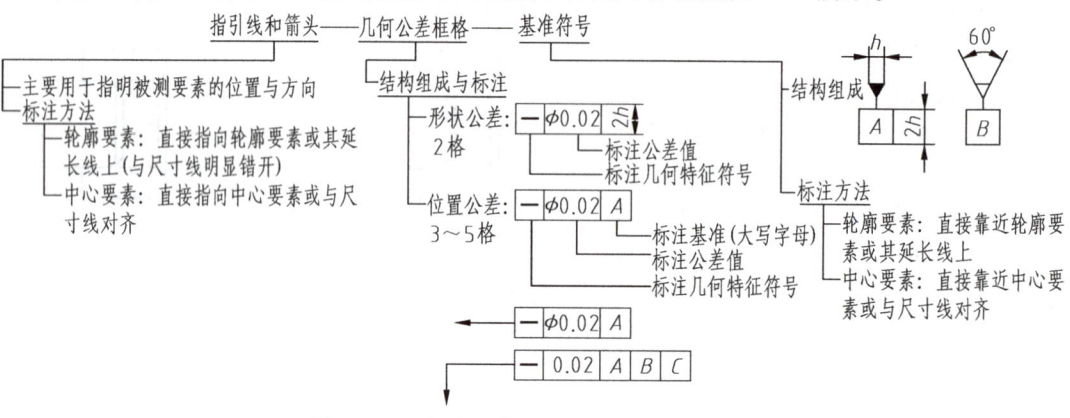

图 6-77 几何公差符号的组成、作用与标注

（2）几何公差的标注与识读

1）被测要素为轮廓要素时的形状公差标注，如图 6-78 所示。

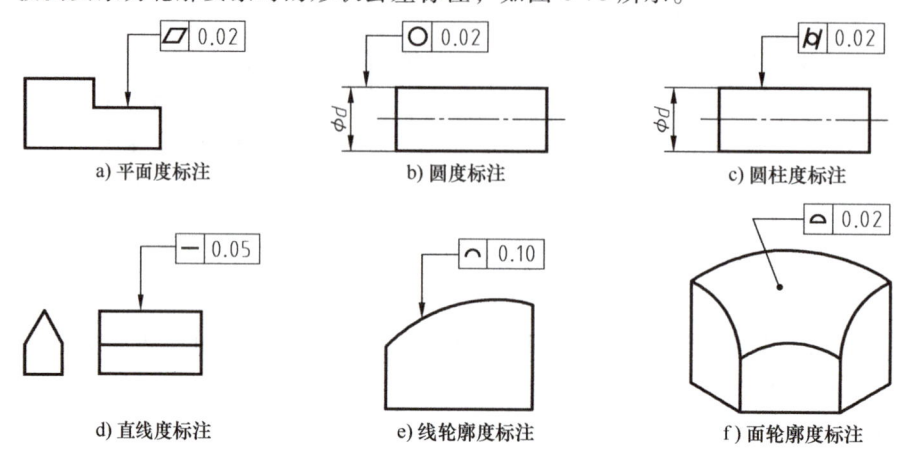

图 6-78 被测要素为轮廓要素时的形状公差标注

2）被测要素为中心要素时的形状公差标注，如图 6-79 所示。

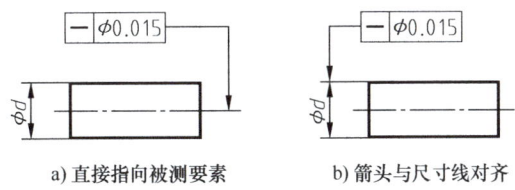

a) 直接指向被测要素　　b) 箭头与尺寸线对齐

图 6-79　被测要素为中心要素时的形状公差标注

3）被测要素为轮廓要素时的方向公差标注，如图 6-80 所示。

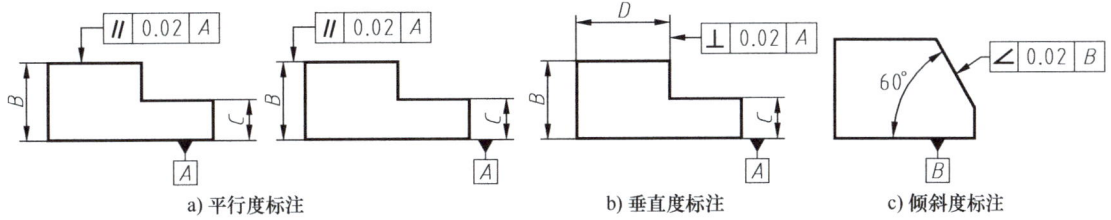

a) 平行度标注　　　　　b) 垂直度标注　　　　　c) 倾斜度标注

图 6-80　被测要素为轮廓要素时的方向公差标注

4）被测要素为轮廓要素时的跳动公差标注，如图 6-81 所示。

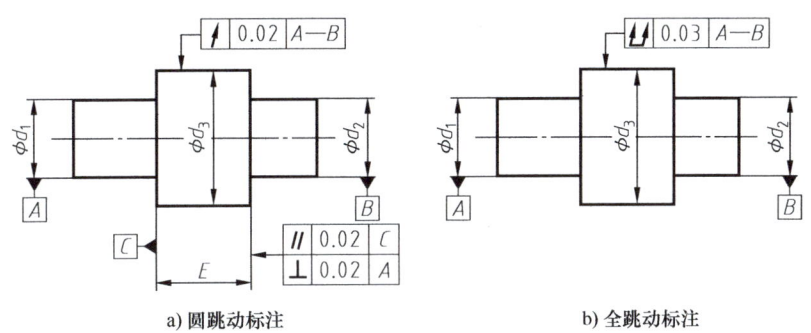

a) 圆跳动标注　　　　　b) 全跳动标注

图 6-81　被测要素为轮廓要素时的跳动公差标注

5）被测要素为中心要素时的方向公差标注，如图 6-82 所示。

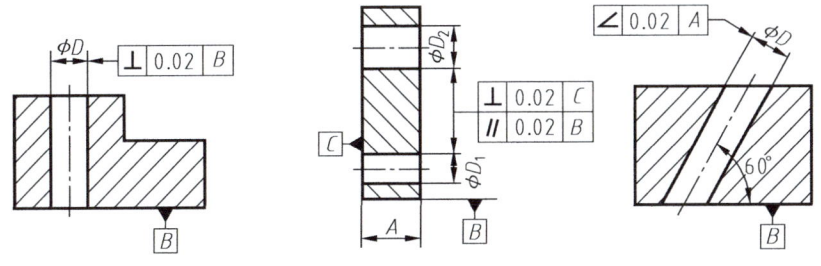

图 6-82　被测要素为中心要素时的方向公差标注

6）被测要素为中心要素时的位置公差标注，如图 6-83 所示。

四、热处理

热处理是通过对材料进行加热、保温及冷却等来改变材料内部结构组织或化学成分，从而改善和提升材料性能的工艺方法。

热处理工艺根据零件在加工和使用的性能要求分为预备热处理和最终热处理。预备热处

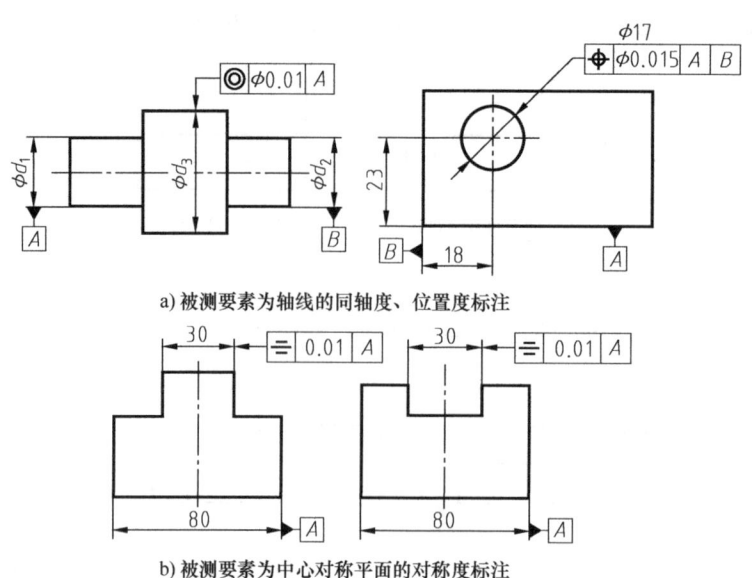

图 6-83 被测要素为中心要素时的位置公差标注

理包括退火、正火、调质、渗碳等。最终热处理包括淬火、调质渗氮、碳氮共渗等。其中渗碳、调制渗氮以及碳氮共渗属于表面热处理,常用于齿轮齿面等需要提高表面硬度、耐磨性以及耐蚀性零件的热处理。

热处理在零件图样上的标注包括使用粗虚线标明热处理的范围、方法(图 6-84a)。一般情况使用在零件图样适当的地方使用文字注写方法标注,如图 6-84b 所示。

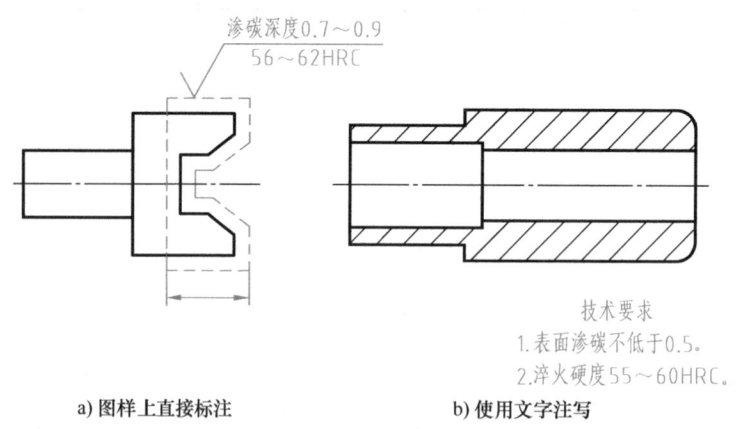

图 6-84 热处理的标注

6.4.3 交流学习

一、团队讨论

党的二十大报告中明确提出,加快建设制造强国、质量强国,实施重大技术装备攻关工程,支持专精特新企业发展,推动制造业高端化、智能化、绿色化发展。这些国家规划赋予了机械类专业人才更重大的历史使命,提供了更宽广的舞台。

请结合学习内容,讨论一下零件图样技术要求的标注对生产有什么重要价值?

二、学习成果交流

1)请描述零件图上技术要求的标注与识读学习的过程,并展示学习成果。

2）在交流学习的过程中，发现、分析、解决了哪些问题？

三、交流学习记录表（表 6-14）

表 6-14　交流学习记录表

知识点	要求	学习问题记录	解决措施与效果
表面结构要求	1. 表面结构评定参数与表面粗糙度符号的含义是否理解准确 2. 表面粗糙度的标注方法与含义是否理解与应用准确		
尺寸公差	1. 尺寸公差、公差带（图）的含义、计算是否理解与应用准确 2. 标准公差与基本偏差的含义及国标规定，以及尺寸公差表格的查询与应用是否理解准确 3. 配合的种类与孔、轴公差带代号的含义是否理解准确 4. 零件尺寸公差、配合公差的标注方法是否理解与应用准确		
几何公差	1. 几何公差的作用、分类与特征符号是否理解准确 2. 几何公差代号的组成与含义是否理解准确 3. 几何公差的标注方法是否理解并应用准确		
经验积累与存在问题			
经验积累		存在问题	
签审	（评价委员会意见）		年　月　日
	（指导教师意见）		年　月　日

6.4.4　巩固练习

一、表面结构要求

分析图 6-85a 所示钻套零件中的表面粗糙度标注错误，并在图 6-85b 中正确标注。

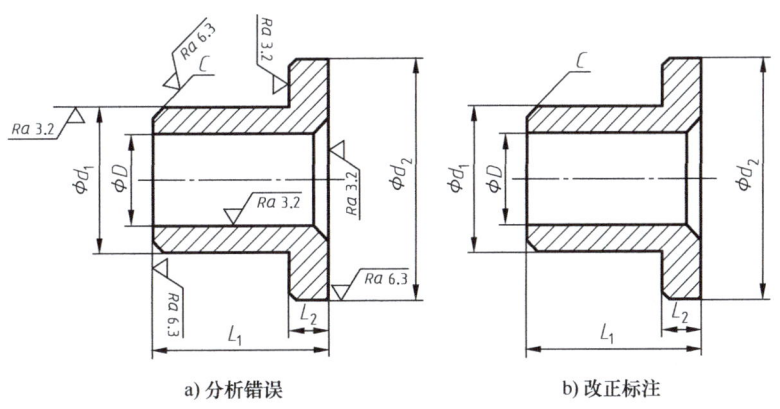

a) 分析错误　　　　　　　　b) 改正标注

图 6-85　钻套

二、尺寸公差

1）根据尺寸公差标注绘制公差带图，写出公差带代号，并判断配合性质和基准制，填入表 6-15 中。

表 6-15 尺寸公差练习

尺寸公差标注	绘制公差带图	公差带代号	配合性质	基准制
$\phi 30H10\binom{+0.084}{0}$				
$\phi 30d9\binom{-0.065}{-0.117}$				
$\phi 30G7\binom{+0.028}{+0.007}$				
$\phi 30h6\binom{0}{-0.013}$				
$\phi 30H7\binom{+0.021}{0}$				
$\phi 30m6\binom{+0.021}{+0.008}$				
$\phi 30H7\binom{+0.021}{0}$				
$\phi 30t6\binom{+0.054}{+0.041}$				

2）根据图 6-86 所示的零件图标注，在装配图上标注出公差带代号。

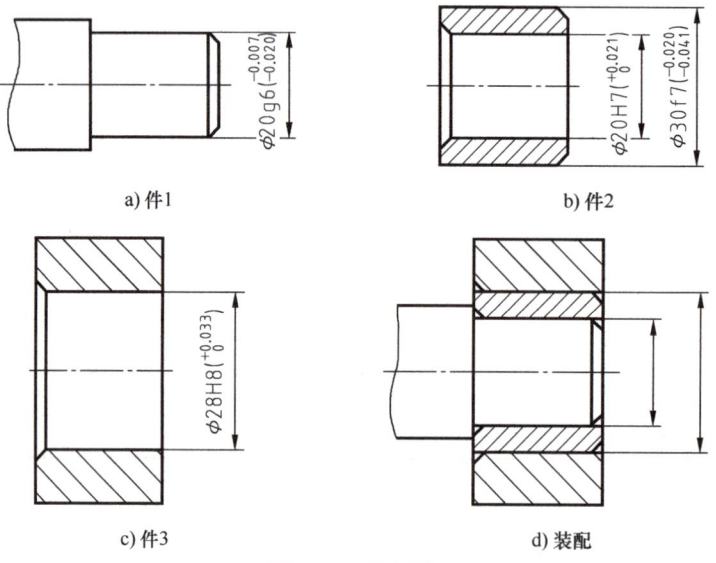

a) 件1　　b) 件2　　c) 件3　　d) 装配

图 6-86　装配图

三、几何公差

解释图 6-87 所示气门零件的几何公差含义。

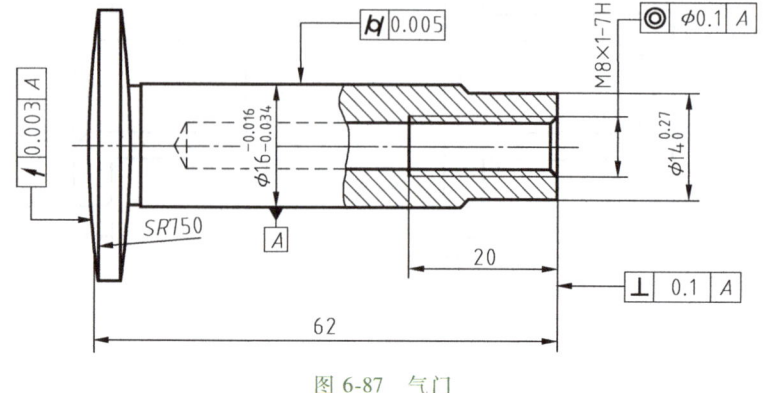

图 6-87　气门

1) ⌐ 0.003 A： ＿＿＿＿＿＿＿＿＿＿＿＿＿＿＿＿＿＿＿＿＿＿＿＿＿＿＿＿＿。
2) ⌂ 0.005 ： ＿＿＿＿＿＿＿＿＿＿＿＿＿＿＿＿＿＿＿＿＿＿＿＿＿＿＿＿＿。
3) ◎ φ0.1 A： ＿＿＿＿＿＿＿＿＿＿＿＿＿＿＿＿＿＿＿＿＿＿＿＿＿＿＿＿＿。
4) ⊥ 0.1 A： ＿＿＿＿＿＿＿＿＿＿＿＿＿＿＿＿＿＿＿＿＿＿＿＿＿＿＿＿＿。

6.4.5 考核评价

1. 学习效能评价

团队与个人进行学习效能评价，并完成表 6-16 的填写。

表 6-16　零件图中的技术要求的标注与识读学习效能评价表

序号	项目	内容	程度	差评原因
1	知识学习	能理解表面结构要求作用与评定参数含义	□优 □良 □中 □差	
2		能理解和应用表面结构符号的含义与作用	□优 □良 □中 □差	
3		能理解和应用表面结构要求在零件图上标注与识读的方法	□优 □良 □中 □差	
4		能理解和应用互换性与尺寸公差的含义与作用	□优 □良 □中 □差	
5		能理解和应用公差、偏差的含义及相关参数计算	□优 □良 □中 □差	
6		能理解和应用标准公差、基本偏差的含义与作用	□优 □良 □中 □差	
7		能理解和应用配合、基准制的含义与作用	□优 □良 □中 □差	
8		能理解和应用尺寸公差、配合的标注方法	□优 □良 □中 □差	
9		能理解几何公差及其符号的含义与作用	□优 □良 □中 □差	
10		能理解和应用几何公差代号的组成和标注方法	□优 □良 □中 □差	
11		能理解和应用几何公差的标注方法	□优 □良 □中 □差	
12	技能学习	能按要求正确、快捷地标注与识读零件图上的表面结构要求	□优 □良 □中 □差	
13		能按要求正确、快捷地标注与识读零件图上的尺寸精度	□优 □良 □中 □差	
14		能按要求正确、快捷地标注与识读零件图上的几何公差	□优 □良 □中 □差	
签审		（评价委员会意见）	年　月　日	
		（指导教师意见）	年　月　日	

2. 综合能力评价

团队内部与团队之间进行综合评价，并完成附录综合能力评价表的填写。

6.4.6 拓展任务

1) 按要求标注如图 6-88 所示零件的表面粗糙度代号。

① 两 30°斜面的表面粗糙度值为 $Ra6.3\mu m$。

② 顶面的表面粗糙度值为 $Ra1.6\mu m$。

③ 两个 M 面的表面粗糙度值为 $Ra3.2\mu m$。

④ 其余表面的表面粗糙度值为 $Ra25\mu m$。

2) 查表将极限偏差数值填入"( )"内。

①φ30H8（　　　）　②60JS7（　　　）
③φ20m6（　　　）　④φ30h7（　　　）
⑤8D11（　　　）　⑥φ40f7（　　　）

3) 计算配合孔 φ30H10（$^{+0.084}_{0}$）、轴 φ30d9（$^{-0.065}_{-0.117}$）的各自公差（T_D 和 T_d），以及配合所产生的最大间隙

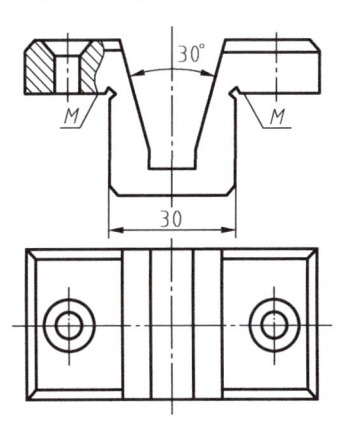

图 6-88　表面粗糙度标注

（X_{max}）和最小间隙（X_{min}）。

4）请解释如图 6-89 所示轴的几何公差含义。

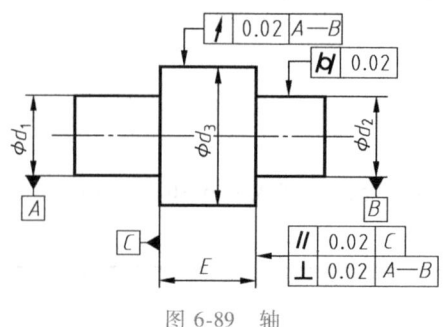

图 6-89 轴

① | ⌒ | 0.02 | A—B |：_____。

② | ⌭ | 0.02 |：_____。

③ | ∥ | 0.02 | C |：_____。

④ | ⊥ | 0.02 | A—B |：_____。

单元7　机械图样的特殊表达与识读

在机械设备中，广泛使用螺纹紧固件、齿轮、轴承、键及销等标准件作为连接结构。为了减少绘图工作量和提高绘图效率，国家标准对上述常用结构以及多次重复出现的结构要素规定了表达方法。

通过对螺纹、齿轮和轴承等标准件的规定画法与识读的基本知识学习，学生应达成如下学习目标：

1) 能正确、熟练地绘制与识读螺纹连接结构。
2) 能正确、熟练地绘制与识读齿轮传动机构。
3) 能正确、熟练地绘制、识读以及选择滚动轴承。

7.1　螺纹及螺纹连接

7.1.1　学习描述

通过螺纹及螺纹连接画法的知识、手工绘制的知识与技能的学习，学生应达成如下学习目标：

1) 能理解和灵活运用螺纹及螺纹连接的规定画法。
2) 能正确、熟练地绘制与识读螺纹及螺纹连接图样。

7.1.2　基础知识

一、螺纹的分类

螺纹是在圆柱表面或圆锥表面上，具有相同牙型、沿螺旋线连续凸起的牙体。螺纹的分类如下：

1) 螺纹按其作用可分为连接螺纹、传动螺纹、专用螺纹等。
2) 螺纹按其旋向分为右旋螺纹（用 RH 表示）和左旋螺纹（用 LH 表示）。一般使用左、右手定则判定螺纹的旋向，如图 7-1 所示。

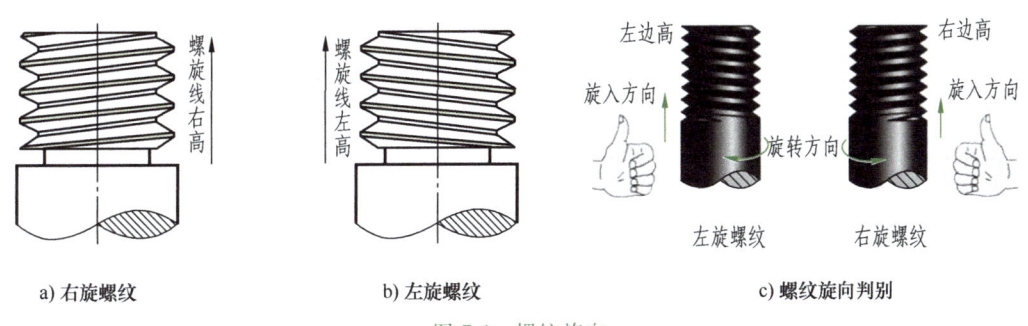

图 7-1　螺纹旋向

3) 螺纹按螺旋线线数（n）可分为单线螺纹（$n=1$）及多线螺纹（$n \geq 2$），如图 7-2 所示。

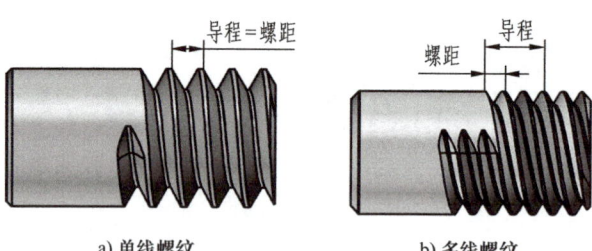

a) 单线螺纹　　　　　　　b) 多线螺纹

图 7-2　螺距、导程与线数

常见螺纹的牙型及用途见表 7-1。

表 7-1　常见螺纹的牙型及用途

螺纹分类		图例	用途
连接螺纹	普通螺纹		主要用于连接
	60°密封管螺纹		主要用于密封，常在液体或气体管路中作管接头或旋塞用
	55°密封管螺纹		
传动螺纹	梯形螺纹		主要用于传递动力，用作传动零件
	矩形螺纹		主要用于传递动力
	锯齿形螺纹		主要用于单向传递动力

二、螺纹的结构要素

1. 螺纹牙型与牙型角（α）

普通螺纹的牙型角 α=60°，如图 7-3 所示。

2. 螺纹直径（图 7-4）

（1）公称直径　代表螺纹尺寸的直径称为公称直径，一般指螺纹的大径。

（2）大径（d、D）　大径是指与外螺纹牙顶或内螺纹牙底相切的假想圆柱或圆锥的直径。

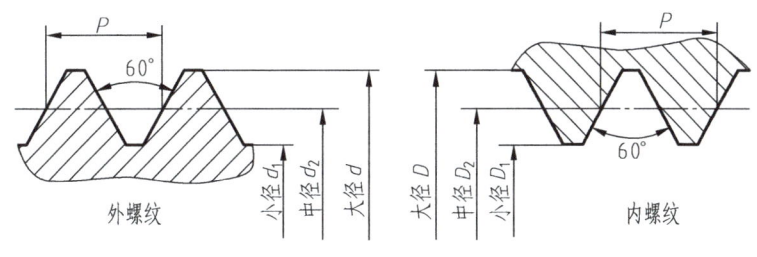

图 7-3　普通螺纹的牙型

（3）中经（d_2、D_2）　中径是指中径圆柱或中径圆锥的直径。

（4）小径（d_1、D_1）　小径是指与外螺纹牙底或内螺纹牙顶相切的假想圆柱或圆锥的直径。

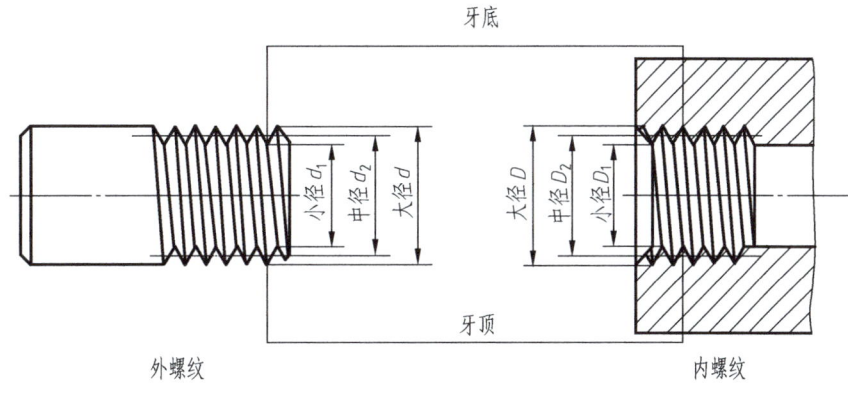

图 7-4　螺纹直径

3. 螺距、导程

（1）螺距（P）　螺距是指相邻两牙体上的对应牙侧与中径线相交两点间的轴向距离。

（2）导程（P_h）　导程是指最相邻的两同名牙侧与中径线相交两点间的轴向距离，如图 7-2 所示。导程 P_h = 线数 n × 螺距 P。

三、内、外螺纹及螺纹连接的规定画法（GB/T 4459.1—1995）

1. 外螺纹的规定画法

外螺纹小径用细实线绘制，其值约为大径×0.85，其余用粗实线绘制；在投影为圆的视图中，小径只画约 3/4 圈，倒角不画，如图 7-5 所示。

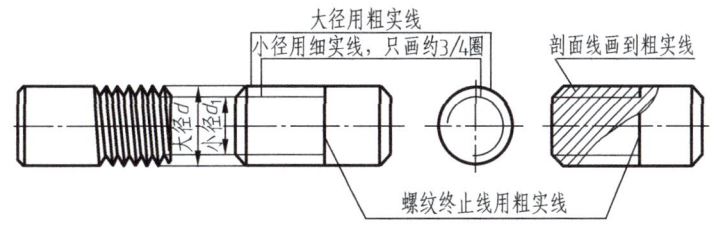

图 7-5　外螺纹的规定画法

2. 内螺纹的规定画法

内螺纹大径用细实线绘制，其余用粗实线绘制；在投影为圆的视图中，大径只画约 3/4 圈，倒角不画，如图 7-6 所示。

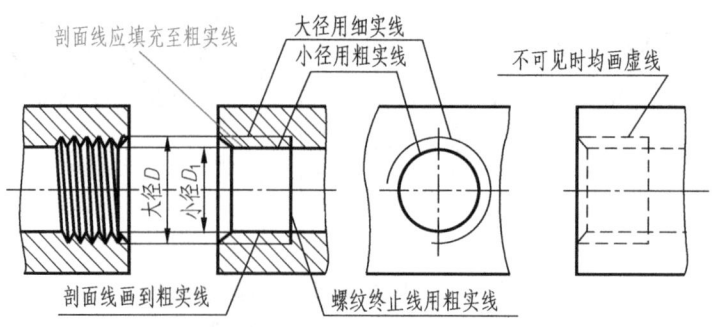

图 7-6　内螺纹的规定画法

3. 螺纹连接的画法

在剖视图中，内、外螺纹旋合的部分按照外螺纹的画法绘制，其余部分按各自的画法绘制，如图 7-7 所示。

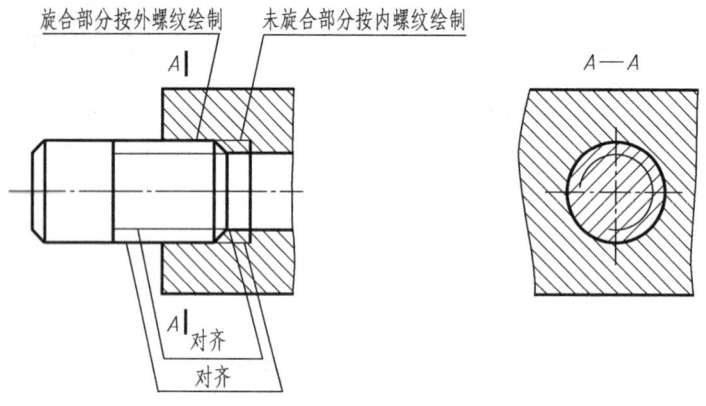

图 7-7　螺纹连接的画法

四、螺纹的标记

1. 螺纹标记释义

螺纹的完整标记一般由螺纹特征代号、尺寸代号、公差带代号和其他必要的说明组成。普通单线螺纹的标记释义如图 7-8 所示。

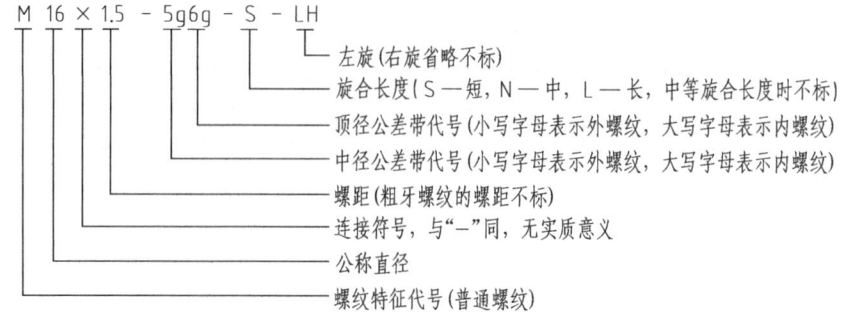

图 7-8　普通单线螺纹的标记释义

2. 常用标准螺纹的标记（表 7-2）

表 7-2 常用标准螺纹的标记

螺纹类别		标准编号	特征代号	标记示例	螺纹副标记示例	说明
普通螺纹		GB/T 197—2018	M	M8×1-LH M8 M16×Ph4P2-5g6g-L	M20-6H/5g6g	粗牙螺纹可以不标螺距,左旋螺纹末尾加"-LH"。中等公差精度螺纹的公差带代号可以不标,中等旋合长度组代号 N 不标。多线螺纹标 Ph(导程)和 P(螺距)
小螺纹		GB/T 15054.2—2018	S	S0.9-4H5 S0.9-4H6-LH	S0.9-4H5/5h3	适用公称直径范围 0.3~1.4mm;代号中末尾 5 和 3 为顶径公差等级数值
梯形螺纹		GB/T 5796.4—2022	Tr	Tr40×7-7H Tr40×14(P7)-7e-LH	Tr36×6-7H/7e	公称直径一律用外螺纹大径,仅需标记中径公差带代号,没有短旋合长度
锯齿形螺纹		GB/T 13576.4—2008	B	B40×7-7e B40×14(P7)LH-7e	B40×7-7H/7e	标记格式同梯形螺纹
55°非密封管螺纹		GB/T 7307—2001	G	G1½A G1/2-LH	G1½A	外螺纹仅需标记公差等级 A 或 B;内螺纹公差等级只有一种,无须标记;螺纹副仅需标记外螺纹代号
55°密封管螺纹	与圆柱内螺纹相配合的圆锥外螺纹	GB/T 7306.1—2000	R_1	$R_1$3	Rp/$R_1$3	内、外螺纹均只有一种公差带,无须标记;螺纹副标记时,尺寸代号只需标记一次
	圆柱内螺纹		Rp	Rp1/2		
	与圆锥内螺纹相配合的圆锥外螺纹	GB/T 7306.2—2000	R_2	$R_2$3/4	Rc/$R_2$3/4	
	圆锥内螺纹		Rc	Rc1 1/2LH		

五、常用螺纹紧固件

常用螺纹紧固件已经标准化,具体标记示例见表 7-3。

表 7-3 常用螺纹紧固件的标记示例

序号	图例	标记示例
1	六角头螺栓	螺栓 GB/T 5780 M16×65

（续）

序号	图例	标记示例
2	六角螺母	螺母 GB/T 41　M16
3	垫圈	垫圈 GB/T 97.1　16
4	弹簧垫圈	垫圈 GB/T 93　16
5	双头螺柱	螺柱 GB/T 899　M16×50

六、螺纹紧固件连接

1. 螺栓连接

螺栓连接是指用螺栓、螺母和垫圈把两个被连接的零件连接在一起，适用于两个被连接零件都不太厚，且能钻通孔的情况。螺栓连接如图7-9所示。

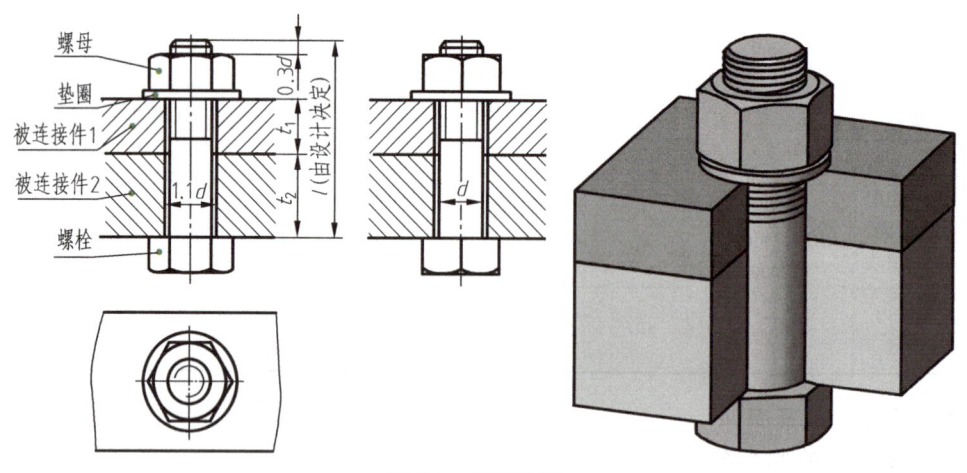

图 7-9　螺栓连接

2. 双头螺柱连接

双头螺柱连接是指用双头螺柱与螺母、垫圈配合使用，把上、下两个零件连接在一起，适用于一个被连接件太厚不宜钻成通孔的场合。双头螺柱连接如图7-10所示。

3. 螺钉连接

螺钉连接用于连接两个零件，不使用螺母，适用于受力不大和不需要经常拆卸的场合。螺钉连接如图7-11所示。

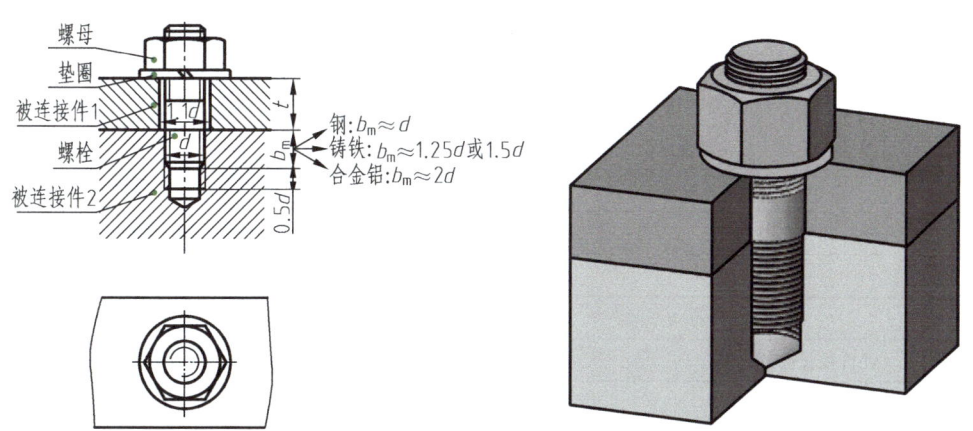

图 7-10　双头螺柱连接

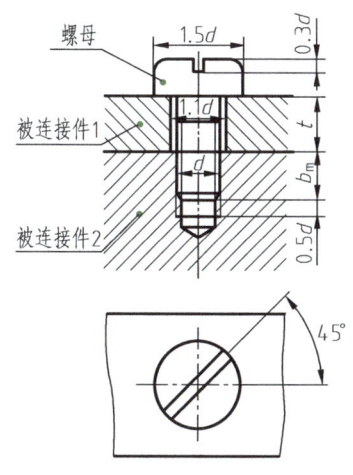
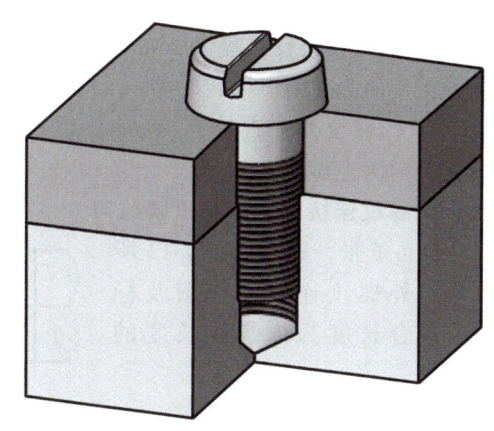

图 7-11　螺钉连接

7.1.3　交流学习

一、团队讨论

请大家讨论：在螺纹及螺纹连接知识的应用中，我们能学到哪些有益的思维方式或方法？例如，如何通过分析问题、比较不同方案来找到最优解？

二、学习成果交流

1）请描述螺纹及螺纹连接作图与识读学习的过程，并展示学习成果。

2）在交流学习的过程中，发现、分析、解决了哪些问题？

三、交流学习记录表（表 7-4）

表 7-4　交流学习记录表

知识点	要求	学习问题记录	解决措施与效果
螺纹的分类与作用	是否掌握螺纹的分类及作用		
螺纹的结构要素	1. 是否掌握螺纹牙型和牙型角 2. 是否掌握螺纹直径、螺距和导程		
内、外螺纹及螺纹连接的规定画法	1. 是否掌握内、外螺纹的规定画法 2. 是否掌握螺纹连接的规定画法		

（续）

知识点	要求	学习问题记录	解决措施与效果
螺纹的标记	是否了解螺纹的标记方法		
经验积累与存在问题			
经验积累		存在问题	
签审	（评价委员会意见）		年　月　日
	（指导教师意见）		年　月　日

7.1.4　巩固练习

1. 普通螺纹标记练习

根据给定的普通螺纹参数完成图 7-12 所示内、外螺纹的标记。

1）外螺纹公称直径为 16mm，螺距为 1.5mm，中径公差带代号为 5g，顶径公差带代号为 6g，旋向为左旋。

2）内螺纹公称直径为 16mm，螺距为 1.5mm，中径公差带代号和顶径公差带代号为 6H，旋向为左旋。

2. 螺纹连接的作图与识读练习

自备纸张，完成如图 7-12 所示内、外螺纹连接的作图及标注。旋合长度为内螺纹长度的 2/3。

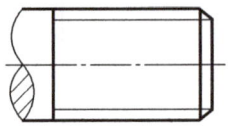 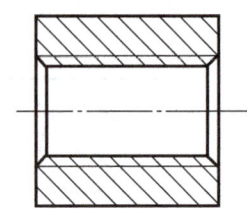

图 7-12　普通螺纹标记练习

7.1.5　考核评价

1. 学习效能评价

团队与个人进行学习效能评价，并完成表 7-5 的填写。

表 7-5　螺纹及螺纹连接作图与识读的学习效能评价表

序号	项目	内容	程度	差评原因
1	知识学习	能理解和描述常用螺纹的类型及作用	□优 □良 □中 □差	
2		能理解和描述普通螺纹各参数的意义	□优 □良 □中 □差	
3		能理解和应用内、外螺纹的规定画法	□优 □良 □中 □差	
4		能理解和应用螺纹连接的规定画法	□优 □良 □中 □差	
5	技能学习	能使用手工绘图工具完成螺纹紧固件连接的绘制、标注与识读	□优 □良 □中 □差	
6		能使用手工绘图工具完成螺纹连接的绘制、标注与识读	□优 □良 □中 □差	
签审	（评价委员会意见）			年　月　日
	（指导教师意见）			年　月　日

2. 综合能力评价

团队内部与团队之间进行综合评价，并完成附录综合能力评价表的填写。

7.1.6 拓展任务

1）识读螺纹标记，完成表 7-6 的填写。

表 7-6 识读螺纹标记　　　　　　　　　　　　　　　　　（单位：mm）

螺纹标记	螺纹种类	公称直径	螺距	导程	线数	旋向	公差带代号
M20							
M16×1-5g6g-L							
M24×1-LH							
Tr40×12P6-8H							

2）识读图 7-13 所示的内六角圆柱头螺钉零件图，并在表 7-7 内完成信息填写。

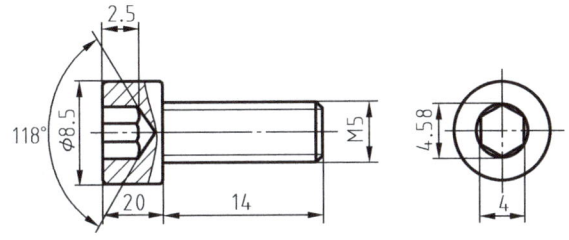

标记：螺钉 GB/T 70.1 M5×14

图 7-13　内六角圆柱头螺钉

表 7-7 识读内六角圆柱头螺钉零件图　　　　　　　　　　　（单位：mm）

序号	项目	技术参数
1	标准编号	
2	螺纹公称尺寸	
3	螺纹有效长度	
4	螺距(查手册)	
5	圆柱头直径	
6	内六角扳手参数	

3）分析图 7-14~图 7-16 中内、外螺纹连接的错误画法，并在指定位置画出正确图形。

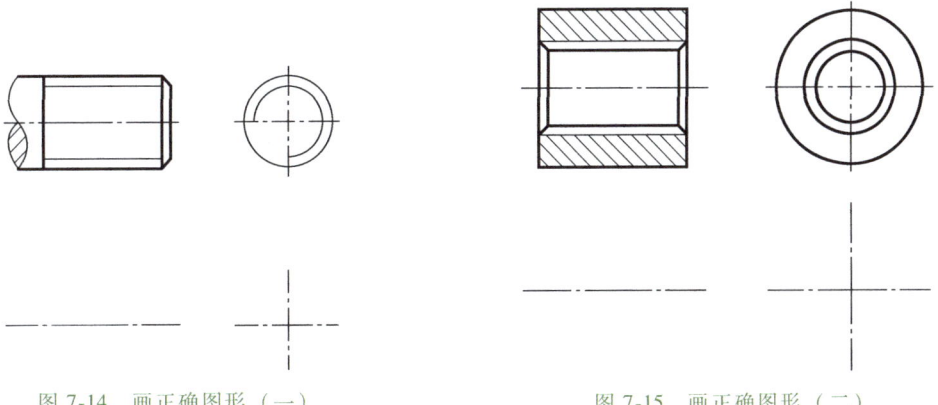

图 7-14　画正确图形（一）　　　　　　图 7-15　画正确图形（二）

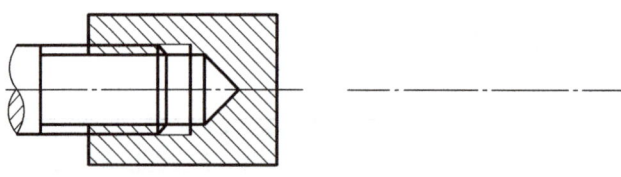

图 7-16　画正确图形（三）

7.2　齿轮及齿轮啮合

7.2.1　学习描述

通过对齿轮及齿轮啮合的规定画法知识与技能的学习与应用，学生应达成如下学习目标：

1）能理解和灵活运用齿轮及齿轮啮合的规定画法。
2）能正确、熟练地绘制与识读齿轮及齿轮啮合的图样。

7.2.2　基础知识

一、齿轮的分类

齿轮是机械传动中应用较为广泛的一种传动零件，它既可以传递动力，也可以改变轴的旋转方向和转速。常见齿轮传动见表 7-8。

表 7-8　常见齿轮传动

名称	图例	结构形式
圆柱齿轮传动		两平行轴传动
锥齿轮传动		两相交轴传动（常见两轴相交 90°）
蜗杆传动		两交错轴间传动（常见两轴相交 90°）

二、标准直齿圆柱齿轮的参数名称与计算

1）标准直齿圆柱齿轮的参数名称，如图7-17所示。

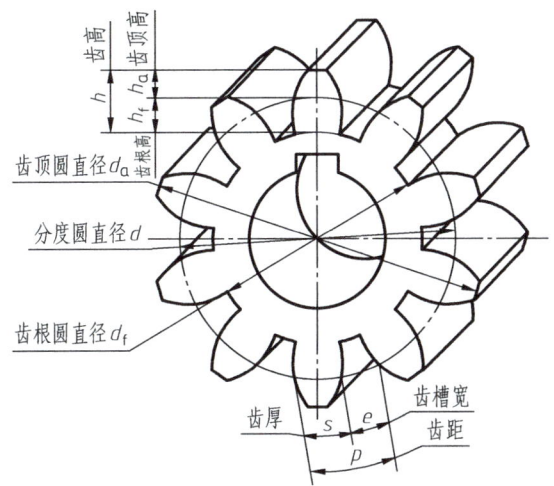

图7-17 标准直齿圆柱齿轮的参数名称

2）标准直齿圆柱齿轮的参数名称概念及计算见表7-9。

表7-9 标准直齿圆柱齿轮的参数名称概念及计算

参数名称	代号	概念	计算	说明
齿数	z	齿轮上轮齿的数量，由传动比i确定	$i=z_2/z_1$	z_1：主动轮齿数，z_2：从动轮齿数
模数	m	模数是齿轮的最基本参数，单位为mm。模数越大，齿轮轮齿越大，承载能力越强。国家标准对模数做了统一规定	$m=p/\pi$	m的选择见表7-10
分度圆直径	d	通过齿厚与齿槽宽相等处的假想圆柱的直径	$d=mz$	
齿顶圆直径	d_a	通过齿顶的假想圆柱的直径	$d_a=m(z+2)=d+2h_a$	
齿根圆直径	d_f	通过齿根的假想圆柱的直径	$d_f=m(z-2.5)=d-2h_f$	
基圆直径	d_b	在渐开线圆柱齿轮上，形成齿轮渐开线齿廓的"基本圆"的直径	$d_b=d\cos\alpha$	$\alpha=20°$
齿顶高	h_a	分度圆到齿顶圆的径向距离	$h_a=m$	
齿根高	h_f	分度圆到齿根圆的径向距离	$h_f=1.25m$	
齿高	h	齿根圆到齿顶圆的径向距离	$h=2.25m=h_a+h_f$	
齿距	p	分度圆上，相邻两齿对应齿廓之间的弧长	$p=\pi m$	$p=s+e$
齿厚	s	分度圆上，一个齿的两侧对应齿廓之间的弧长	$s=p-e$	
槽宽	e	分度圆上，一个齿槽的两侧对应齿廓之间的弧长	$e=p-s$	
压力角	α	不计算摩擦力的情况下，相互啮合的一对齿轮的受力方向和运动方向所夹的锐角		国家标准规定齿轮的标准压力角为20°
中心距	a	两啮合齿轮轴线之间的距离	$a=m(z_1+z_2)/2$	$a=(d_1+d_2)/2$

表 7-10 渐开线圆柱齿轮的标准模数（摘自 GB/T 1357—2008）　（单位：mm）

第一系列	1,1.25,1.5,2,2.5,3,4,5,6,8,10,12,16,20,25,32,40,50
第二系列	1.125,1.375,1.75,2.25,2.75,3.5,4.5,5.5,(6.5),7,9,11,14,18,22,28,36,45

注：选用模数时，应优先选择第一系列，括号内模式尽量不用。

三、单个直齿圆柱齿轮的规定画法（GB/T 4459.2—2003）

1）在视图画法中、齿轮（图 7-18a）的齿顶圆和齿顶线用粗实线绘制，分度线和分度圆用细点画线绘制，如图 7-18b 所示。

2）齿顶线、齿根线在剖视图用粗实线绘制，且轮齿按不剖绘制，如图 7-18c 所示。

3）在端面的视图中，齿根圆用细实线绘制，也可省略不画。

4）单个齿轮一般用两个视图表达。

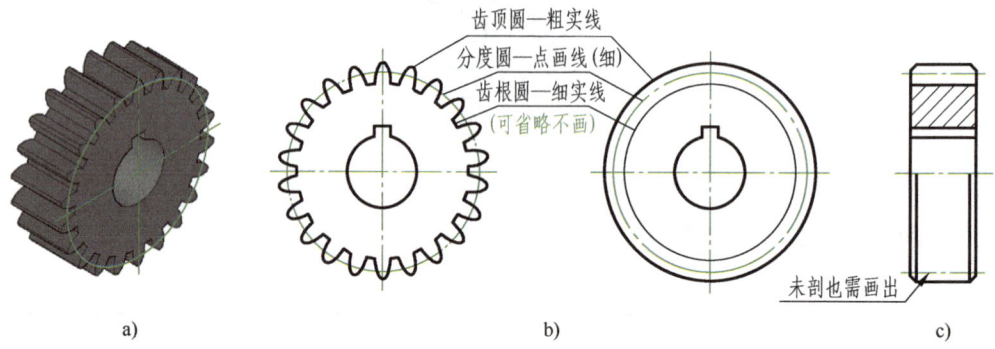

图 7-18　单个直齿圆柱齿轮的规定画法

四、直齿圆柱齿轮啮合的规定画法

1）如图 7-19 所示两齿轮啮合，一般用两个视图表达。在垂直于圆柱齿轮轴线的投影面视图中，啮合区齿顶圆用粗实线绘制，也可省略不画；分度圆用细点画线绘制且相切。

2）在直齿圆柱齿轮啮合过轴线的剖视图中，啮合区内一个轮齿的齿顶线用粗实线绘制，另一个被遮挡的轮齿用虚线绘制，也可省略不画。

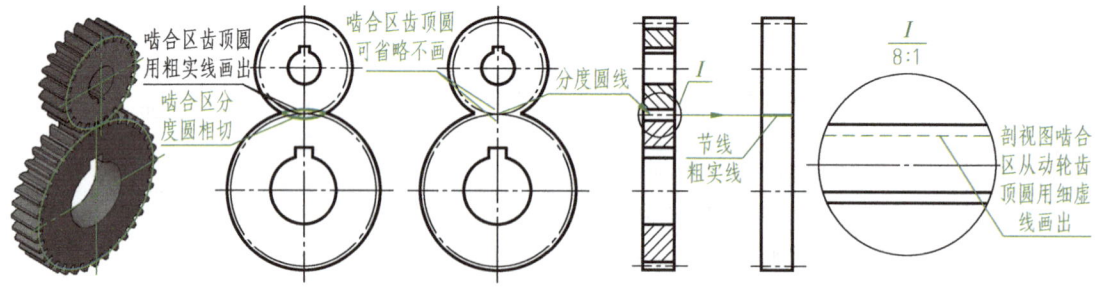

图 7-19　直齿圆柱齿轮啮合的规定画法

7.2.3　交流学习

一、团队讨论

通过对齿轮啮合的学习，既学习了齿轮的专业理论知识，又了解到它们在工作中要互相依存、互相依赖，缺了任一一个齿轮都体现不出齿轮啮合应有的价值。而人也是一样。

请大家讨论：团队合作的重要性都体现在哪些方面？

二、学习成果交流

1) 请描述齿轮及齿轮啮合作图与识读学习的过程,并展示学习成果。
2) 在交流学习的过程中,发现、分析、解决了哪些问题?

三、交流学习记录表(表 7-11)

表 7-11 交流学习记录表

知识点	要求	学习问题记录	解决措施与效果
齿轮的分类	是否了解齿轮的分类及其结构形式		
标准直齿圆柱齿轮的参数名称与计算	是否认识标准直齿圆柱齿轮的参数名称并掌握标准直齿圆柱齿轮的参数计算		
单个直齿圆柱齿轮的规定画法	是否掌握了单个直齿圆柱齿轮的规定画法		
直齿圆柱齿轮啮合的规定画法	是否掌握了直齿圆柱齿轮啮合的规定画法		
经验积累与存在问题			
经验积累		存在问题	
签审	(评价委员会意见)		年 月 日
	(指导教师意见)		年 月 日

7.2.4 巩固练习

1) 齿轮参数计算与绘制。

已知主动轮与从动轮的模数 $m_1 = m_2 = 3$ mm,主动轮齿数 $z_1 = 20$,从动轮齿数 $z_2 = 30$。请完成参数计算并分别绘制主动轮和从动轮的零件图,标注尺寸。

① 完成主、从动轮参数计算,并填写表 7-12。

表 7-12 主、从动轮参数计算

参数名称	主动轮	从动轮
分度圆直径	$d_1 =$	$d_2 =$
齿顶圆直径	$d_{a1} =$	$d_{a2} =$
齿根圆直径	$d_{f1} =$	$d_{f2} =$
中心距	$a =$	

② 分别绘制主动轮和从动轮的零件图,绘图比例 1:1,可不绘制图框。

2) 自备纸张,绘制上述主动轮与从动轮啮合图样。

7.2.5 考核评价

1. 学习效能评价

团队与个人进行学习效能评价,并完成表 7-13 的填写。

表 7-13　齿轮及齿轮啮合识读任务学习效能评价表

序号	项目	内容	程度	差评原因
1	知识学习	能理解和描述常用齿轮的分类与作用	□优　□良　□中　□差	
2		能理解和计算直齿圆柱齿轮各参数	□优　□良　□中　□差	
3		能理解和应用直齿圆柱齿轮的规定画法	□优　□良　□中　□差	
4		能理解和应用直齿圆柱齿轮啮合的规定画法	□优　□良　□中　□差	
5	技能学习	能正确、熟练地完成单个直齿圆柱齿轮图样的绘制与识读	□优　□良　□中　□差	
6		能正确、熟练地完成直齿圆柱齿轮啮合图样的绘制与识读	□优　□良　□中　□差	
签审	（评价委员会意见）		年　月　日	
	（指导教师意见）		年　月　日	

2. 综合能力评价

团队内部与团队之间进行综合评价，并完成附录综合能力评价表的填写。

7.2.6　拓展任务

锥齿轮是用来传递两相交轴之间的运动的零件，其轮齿是在圆锥面上切割出来的，故其轮齿沿锥顶方向逐渐变小，国家标准规定锥齿轮以大端端面模数为标准模数，用来计算其他各个部分的尺寸。

1）直齿锥齿轮的绘图步骤如图 7-20 所示。

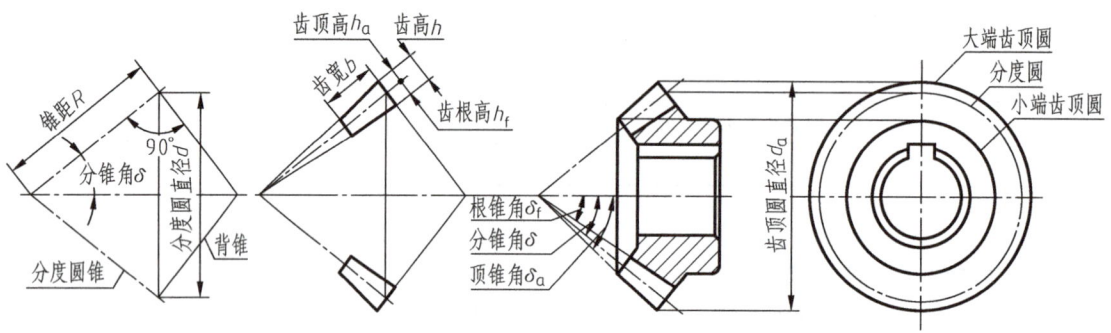

图 7-20　直齿锥齿轮的绘图步骤

2）自备纸张，抄绘图 7-21 所示的直齿锥齿轮图，绘图比例 1∶1，不画图框。

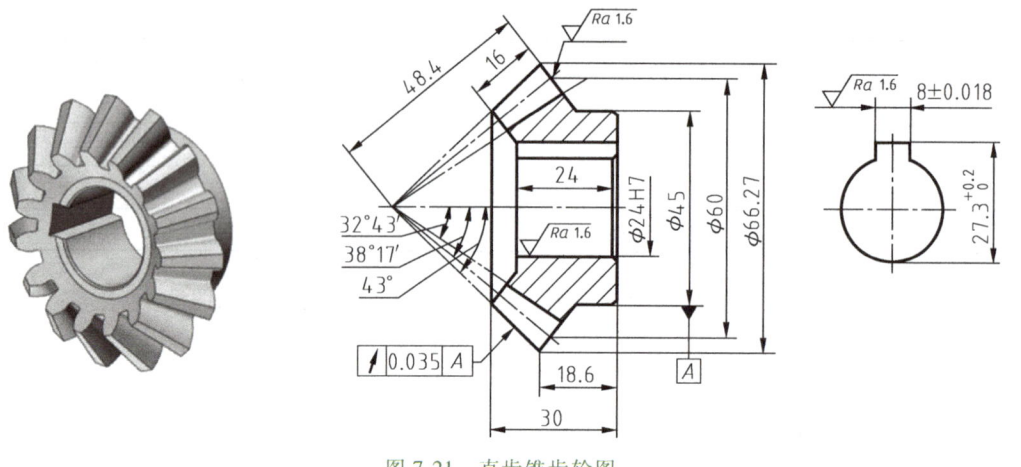

图 7-21　直齿锥齿轮图

7.3 滚动轴承

在机器与机构中,滚动轴承是用来定位与支承轴及轴上零件的重要标准部件。它可以大大减小轴与支承孔在运转时的摩擦力,具有转动精度高、结构紧凑等优点。

7.3.1 学习描述

通过对滚动轴承及对滚动轴承连接规定画法知识与技能的学习与应用,学生应达成如下学习目标:

1) 能理解和灵活运用滚动轴承的规定画法。
2) 能正确、熟练地绘制与识读滚动轴承图样。

7.3.2 基础知识

一、滚动轴承的结构

滚动轴承一般由四部分组成,分别为内圈、外圈、滚动体和保持架,如图7-22所示。

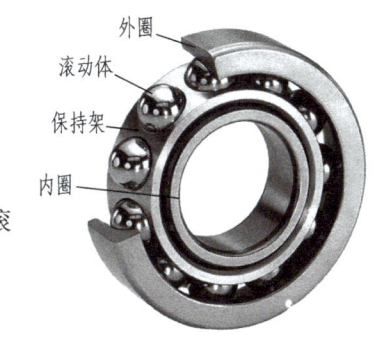

图 7-22 滚动轴承的结构

二、滚动轴承的类型与作用

滚动轴承的种类有很多,常用滚动轴承的类型与作用,见表7-14。

表 7-14 常用滚动轴承的类型与作用

序号	类型	图例	作用
1	深沟球轴承		主要承受径向载荷
2	推力球轴承		主要承受轴向载荷
3	圆锥滚子轴承		能同时承受径向载荷和轴向载荷

三、滚动轴承的代号与标记

1. 滚动轴承的代号

滚动轴承的代号由前置代号、基本代号和后置代号三部分组成。基本代号又由类型代号、尺寸系列代号和内径代号组成,其排列顺序如图7-23所示,代号释义参考表7-15~表7-17。

(1) 类型代号 类型代号用数字或字母表示,见表7-15。

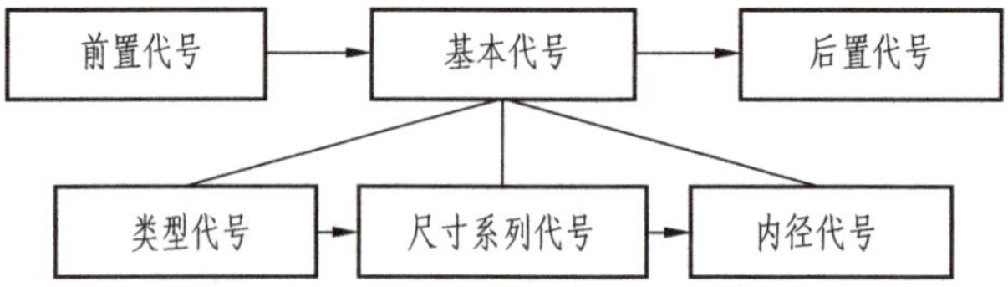

图 7-23 滚动轴承代号排列顺序

表 7-15 类型代号

代号	轴承类型	代号	轴承类型
0	双列角接触球轴承	6	深沟球轴承
1	调心球轴承	7	角接触球轴承
2	调心滚子轴承和推力调心滚子轴承	8	推力圆柱滚子轴承
3	圆锥滚子轴承	N	圆柱滚子轴承,双列或多列用字母 NN 表示
4	双列深沟球轴承	U	外球面球轴承
5	推力球轴承	QJ	四点接触球轴承

注:在表中代号后或前加字母或数字表示该类型轴承中的不同结构。

(2)尺寸系列代号 尺寸系列代号用数字表示。尺寸系列代号由轴承的宽(高)度系列代号和直径系列代号组合而成。向心轴承和推力轴承的尺寸系列代号按表 7-16 的规定。

表 7-16 尺寸系列代号

直径系列代号	向心轴承								推力轴承			
	宽度系列代号								高度系列代号			
	8	0	1	2	3	4	5	6	7	9	1	2
	尺寸系列代号											
7	—	—	17	—	37	—	—	—	—	—	—	—
8	—	08	18	28	38	48	58	68	—	—	—	—
9	—	09	19	29	39	49	59	69	—	—	—	—
0	—	00	10	20	30	40	50	60	70	90	10	—
1	—	01	11	21	31	41	51	61	71	91	11	—
2	82	02	12	22	32	42	52	62	72	92	12	22
3	83	03	13	23	33	—	—	—	73	93	13	23
4	—	04	—	24	—	—	—	—	74	94	14	24
5	—	—	—	—	—	—	—	—	—	95	—	—

(3)内径代号 轴承的内径代号用数字按表 7-17 的规定。

表 7-17 内径代号

轴承公称直径/mm	内径代号	示例
0.6~10(非整数)	用公称内径(毫米数)直接表示,在其与尺寸系列代号之间用"/"隔开	深沟球轴承 617/0.6 $d=0.6$mm 深沟球轴承 617/2.5 $d=2.5$mm
1~9(整数)	用公称内径(毫米数)直接表示,对深沟及角接触球轴承直径系列 7、8、9,内径与尺寸系列代号之间用"/"隔开	深沟球轴承 625 $d=5$mm 深沟球轴承 618/5 $d=5$mm 角接触球轴承 707 $d=7$mm 角接触球轴承 719/7 $d=7$mm

(续)

轴承公称直径/mm		内径代号	示例
10~17	10	00	深沟球轴承 6200　$d=10$mm
	12	01	调心球轴承 1201　$d=12$mm
	15	02	圆柱滚子轴承 NU 202　$d=15$mm
	17	03	推力球轴承 51103　$d=17$mm
20~480(22,28,32 除外)		公称内径除以5的商数,商数为个位数,需要在商数左边加0,如08	调心滚子轴承 22308　$d=40$mm 圆柱滚子轴承 NU 1096　$d=480$mm
≥500 以及 22,28,32		用公称内径(毫米数)直接表示,但在与尺寸系列代号之间用"/"隔开	调心滚子轴承 230/500　$d=500$mm 深沟球轴承 62/22　$d=22$mm

（4）前置代号和后置代号　前置代号和后置代号是轴承在结构形状、尺寸、公差、技术要求等方面有改变时，在基本符号的左右添加的补充代号，相关规则可查阅国家标准 GB/T 272—2017。

2. 滚动轴承的标记示例

滚动轴承的标记示例如图7-24所示。

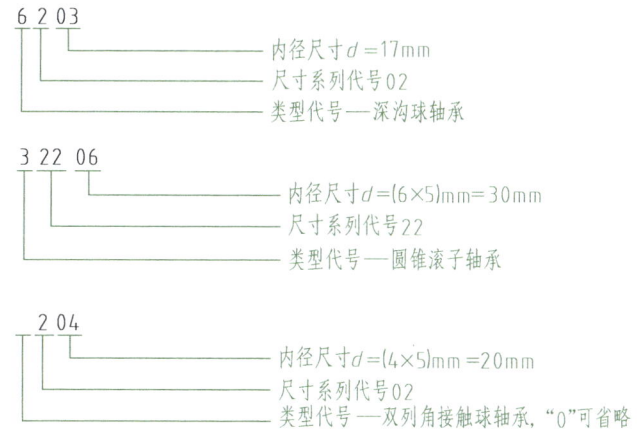

图 7-24　滚动轴承的标记示例

四、滚动轴承的画法

滚动轴承分规定画法与简化画法，各种符号、矩形线框、轮廓线均用粗实线绘制，且矩形线框、外形轮廓的大小应与滚动轴承的外形尺寸一致，见表7-18，详细内容参阅国家标准 GB/T 4459.7—2017。

1. 规定画法

滚动轴承在产品图样、产品样本、产品标准和使用说明书中采用规定画法。在绘制剖视图时，滚动体不画剖面线，内、外圈可用完全一致的剖面线绘制。

2. 简化画法

简化画法又分为通用画法和特征画法两种。

（1）通用画法　在剖视图中，当不需要确切地表示滚动轴承的结构特征、外形轮廓及载荷特性时，可用矩形线框及位于线框中央正立的十字符号表示。

（2）特征画法　在剖视图中，当需要较形象地表示滚动轴承的结构特征时，可采用在矩形线框内画出其结构要素符号的方法表示。

表 7-18　滚动轴承的规定画法与简化画法

轴承类型	规定画法	简化画法	
		通用画法	特征画法
深沟球轴承 GB/T 276—2013	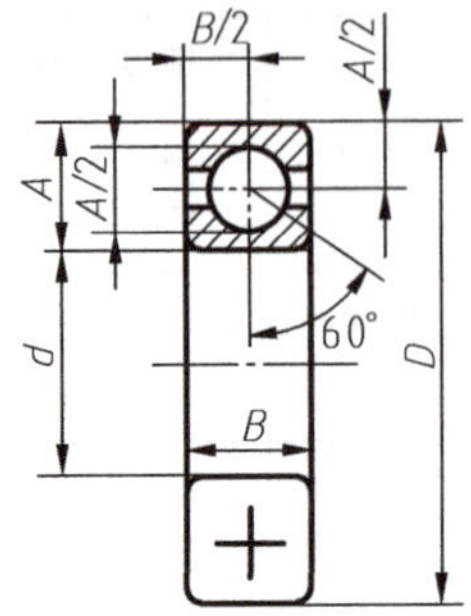	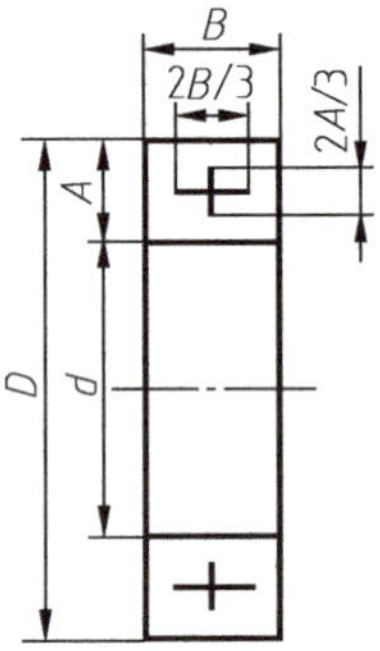	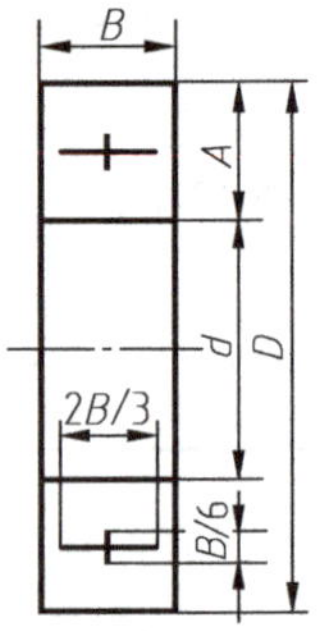
推力球轴承 GB/T 301—2015	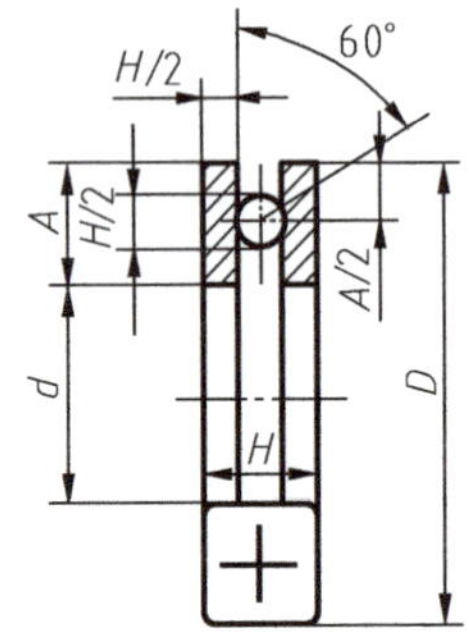		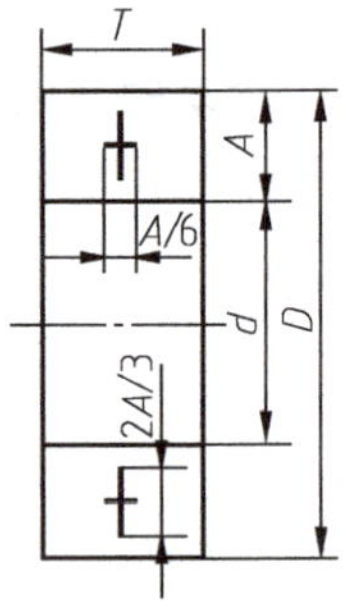
圆锥滚子轴承 GB/T 297—2015	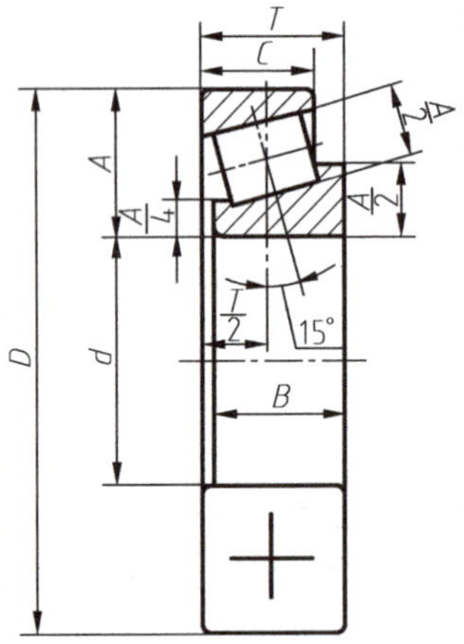		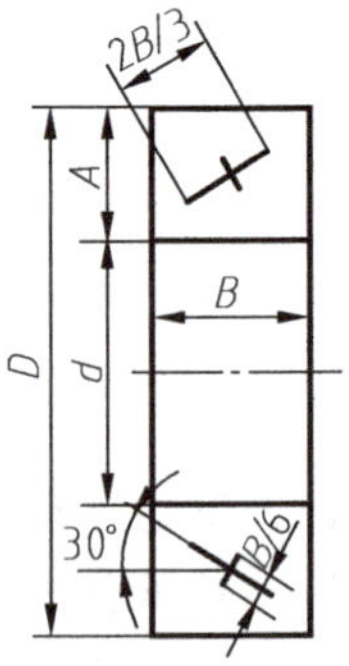

7.3.3　交流学习

一、团队讨论

在互联网上查阅世界各国关于轴承制造与应用的状况，谈谈我国轴承制造与发达国家轴承制造上的差距，这说明了什么？

二、学习成果交流

1）请描述滚动轴承作图与识读学习的过程，并展示学习成果。

2）在交流学习的过程中，发现、分析、解决了哪些问题？

三、交流学习记录表（表 7-19）

表 7-19　交流学习记录表

知识点	要求	学习问题记录	解决措施与效果
滚动轴承的结构	是否了解了滚动轴承的结构		
滚动轴承的类型与作用	是否了解了滚动轴承的类型与作用		
滚动轴承的代号与标记	1. 是否了解了滚动轴承的代号含义 2. 是否掌握了滚动轴承的标记方法		
滚动轴承的画法	是否掌握了滚动轴承的规定画法与简化画法		
经验积累与存在问题			
经验积累		存在问题	
签审	（评价委员会意见）		年　月　日
	（指导教师意见）		年　月　日

7.3.4　巩固练习

查阅技术手册，使用手工绘图工具完成滚动轴承 6203、51108、32206 的规定画法。要求自备纸张，绘图比例 1∶1。

7.3.5　考核评价

1. 学习效能评价

团队与个人进行学习效能评价，并完成表 7-20 的填写。

表 7-20　滚动轴承作图与识读学习效能评价表

序号	项目	内容	程度	差评原因
1	知识学习	能理解和描述常用滚动轴承的类型与作用	□优　□良　□中　□差	
2		能理解常用滚动轴承代号的含义并正确进行代号解读	□优　□良　□中　□差	
3		能理解和识读常用滚动轴承的通用画法、特征画法和规定画法	□优　□良　□中　□差	
4	技能学习	能使用技术手册查询常用滚动轴承类型与主要技术参数	□优　□良　□中　□差	
5		能正确、熟练完成常用滚动轴承的规定画法	□优　□良　□中　□差	
签审	（评价委员会意见）			年　月　日
	（指导教师意见）			年　月　日

2. 综合能力评价

团队内部与团队之间进行综合评价，并完成附录综合能力评价表的填写。

7.3.6　拓展任务

解释下列滚动轴承代号的含义，将答案填写在横线上。

6220：

3216：

51218：

附录　综合能力评价表

专业：_____　　　班级：_____　　　年　月　日

任务名称			学习团队		任务时间	
评价指标		评价情况	差评原因	自评	互评	总评
1	学习态度	□优　□良　□中　□差				
2	知识学习	□优　□良　□中　□差				
3	技能学习	□优　□良　□中　□差				
4	工作过程	□优化　□合理　□一般　□不合理				
5	操作方法	□正确　□大部分正确　□不正确				
6	问题解决	□及时　□较及时　□不及时				
7	产品质量	□合格　□返修　□报废				
8	完成时间	□提前　□准时　□延后　□未完成				
9	成果展示	□清晰流畅　□需要补充　□不清晰流畅				
10	安全规范	□优　□良　□中　□差				
11	规章执行	□优　□良　□中　□差				
12	分工协作	□优　□良　□中　□差				
13	沟通交流	□优　□良　□中　□差				
14	处突能力	□从容泰然　□需要助力　□无所适从				
15	创新能力	□优　□良　□中　□差				
16	规划掌控	□优　□良　□中　□差				

注：评价指标 1-9 为学习能力；10-16 为职业素养。

团队评价	任务总结：				亮点、优点	
					缺点、不足	
	团队自评	□优　□良　□中　□差	团队互评	□优　□良　□中　□差	团队总评	

（续）

评价指标		评价情况																差评原因	自评	互评	总评
个人评价	姓名	对应团队评价16项指标																			总评
		1	2	3	4	5	6	7	8	9	10	11	12	13	14	15	16				

评价确认	评价委员会意见		年　月　日
	指导教师意见		年　月　日
	教务部门意见		年　月　日

说明：

1. 总评分为优（单项优秀占比95%～100%）、良（单项优秀占比75%～90%）、中（单项良好占比60%～75%）、差（单项良好占比60%以下）4个等级。
2. 互评出现评价争议时，须由评价委员会、指导教师与当事团队或个人共同按照评价标准评议解决。

参 考 文 献

［1］张庆梅，廖建勇. 机械识图［M］. 3版. 北京：人民交通出版社，2023.
［2］史艳红. 机械制图［M］. 4版. 北京：高等教育出版社，2023.
［3］胡建生. 机械制图：多学时［M］. 5版. 北京：机械工业出版社，2023.
［4］刘军，王纯刚. 职业教育WIA导航式教学模式改革研究与实践［J］. 现代职业教育，2021（29）：26-31.